本书为国家社科基金一般项目"家庭农场效率、影响因素及其作用机制"（项目编号：16BJY108）的研究成果

家庭农场效率、影响因素及其作用机制

张朝华　著

厦门大学出版社　国家一级出版社
XIAMEN UNIVERSITY PRESS　全国百佳图书出版单位

图书在版编目(CIP)数据

家庭农场效率、影响因素及其作用机制/张朝华著.—厦门:厦门大学出版社，2022.2

ISBN 978-7-5615-8512-2

Ⅰ.①家… Ⅱ.①张… Ⅲ.①家庭农场—农场管理—研究—中国 Ⅳ.①F324.1

中国版本图书馆 CIP 数据核字(2022)第 021750 号

出 版 人	郑文礼
责任编辑	李 宁 郑晓曦
封面设计	李嘉彬
技术编辑	许克华

出版发行	厦门大学出版社
社 址	厦门市软件园二期望海路 39 号
邮政编码	361008
总 机	0592-2181111 0592-2181406(传真)
营销中心	0592-2184458 0592-2181365
网 址	http://www.xmupress.com
邮 箱	xmup@xmupress.com
印 刷	厦门市金凯龙印刷有限公司

开本	787 mm×1 092 mm 1/16
印张	11.5
插页	2
字数	260 千字
版次	2022 年 2 月第 1 版
印次	2022 年 2 月第 1 次印刷
定价	68.00 元

本书如有印装质量问题请直接寄承印厂调换

厦门大学出版社
微信二维码

厦门大学出版社
微博二维码

前　言

当前，我国社会的主要矛盾为"人民日益增长的美好生活需要和不平衡不充分的发展之间的矛盾"。与当前主要社会矛盾相契合，十九大报告提出"产业兴旺，生态宜居，乡风文明，治理有效"的乡村振兴战略，是在对社会主要矛盾以及发展进程展开精准判断的基础上所进行的探究。它的推进既是突破现实主要矛盾的必然产物，也是解决不平衡和不充分发展问题的关键出路，是对重城轻乡的纠正，反映了政府主导下"以城统乡"思想的转变，"支持优先发展农村，实现城乡融合"，以此破解发展过程中的不平衡性和不充分性。乡村振兴战略高度迎合了工业化、城镇化与城乡关系演变的历史规律，着眼于农村发展不平衡、不充分和全面实现国家现代化这一现实问题，是新农村建设发展到一定阶段的必然产物，是未来的一段长时期内引领农业、农村与农民发展的纲领性文件，必将对中国全面建成社会主义现代化强国与全面小康社会的实现产生深远的影响。

"产业兴旺"突出了产业发展和三产融合的重要性，彰显了以推进供给侧结构性改革为脉络，遵循了经济由快速增长时期转向高质量发展时期的环境下，推动经济发展质量、效率与动力变革的要求，有助于更好地实现人民追求日益增长的美好生活需要这一目标；愈发彰显了农村产业的全面发展，而非仅仅是农业的发展；愈发彰显了对产业发展方式转变不同道路的包容性。目的就是要形成现代农业生产体系、产业体系、经营体系，农业成为规模化、集约化、产业化、组织化的有竞争力的产业，实现一二三产业融合发展。把产业兴旺摆在总要求的首位，就必须大力推进现代农业，改革农业供给侧结构，发展农业现代化，重点要扶持现代农业产业体系、生产体系与经营体系三个主攻方向，大力推进农村制度的全面改革。

当前，乡村产业因同质化严重、产业融合程度低，缺乏产业专业人才和先进资源，农业科技支撑能力依然呈现弱势等。要实现产业兴旺必须多措并举，如深化农业供给侧结构性改革，推动农业的转型升级，构建现代农业产业体系、生产体系、经营体系，不断提高农业竞争力；要不断发展新产业新业态，为产业兴旺提供新动能，包括发展农产品加工业，推进农村功能多样化，发展农村电商，实现动能转换；要延长农业产业链条，推进农村一二三产业深度融合发展等。

自2013年2月中央"一号文件"明确提出发展家庭农场，并将家庭农场与专业大户、农民合作社等农业经营形式一起列为创新农业经营的重要方式以来，作为新型农业经营主体的家庭农场，在进行企业化、规模化经营过程中，由于可以发挥农民、农业的主体地位，可以有效地将农业、食品加工业、运输包装业以及生产性服务业形成一个有机体系，从而促进一二三产业深度融合，是乡村产业得以兴旺的牛鼻子，必须牢牢地抓住并展开深入系统的研究。

家庭农场生产是小农户在家庭经营的基础上,通过土地流转所形成的规模化、产业化与企业化经营。在家庭农场经营的过程中,由于每个地区的地形地貌、地理区位、地块特征、经济社会发展程度、农业社会化服务完善程度以及家庭农场主个人资源禀赋的不同,农户如何选择家庭农场的生产经营模式以获取最大化利润,是进行粮食经济作物种植为主,还是进行蔬菜水果栽培为主,亦或是进行水产家禽家畜养殖为主?家庭农场经营类型不同,其效率理应存在差异,因此这一问题也必须进行深入讨论。对于家庭农场效率的考察,既要从要素投入视角分析要素生产率与要素在其经济增长中的贡献率,更要分析各种要素通过家庭农场主的经营管理所形成的全要素生产率,特别是构成全要素生产率重要组成部分的技术效率,此乃效率分析的重点。考察家庭农场的技术效率,应该从静态与动态两个层面进行全面探讨。目前,研究者所考察的基本上为静态效率,对动态效率的研究尚未发现。而对静态效率的考察,所采用的方法几乎均为传统的 DEA 方法,这种方法由于存在较多缺陷,在测算时,其准确性不足而受到了较多的批判,STRAPP-DEA 方法却可以弥补这一不足而广受欢迎。不同类别的家庭农场,其静态效率与动态效率收敛受到不同因素的影响,必须精准地加以鉴别,从而为农户提供可靠、有效和具有较强可操作性的经验。

着眼于以上思想,本书的基本框架结构主要由以下几个部分构成:第一章,主要介绍家庭农场的内涵、功能以及在发展中所面临的主要问题,让读者对家庭农场有一个基本的认知。第二章,围绕学界当前对家庭农场的研究,通过归纳,总结出研究者对家庭农场开展研究的范畴以及形成的主要观点,在评述的基础上提出本书的问题与研究的分析框架。第三章,从理论观点与理论模型的构建出发,通过实证分析,研究家庭农场的经营类型是如何决定的,从而为不同类型的家庭农场的效率分析提供基础。第四章,通过调研所获取的数据,对 2013—2018 年期间家庭农场的要素投入与要素贡献率进行分析,比较不同类型的家庭农场的要素生产率与要素在其经济增长中的贡献率。第五章,从静态维度出发,运用 STRAPP-DEA 方法对不同类型的家庭农场整体技术效率、纯技术效率、规模效率与内部的技术效率、纯技术效率、规模效率进行了系统的测算,对影响其静态效率的因素以及核心因素的作用机制进行实证分析。第六章,从动态维度出发,对样本中家庭农场 2013—2018 年期间的动态效率进行研究,分析其效率变动(收敛)的特点,哪些因素导致其特点的形成。第七章,对影响家庭农场效率的因素中的政府制度因素与农业社会化服务因素展开理论分析,探究其在家庭农场运行与发展过程中所存在的缺陷与不足,从而为促进效率的提高提供针对性的方案。第八章,在对本书的结论进行归纳总结的基础上,从微观、中观、宏观三个层面提出本书的政策建议,以供政府决策者与家庭农场经营者参考。

本书得到了国家社科基金一般项目"家庭农场效率、影响因素及其作用机制"的资助(项目编号:16BJY108),暨南大学人文学院 2014 级行政管理专业、2015 级行政管理专业、2015 级文化产业管理专业以及 2017 级行政管理专业的部分同学参加了本书在广东清远清新、英德、阳山与湖北荆州、仙桃以及湖南武冈、洞口、新宁等地的调研与数据整理、录入工作,2019 级硕士研究生杨绮幸,2020 级硕士研究生陈羿彤、方蒨羚在本书完稿后进行了仔细的校对,对他们的不辞辛苦、任劳任怨特表感谢!

目　录

第 一 章　家庭农场的内涵、功能与发展 ·· 1
　第一节　家庭农场是农户家庭经营的深化与发展 ························· 2
　第二节　家庭农场是"三产"融合与乡村振兴的必然选择 ··············· 4
　第三节　当前家庭农场发展中面临的主要问题 ··························· 12

第 二 章　研究进展、问题的提出与分析框架 ······························· 17
　第一节　当前的研究进展 ··· 17
　第二节　本书的分析框架 ··· 30

第 三 章　家庭农场经营类型的决定 ·· 35
　第一节　农户生产经营行为的决定 ·· 35
　第二节　家庭农场经营类型决定的影响因素:理论分析 ··············· 37
　第三节　家庭农场经营类型的决定:实证分析 ··························· 46

第 四 章　家庭农场投入要素的生产率与贡献率 ··························· 55
　第一节　家庭农场的要素投入 ··· 55
　第二节　家庭农场的产出、收入与要素生产率 ·························· 63
　第三节　要素投入对家庭农场经济增长的贡献率 ······················ 67

第 五 章　家庭农场静态效率、影响因素及其作用机制 ··················· 77
　第一节　家庭农场静态效率测算 ··· 77
　第二节　影响家庭农场静态效率的因素 ··································· 84
　第三节　家庭农场静态效率影响因素的作用机制 ······················ 90
　第四节　资源禀赋、经营类别与家庭农场信贷获得
　　　　　——以养殖型与蔬果型为例 ······································ 97

第 六 章　家庭农场动态效率及其收敛 ······································· 109
　第一节　家庭农场动态效率测算与分析 ··································· 109
　第二节　家庭农场动态效率演化特征及其影响因素 ···················· 118

第七章　制度、社会化服务与家庭农场发展 ·················· 124
　第一节　政府制度与家庭农场发展 ·················· 124
　第二节　农业社会化服务与家庭农场发展 ·················· 140

第八章　结论与政策建议 ·················· 150
　第一节　本书的结论 ·················· 150
　第二节　政策建议 ·················· 152

参考文献 ·················· 156

第 一 章

家庭农场的内涵、功能与发展

2013年2月,中央"一号文件"明确提出发展家庭农场,并将家庭农场与专业大户、农民合作社等农业经营形式一起列为创新农业经营的重要方式。以此为起点,中共中央、国务院以及农业部等部委对于家庭农场的发展高度关注,出台了一系列制度、政策性文件与办法。2014年的中央"一号文件"则对家庭农场的登记、用地、融资以及开办者的教育培训提出了具体要求,要"着力构建新型农业经营体系,按照自愿原则开展家庭农场登记;为新型农业经营主体配套设施用地指标;鼓励多渠道设立融资性担保公司,为家庭农场等主体提供贷款担保服务;加大家庭农场等领办人的教育培训力度"。2014年11月,中共中央、国务院又印发了《关于引导农村土地经营权有序流转发展农业适度规模经营的意见》,指出"重点培育以家庭成员为主要劳动力、以农业为主要收入来源,从事专业化、集约化农业生产的家庭农场"。2016年的中央"一号文件"则从政策体系的构建等方面为家庭农场的发展提供制度支持,要求"健全财税、信贷保险、项目支持等政策,积极构建新型农业经营主体的政策体系"。2016年,中共中央办公厅、国务院办公厅印发了《关于完善农村土地所有权承包权经营权分置办法的意见》,要求认真研究家庭农场发展等相关法律问题。2017年,中央"一号文件"再次对家庭农场的认定办法、家庭农场主的培育以及家庭农场的融资作出了规定,要求"完善家庭农场认定办法,重点支持适度规模的家庭农场;加大对现代青年农场主、林场主培养,培育农业职业经理人;支持金融机构开展适合新型农业经营主体的订单融资和应收账款融资业务;大力培育多种形式的适度规模主体"。2019年9月,中央农办、农业农村部、国家发展改革委等11部门和单位联合印发《关于实施家庭农场培育计划的指导意见》,对加快培育发展家庭农场作出总体部署,要求加快培育出一大批规模适度、生产集约、管理先进、效益明显的家庭农场。

农业部认为,家庭农场应该符合以下三个标准:①农业经营者应具备农村户籍(即非城镇居民);②以家庭成员为主要劳动力,以农业收入为主;③经营规模达到一定标准并且相对稳定,从事粮食作物的、租赁期或承包期在5年以上的土地经营面积达到50亩(一年两熟制地区)或100亩(一年一熟制地区)以上,从事经济作物、养殖业或养种结合的,应达到县级以上农业部门确定的规模标准。

家庭农场作为发展中国家农业增长的更为适当的制度,从家庭联产承包责任制确立以来一直对农业增长有着极为突出的贡献率(林毅夫,2008)。较之其他经营方式,家庭农场具有更多优势:①利用家庭劳动力,部分使用自有土地,较少受到土地流转成本和雇工成本的影响;②与合作社相比,家庭农场更贴近当地社区,可以充分依托地缘、血缘关系,减少交易谈判成本,稳定土地流转合同;③家庭农场作为法人主体,与专业大户和合作社相比,能够通过资产抵押、信用贷款等方式获得金融机构的资金支持,从而通过扩大规模,获得竞争优势,通过纵向一体化经营获得范围经济(杨伟民、胡定寰,2014)。家庭农场既坚持了家庭经营的基础地位,又克服了传统农户小规模经营的不足,促进了农业经济发展和农民增收,是发展土地适度规模经营的有效途径。

对于家庭农场,本章拟通过农户家庭经营与家庭农场经营的比较、家庭农场在乡村振兴过程中所发挥的功能来进行认知与全面准确理解。

第一节　家庭农场是农户家庭经营的深化与发展

农户及其土地财产权利是农业经营制度的基因,决定农业经营制度的基本状况。由农户家庭经营到家庭农场经营的演变既传承了我国农业经营制度的制度源头,又拓展了农业生产力的发展空间,因而家庭农场既"源于农户",同时又具有"高于农户"的禀性(李厚廷,2015)。家庭农场经营是在农户家庭经营的基础上,通过扩大生产规模所进行的"企业化"生产与市场化经营的一种新的尝试。

农户家庭经营所形成的一些有益经验,在家庭农场经营中必然会得到全面的释放,产生相应的正的效应。

一、具有稳定的自我激励机制

农业生产不仅需要在一个广阔的地域空间分散进行,而且要顺应农业生产自然属性中所具有的不可分割的连续性和顺序性。农业生产要取得最终产品,需要劳动者对作物自始至终地看管、照料,这就需要对劳动者责任心和努力程度进行激励(张进选,2003),只有家庭经营才能发挥这种功效。家庭经营实现了农业生产与家庭特征的高度契合:一方面,农户家庭内部依靠非正式规范所形成的成员之间的利他行为和家庭凝聚力,能够在缺乏外部监督与管理的生态环境中依然可以在内部产生较强的自我激励。在家庭经营的利他主义倾向下,家庭成员会形成自我控制,不需要外在监督,因为劳动过程与劳动成果直接相关,偷懒等机会主义行为带来的农业产量减少、农产品质量下降等后果要由自己及家庭成员承担,劳动成果与经济利益高度一致。因此,无论是国外还是国内,家庭经营都是农业生产的主要形式,这种形式确保了农业生产积极性得以最大限度的发挥。另一方面,家庭经营可以灵活地适应农业生产的季节性变化,因为家庭成员利益一致,农忙时全家共同劳作,农闲时家庭成员还可从事其他经营活动。此外,家庭经营可实现信息资源共享,大大减少信息费用和监督费用,降低交易成本,快速有效地预见和规避农业生产过程中所产生的风险,这是其他农业组织所不具备的天然优势(朱启臻,2009)。而家庭农场经营虽然在部分农业生产时段,会存在少量的雇工,但仍然是以家庭成员为主要劳动力,这就为小农家庭经营向家庭农场经营提供了稳定的激励机制,家庭农场可以充分发挥家庭成员的利他性动机,减少组织运转费用和生产监督成本。

二、彰显农业生产的社会属性

农业生产所具有公共产品性、外部性、低收益和高风险性、农业劳动的综合性、非标准性等特点,决定了农业细密的专业化分工与标准化管理的困难,难以获得规模收益。而家庭经营方式最适合农业生产所需的高度灵活性、自觉性、责任感和丰富的农业生产经验。家庭农场经营虽然是在土地适度规模化的基础上,根据土地流转的情况会出现规模大小的不同,但本质上是一种社会化的生产方式,是以企业化、集约化、商品化方式进行的社会化生产。家庭农场经营中所需的农业生产资料,如种子、化肥、农药等均由市场提供,而农业生产中需要的农业技术咨询、农业生产指导、农业机械作业等社会化服务也依靠市场化方式提供,家庭农场经营已成为农业社会化生产中的重要一环。在这种社会化生产与经营过程中,家庭毕竟是基本生产经营单位,是生产的唯一主体,家庭农场主仍然是所有者、劳动者和经营者的统一体。因此,农户在家庭经营中所发挥出的农业的社会属性,为家庭农场经营所进行的社会化大生产提供了经验与借鉴。

三、与小农家庭经营的界限区分显著

家庭农场与小农家庭经营虽然两者都是家庭经营,有着家庭经营在农业生产上所具有的一些共有属性,但家庭农场毕竟不等同于小农的家庭经营,与小农家庭经营有着鲜明的界限。

(一)在生产的目的性上

与小农家庭经营相比,家庭农场不仅是为了满足自给自足的家庭消费需要而进行的口粮生产,而且是面向市场所进行的商品化生产。这就意味着家庭农场在种植品种的选择、种植面积的衡量、种植方式的比较上,需要进行详细的市场调查,要突出标准化、商品化、市场化,要面向消费者、面向市场、面向未来的消费趋势,以便谋求利润最大化。

(二)在生产的规模上

传统的小农家庭经营是一种以自给自足为主要特征的小农经济生产。小农经济生产规模小,机械化程度不高,农业生产技术与生产方式落后,产品交换少,主要依靠传统市场进行直接销售,而来自农业的收入低下,难以促进商品经济的发展。家庭农场虽然也是家庭经营,但生产目的是商品交换,满足市场需要,实现利润最大化。为了实现这一目标,家庭农场普遍使用现代农业机械和农业技术进行生产,通过集约化经营提高农业生产效率,这是一种高度市场化的生产方式。因此,家庭农场是以企业化的方式进行农业集约化生产、商品化经营的新型农业经营组织。这种社会化的大生产客观要求家庭农场必须进行适度的规模化,以便实现产业化经营。当然,由于家庭仍然是唯一的经营主体,受资源动员能力、经营管理能力和风险防范能力的限制,经营规模必须处在可控范围内,表现出适度规模性(杨伟民、胡定寰,2014),土地的适度规模是家庭农场的外在表现。

(三)在生产管理方式上

小农家庭经营只需照看好自己的承包地,一般不会考虑种植规模的扩大与市场拓展的问题。而家庭农场是经过登记注册的法人组织,进行工商注册登记不仅是一种形式问题,更是从制度上对家庭农场进行确认,从行为上使家庭农场更加规范。工商登记是家庭农场从自然人到市场经营主体转变的必要条件和法律保障,有别于专业大户的制度凭证。工商登记使家庭农场的市场主体地位更明确,经营行为更受法律保护,也有利于家庭农场获取贷款和创建品牌。工商登记后,可以明确经营范围,管理更为规范化,方便组织农场资源,以便"企业化"经营家庭农场。"企业化"的家庭农场主首先必须是农业领域的经营管理者,具有协调与管理农场以及农场外部资源的能力,其次才是家庭农场的生产劳动者(高强、刘同山、孔祥智,2013)。可以说,家庭农场主的劳动,其实质是生产性劳动与管理性劳动的有机结合,而家庭农场中的劳动则呈现出生产性劳动、雇佣劳动和管理性劳动的多样性。

第二节　家庭农场是"三产"融合与乡村振兴的必然选择

继十九大报告提出以"产业兴旺、生态宜居、乡风文明、治理有效、生活富裕"为总要求的乡村振兴战略以来,为贯彻落实党的十九大、中央经济工作会议、中央农村工作会议精神和政府工作报告要求,根据《中共中央、国务院关于实施乡村振兴战略的意见》,2018年9月中共中央、国务院又印发了《乡村振兴战略规划(2018—2022年)》,对规划的背景、总体要求、构建格局、加快农业现代化步伐、发展壮大乡村产业、建设生态宜居的美丽乡村、繁荣发展乡村文化、健全现代乡村治理体系、完善城乡融合发展的政策体系以及规划实施描绘了战略蓝图,强化了规划引领,科学有序推动乡村产业、人才、文化、生态和组织振兴的系统融合,为全国各层级政府当前以及今后一段时期如何实施乡村振兴战略提供了具体的行动指南,具有深远的意义。

当前,乡村产业因同质化严重、产业融合程度低,缺乏产业专业人才和先进资源,农业科技支撑能力依然呈现弱势等原因还不能实现兴旺。对此,学界认为,要实现产业兴旺必须多措并举,如深化农业供给侧结构性改革,推动农业的转型升级,构建现代农业产业体系、生产体系、经营体系,不断提高农业竞争力(姜长云,2018);要不断发展新产业新业态,为产业兴旺提供新动能,包括发展农产品加工业,推进农村功能多样化,发展农村电商,实现动能转换(曾福生、蔡保忠,2018);要延长农业产业链条,推进农村一二三产业深度融合发展等(孔祥智,2018)。

然而,在兴旺农村产业的进程中,到底要倚重哪一产业:是以农业为基础的农产品加工业、是以解决城市居民乡愁的农村旅游业与休闲农业,还是现代农业体系?产业经营的主体究竟该如何选择:是工商资本、是农户、是农民合作社,还是其他新型农业经营主体?分析与解决这些问题的过程中,可以发现,家庭农场是三产融合与乡村振兴的必然选择。

一、产业兴旺与产业选择

农产品加工业的发展是近年来的一大趋势,这对于延长产业链、促进农村一二三产业融合和农民增收都具有重大意义。随着现代农业发展对工商资本的吸引力的逐渐加大,在制度红利的刺激之下,资本加快进入投资回报快的农产品加工业,但由此所导致的问题是,农产品加工业逐渐且越来越多地被工商资本控制,在我国农村社会保障体系还不够健全的情况下,就会引致农业劳动力的"挤出效应",而从实质上侵害了农民利益。普通农户实际上从加工业中受益有限,更多的利益被工商资本占有。与此同时,由于农产品加工业附加值高,国内市场潜力大,大量外资以农业跨国企业作为主要载体,渗透到我国农产品加工业的进程逐渐加快,给国内农产品加工业带来了很大压力。

发展农村新业态,显然是产业兴旺的重要出路,其中最主要的就是拓展乡村功能,发展休闲农业、旅游业等。贺雪峰(2018)提出,发展乡村旅游和休闲农业实质上就是要赚城市人"乡愁"的钱,以城市人对自然风光和风土人情的好奇和向往吸引城市人到乡下消费,从而为当地农民带来获利机会。但是要发展这些产业的农村必须具备良好的区位条件和自然资源条件,而事实上适宜发展乡村旅游等新业态的农村只占全国农村的5%以下。这就意味着绝大多数农村无法以这些新业态达到致富的目的,且从事传统农业生产的农村仍占据全国农村的80%以上。此外,在部分农村所做的休闲农业项目,虽然蓬勃发展,但是没有与广大农民紧密结合,没有与农村融为一体,导致"无农化、纯休闲、纯观光"的现象比较突出,没有农业要素的投入,投资者可能获得丰厚回报,但广大农户并没有受益,背离了乡村振兴的初衷。

乡村振兴战略面向的是全体农村和农民,在城市化进程之下,当前仍然留在农村的绝大多数还是没有能力进城落户的农民,这也就意味着产业兴旺首要的是要实现生活保障的功能,要维护好这些留在农村的从事农业生产的农民的利益,只有解决了绝大多数的农民和农村的问题,才能向乡村振兴的方向迈进。而农业在国民经济发展中具有基础性的作用,是一切社会生产活动的起点,不仅为人类提供生存必需品,也承载着文化与文明。中国作为一个发展中国家,之所以不像很多发达国家那样具有大规模的贫民窟,一个很重要的原因在于进城失败的农民可以返回农村,土地就能够给予他们保障,所以农民致富必须与土地结合起来。我国当前的现实国情是农业人口量大面广、农业为非农产业提供基本原料,因此在当前及未来的一段时间内,农业仍然是乡村的基础产业,是产业兴旺的支柱产业。只有农业兴旺了,农产品品质提高了、总量丰富了,才能够发展附加值更高的加工业等。走向产业兴旺的方式,不管是延长产业链,还是推进农村一二三产业融合,其基础都必须是发展好作为第一产业的现代农业,突出农业的基础地位,在把农业做大做强的基础之上,追求农业与非农产业的协调发展。

二、产业兴旺与农业经营主体选择

在确定以现代农业作为产业兴旺的推进器之后,接下来的问题就是谁来掌握与操作这个推进器,也就是产业兴旺的经营主体该如何选择。

中央将坚持农民主体地位作为实施乡村振兴战略必须坚持的原则之一,指出要"充分尊重农民意愿,切实发挥农民在乡村振兴中的主体作用"。产业要兴旺,也必须充分发挥农民的主体作用。实施乡村振兴战略是为了农民,也要依靠农民。乡村经济的发展离不开农民,他们生于乡村,长于乡村,在实现产业兴旺的过程中,农民是物质财富创造主体,是劳动主体,同时也是评价主体,因此农民应该是改革红利的最大受益者,排斥农民参与的产业兴旺是毫无意义的。产业的兴旺发展必须充分调动农民的积极性和主动性,不断提升广大农民群众的满足感、安全感、获得感和幸福感,充分尊重农民的主体地位。

当前,家庭经营依然是我国农业经营的最基本的形式,要坚持农民的主体地位意味着产业兴旺的主体就只能是农户而不是工商资本等其他农业经营主体。十九大提出要推动工商、社会资本进入农村,资源下乡是推进产业兴旺的一项重要手段,但政策鼓励却导致一些地区在推进乡村振兴战略的过程中,片面地将产业兴旺与资本下乡等同起来。在农业上机械地套用工业思维,导致一些地区一味追求专业化、机械化、规模化等现代农业指标,否定了农户经营的基本制度,资本下乡圈地,强制农民"流转"耕地,只要土地而排斥农民,把农民变成了所谓农业工人——"既拿地租,又赚工资"。这些做法违背了中国的基本国情,极大地伤害了农民的根本利益(朱启臻,2018)。资本最重要的目的还是逐利,当其得利后可能不再为乡村做贡献,甚至在遭遇市场风险时迅速撤出,所以当工商资本渗透到农业的发展中,就可能无法再保证农户的主体地位(王春光,2018)。另外从农业发展经验来看,工商资本下乡后租赁土地,不可能将在原有土地上的农民全部都雇佣下来,实际上就会对农民产生"挤出效应"(倪荣远,2019)。所以,当这些经营主体参与到产业振兴中来,试图代替农民的主体地位时,就很容易导致农民在产业振兴中主体地位的缺失,削减农民共商共建共享产业兴旺的可能性,因此就会损伤产业兴旺的社会基础。要充分发挥农民的主体作用,就需要屏蔽产业振兴的侵蚀者。

三、家庭农场是乡村振兴进程中产业兴旺的必然选择

(一)家庭农场定位及优势

家庭农场在我国真正发展的时间并不长,是一个来源于欧美国家的舶来品,在我国家庭农场这一概念2008年才首次写入中央文件,2013年中央"一号文件"进一步把家庭农场明确为新型农业经营主体的主要形式,以对其进行大力扶持和培育。

家庭农场以家庭成员为主要劳动力,从事集约化、规模化、商品化的生产经营活动,以农业收入为家庭主要收入来源。可见,家庭农场的主要特征为:①家庭经营。家庭农场是在家庭联产承包的基础之上建设起来的,经营主体单位仍然主要是家庭,保证了农场主所有者、经营者、劳动者身份的统一。②以农业为主业。家庭农场开展专业化生产,以提供商品性农产品为主要目的,使其区别于兼业农户。农业生产经营收入是家庭农场的主要收入来源。③适度规模。如果规模太小,就与传统小农经营并无区别,无法带来规模经济效应;规模太大,就需要进行雇工经营,也提高了管理的难度,

从而丧失了家庭作为经营主体的特性。因此家庭农场必须保持适度规模,从而融合现代农业生产要素。④市场化经营。即其生产目的是利润最大化,通过提高商品化程度和市场化水平,从农户自给自足逐步过渡到商品化驱动(王春来,2014)。

(二)家庭农场相对于其他新型农业经营主体的优势

当前,我国农业经营主体主要包括传统小农、专业大户、家庭农场、农民专业合作社以及农业企业等,其中后四者也属于新型农业经营主体(孙中华,2012)。理论上说,这些经营主体本身并不存在优劣之分,但从家庭农场自身特点出发,考察资源禀赋条件的差异所导致的不同经营主体在农业发展实践中功能不同、角色不同,本书认为家庭农场具备更多的优势也更加适合作为带动产业兴旺的牛鼻子。

首先,从定位的角度看,农民合作社具有带动散户、对接市场的功能,引领农户进入国内外市场,起到提升农民组织化程度的作用;农业企业具备资金、人才、技术等多方面的比较优势,在产业链中更适合承担产品加工、市场营销的功能。可见农民合作社和农业企业的优势在于提供农业服务和市场对接等环节,而只有专业大户和家庭农场能够作为规模生产主体,承担着农产品生产的功能,能够较好地发挥对小农户的示范带动效应,促进小农户向采用先进技术和生产手段的方向发展,但就专业大户而言,由于各地区、各行业规模差别较大,则导致了其边界比较模糊,难以准确界定。在我国现有的种养大户中,相当大一部分仅仅是生产规模扩大,并未运用现代管理方法,集约化经营和市场化发展水平也都较低,甚至存在粗放经营的特性(张照新、赵海,2013),所以很多学者在研究中并未将其纳入新型农业经营主体中,它更像是一种过渡形式。因此,家庭农场从这方面来看在未来具备很大的发展空间,能够成为职业农民的中坚力量。

其次,从经营单位的角度看,家庭农场以家庭作为经营单位,实质上遵循的是"家庭效用最大化"的逻辑,即寻求家庭劳动辛苦程度和家庭消费需求之间的一种平衡,也就是说即使在账面上不挣钱的情况下家庭农场依然能够生存,这显然是其他经营主体无法做到的。此外,以家庭作为经营单位能够使家庭农场具备成员利益高度一致、劳动监督成本低、内部治理结构简单、主动性高等优势。而具备互助性质的农民合作社在强农惠农富农政策不断出台的背景之下,自身在农户分化等多重变革中出现了异化,从而导致了合作社被农村能人和大户等少数核心社员主导。"精英俘获""大农吃小农""合作社包装下乡资本"等现象层出不穷,合作社可能会出现一味追捧政府项目的情况,在有的地方甚至成了乡镇政府招商引资的政策优惠包(冯小,2014)。加上农业兼业化的弊端也开始逐渐显现,所以许多小农户,尤其是贫困地区的小农户,并没有成为农民合作社的实质受益群体。农业企业采取的是"公司+农户"的组织形式,在农业现代化快速推进和市场经济发展的形势下,订单履约率低、合同约束力不强等问题开始暴露,一方面农业企业自身具备信息优势,另一方面小农户之间分散决策导致竞争,因此也就使得农业企业在谈判中占据了主导地位,小农户的利益很容易受到侵害。因此拥有较强生产能力的同时具备示范带动效应的家庭农场就能够有效地引导小农户和现代农业有机衔接,成为引领适度规模经营的有生力量。

最后,从经营效益的角度看,一方面是经济效益。合作社和农业企业:一是会受到土地流转成本的制约,还会受到质量风险、市场风险、自然风险等多重风险的影响;二是内部运行不规范,相当比例的农民合作社内部制度不完善,管理运作的随意性较大,一些农业企业尚未建立起现代的企业制度,监督和激励机制不健全,与农户联结不够紧密;三是人才匮乏,由于合作社、农业企业待遇较低,工作条件较为艰苦,加之目前农村实用人才比重很低,所以难以留住高素质人才,这些就导致了合作社和农业企业在经济效益方面受到掣肘。另一方面是社会效益。在家庭农场方面,一些进城务工的农民本身遭受精神压力与物质压力的双重挤压,受到政策导向和乡土情怀的作用,选择返乡经营家庭农场,通过有尊严的劳动农场主在获得经济效益的同时,维持了家庭的完整性,并且农场主在经营的过程中会严格保护土地,关心村庄的各项事务,对村庄治理也产生正面影响。此外家庭农场经营更能够改变人们对农民和农业的认知,改变以往农业低效的认知,重塑人们对农民职业的评价。而合作社和农业企业在不同程度上涉及土地流转问题可能使得村庄农地产权复杂化,它们在生产经营环节也经常与其他主体发生矛盾或纠纷,加大了村庄治理难度。此外农业企业是与进城务工的农民签订正规合同,一旦市场波动导致其失去就业机会,可能会为社会稳定、城市治理带来一系列难题(张新文、高啸,2019)。在这一层面上,"小而有效"的家庭农场兼具经济效益和社会效益,能够大大推动我国农业现代化体系的构建。

(三)家庭农场在推动产业兴旺中发挥着关键作用

1.家庭农场是商品性农产品的有效生产者

家庭农场规模适度,专注于农业生产环节,按照市场需求配置农作物,在提高单位产量的同时也能够提升农产品质量,农产品加工企业在发展订单农业时就更加愿意与具备一定规模的家庭农场合作,不仅交易的质量和数量较为稳定,能够降低交易成本,还能够避免与小农户合作所带来的生产波动大、违约风险较高等问题。

2.家庭农场是运用先进农业科技、提高生产经营水平的示范带动者

相较于小规模农户而言,家庭农场集约化、规模化经营的程度更高,是从事专业生产活动的经营主体,而不仅仅是集生产生活于一体的生产消费单位,因此具备更多的可能性去引进优良品种、采用新技术、使用先进农机、开展品牌化经营,从而积累和传递职业农民生产经验,带动小农户改善生产技术、降低成本、提高产量(张红宇、杨凯波,2017)。

3.家庭农场是为周边小规模农户提供农业社会化服务的提供者

家庭农场在追求利润最大化的过程中,势必会寻求规模经济,即在土地面积扩大的同时,找到资本和劳动的最优平衡点。由于目前我国农业生产服务市场还不够完善,家庭农场往往选择自购设备去投入农业资本要素,在购入资本密集型设备之后,作为理性经济人的农场主为了尽快收回成本、提高资本使用效率,大多都会选择向外(周边小规模农户)提供多余的农业资产能力,因此能够为周边小农户提供各种农业生产服务,带动小农户进入现代农业生产体系(杜志雄,2018)。

家庭农场所承担的这些特殊角色决定了其能够向具备企业家精神、自主发展能力

强、能够对市场作出迅速反应、主要依靠自身力量而非政策扶持的经营主体不断演化，从而也就能够成为我国农业现代化体系构建、推动产业兴旺与农村一二三产业融合的重要力量。

四、家庭农场推动产业兴旺的作用机制

产业兴旺是乡村振兴的经济基础和主抓手，必须抓紧抓实。产业兴旺既要发展农业主业，也要发展乡村二三产业，更要培育农村三产融合及融合发展涌现出来的新产业新业态。产业兴旺必须从供给端出发，因此家庭农场也在供给端的三个层面衔接产业兴旺。

(一)通过提高农业竞争力推动产业兴旺

产业兴旺的先导是农业兴旺，产业兴旺的实现必须以农业做大做强为基础。我国自 2001 年加入 WTO 以来，农产品的进出口总额多年持续增长，但是近年来农产品的国际贸易却出现了"贸易逆差"的现象。2018 年，我国农产品贸易逆差 573.8 亿美元，增加 14.0%。其中，玉米进口 352.4 万吨，同比增加 24.7%；棉花进口 162.7 万吨，同比增加 19.4%；畜产品进口 285.2 亿美元，同比增加 11.3%。这种状况与我国幅员辽阔、农业大国的地位并不符合，因此要想产业兴旺，必须首先将着力点放在提升农业产能、提高农业竞争力上。以家庭农场作为带动产业兴旺的牛鼻子首要的就是要以家庭农场的发展推动我国农业竞争力的提高：①家庭农场在新型农业经营主体中处于枢纽地位，与农业合作社和农业企业都有着紧密联系，其健康发展能够带动农民合作与组织化程度，进而推动新主体、新产业、新业态的发展。同时家庭农场进行标准化农业生产，大多数家庭农场主都有尝试和推广新品种、新技术和新模式的积极性和经济实力，在落实现代农业建设政策措施和农业改革政策时，比传统小农户更加便捷高效，因此家庭农场是推动农业现代化的创新力量，能够推动构建现代化的农业产业体系、生产体系和经营体系，提升农业素质和农业生产效益。②家庭农场的精耕细作性决定了它能够有效提供商品性农产品，家庭农场能够规划的土地通常在几十亩到几百亩之间，因此就可以合理配置不同季节作物的种植比例以及经济作物和粮食作物的种植比例，配置更多的抗虫害能力强、产量高、市场需求量大的农作物，坚持效益优先、质量兴农，能够有效地提高农业竞争力和增加农民收入。③由于家庭农场以家庭为经营单位，且主要是在自有劳动力的基础上开展生产，因此其作为先进生产技术的示范带动者也更多地使用生态农业技术，例如采用喷灌技术，利用粪便发酵做沼气和有机肥等，提升农业废弃物资源化利用率，持续地推进农业的可持续发展。

(二)通过促进农村三产融合推动产业兴旺

农村三产融合实质上是将二三产业渗透到农业产业发展过程中，不是三种产业的简单相加，而是通过要素渗透、技术创新、模式再造等，开发农村的生产、生活、生态功能，达到"1+1+1>3"的效果(王乐君、寇广增，2017)。农村一二三产业融合是实现产业兴旺的出路(孔祥利、夏金梅，2019)，也是产业兴旺的重要表现之一。很多情况下，

当乡村经济来源比较单一时,就会在不同程度上阻碍乡村经济的发展。此时,推进农村一二三产业融合,促进乡村经济多元化发展,就能够有效地实现乡村产业兴旺,产业兴旺就是在农业兴旺基础之上的百业兴旺。构建农业与二三产业融合发展的业态,是中国农业产业创新发展的大方向。一方面,从需求端看,根据消费者需求理论,当前,人们对于农产品的需求已经逐渐从温饱需求上升到提升生活质量的层面,已经从生理需求上升到精神需求的层面。例如,农产品的安全和营养、农产品形态、品牌和文化都属于消费者多样化的精神需求。因此,要满足消费者不同层次的需求,必须走产业融合的道路,而充分发挥农业的多功能性,家庭农场恰恰能够做到这一点。另一方面,从供给端看,中外历史经验都表明,随着国民经济的增长,农民收入要想能够与之保持同步增长,必须调整产业和就业结构,推进劳动力向第二、第三产业转移,促进农产品商品化(柯凤华、杨强,2019),进而使得农民能够与本地产业结合,提升农民收入。所以推进农村一二三产业融合不仅能够促进农民增收,还能满足人民多样化的生活需求,更能够促进产业兴旺发展。

农业发展要以家庭经营为基础,新的产业融合主体是推动农村一二三产业融合的核心力量,家庭农场在构建现代农业产业体系中承担特殊的作用,具备开展适度规模经营的创造性和积极性,家庭农场具备成为这种核心力量的条件,具备推进产业融合的意愿和实力。以家庭农场作为平台和载体推进一二三产业融合途径,有以下两条:

一是家庭农场主导产业链延伸。职业农民作为家庭农场的中坚力量,具备精耕细作特性,由于依托特色产业,因此能够发挥比较优势,避免同质竞争,将适度规模经营与优化产业链结合起来,向前后纵向延伸,连接农业生产与种子、肥料、农药以及农产品的加工与销售等,以及向农产品餐饮、物流等具有高附加值的农村服务业延伸实现顺向融合,打破传统的农业产业界限,这样家庭农场的产业链条可以覆盖到产前、产中、产后的各个环节,拉长了产业链,按照经济学的理论,从而可以使农产品价值增值。一种方式是家庭农场独立构建全产业链延伸,即整个过程由家庭农场自身一以贯之;另一种方式是家庭农场与其他经营主体结合成新的利益共同体,完成产业链的延伸。例如"家庭农场＋企业"的模式,以家庭农场生产的农产品为依托,通过农商互联,发展冷链物流、连锁配送、电子商务等现代流通业态,进而激发农产品活力,在这个过程中,若有工商企业的加入应该起到锦上添花的效果,而非喧宾夺主。家庭农场在优化产业链的过程中也会逐步形成一定的科技开发能力去影响农业产业链,逐步提升对农产品资源、要素甚至品牌的整合能力,进而对产业链的能力、对小农户的辐射带动能力都会增强,提升了农业产业链的增值能力(姜长云,2016)。但是不能机械化地去理解这种产业链延伸的过程,例如,以菠萝为主业的家庭农场,向后并不一定要将菠萝制成果酱销售,种植橙子的家庭农场也不一定要榨成汁才能实现增值。这种产业链的延伸过程关键是家庭农场要坚持其市场导向,即衡量增值价值的不是产业链延伸环节的多少,而是要看延伸的产业链是否能够满足消费者的需求。家庭农场在这个过程中如果能够瞄准厨房、餐桌的大需求,实现农产品多层次的转化增值,将地方小品种和土特产打造成可以带动农民持续增收的当地大产业,就能够实现效益价值链。

二是家庭农场主导拓展乡村功能。随着经济社会的发展,农业的功能越来越多地体现为观光旅游、生态和生活服务、健康养老、文化传承等非传统性功能,而不再是仅仅局限于保障人民温饱等传统性功能(耿刘利、黎娜、陈藏欣,2019)。家庭农场主导挖掘乡村的多重复合功能,开拓农村农业的发展空间,可以有效促进农村产业融合。在这一机制下,家庭农场整合利用乡村资源要素,融合家庭农场的日常生产经营与当地特色历史文化和现代科技要素,充分利用农产特色产品优势和乡村当地自然景观及资源,将农业生产、农副产品加工拓展到观光、休闲旅游和农家乐等特色产业,以种植业为基础的家庭农场就可以设立农事体验、现场采摘等项目,城市居民往往很愿意体验纯天然的风光,从而能够吸引更多的人来旅游消费,此时家庭农场就将农业的新功能与市场需求结合起来了,成了集种植、采摘、观光、休闲、度假等多功能于一体的旅游生态园区,实现了农业的多元化增值和经营发展效益的提升。比如在我国少数民族聚居的一些乡村,不仅有其自身的民族特色,也有着独特的风俗习惯,从消费者需求角度看,这些民俗特色就能够很有力地吸引对此感到陌生的人,开阔人们的视野。此外家庭农场还可以在农产品特别是产业链加工环节的基础之上将其与文化创意结合,开发出游客体验加工半成品的项目模式。无论是休闲农业还是创意农业,家庭农场在发展第一产业的过程中注重融入乡村民族特色,在单纯售卖农产品的同时,也将感受文化、风景等内容直接销售给人们,这种"文旅农"的融合,能够在真正意义上提升农业价值。

(三)通过充分发挥农民主体地位促进产业兴旺

农业所具备的地域性、季节性、周期性、自然风险性、劳动者的生命性等特点使得农业劳动需要高度责任感、自觉性和灵活性以及丰富的生产经营,而这些要求只有在家庭经营环境下才能很好地实现,所以要农业的这些经营特性不变,家庭经营就永远是农业最基础的经营形式,家庭农场作为实现循环农业的重要节点、三产融合的理想空间、乡村多元化经济的单元、专业化农业的基本单位(朱启臻,2018),就是能够满足这种家庭经营要求的理想经营主体,能够将农业的增值利益最大化地留给农户。家庭农场在某种程度上代表了未来的发展趋势,很多地区的家庭农场经营者都会在当地进行专业的农业技能和经营管理培训,他们职业素质较高,善于经营管理,更懂农业技术,是职业农民的主力军,这是充分发挥农民主体地位的关键。

与此同时,在过去我国农业农村发展的过程中出现了很多排斥农民的现象,"要农村不要农民",不少的小农户在现代农业发展中,成了旁观者甚至利益受损者,这极大地挫伤了农民的积极性,此时着力点应放在助推小农户和现代农业有机衔接上。家庭农场作为规模扩大化的农户,在保留家庭经营优势的基础之上还克服了小农户的某些劣势,与小农户家庭经营模式具有较高的契合性,因此推动小农户升级成为家庭农场的"主人"是小农户参与到现代农业的有效路径,其示范效应也能够有效带动小农户,保障小农户的利益。当农民都参与到本地产业发展的共商共建共享之中时,他们就能够成为产业兴旺的参与者、引领者以及受益者,实现真正富起来。家庭农场一二三产业融合与产业兴旺的衔接机制如图1-1所示。

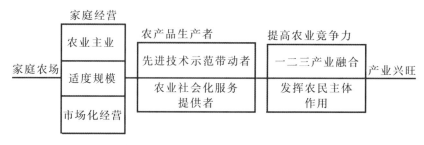

图 1-1　家庭农场、一二三产业融合与产业兴旺的衔接机制

第三节　当前家庭农场发展中面临的主要问题

　　家庭农场是政府选择农业未来发展的方向、激活农村经济力量的有效形式,但是现实情况下家庭农场的生存与发展存在多重困境。现有研究认为:①家庭农场进入的多重限制制约了家庭农场的快速发展,而盲目追崇规模化大农场却让家庭农场陷入困境;禁止流转土地承包权的规定导致家庭农场低水平发展;不合理的补贴制度及公共政策也对家庭农场的成长造成延误(饶江红、闵桂林,2017)。②缺乏农场引导者与孱弱的市场竞争能力是约束家庭农场发展表层的直接因素,而滞后的农民培训与不完善的农业基础设施以及障碍颇多的土地流转与困难重重的农场融资等因素是中层间接因素,不当的政府组织指导与缺少配套的扶持政策以及不足的农村社会保障与低水平的社会化服务等是深层根源因素(张明月、薛兴利,2016)。③从内外部环境两个维度看,政府政策扶持力度不够、土地流转实施困难、融资困难、保险制度不完善等是外部困境,而农场主缺乏技术、管理水平,农产品质量安全存在问题,家庭农场之间合作程度低,营销渠道单一等是内部困境(王建华,2016)。④家庭农场发展还存在服务人员匮乏,法律和法规欠缺以及社会方面的多重阻碍,家庭农场本身应对市场风险的能力不足(鲍文、张恒,2015)。⑤家庭农场还存在劳动力来源结构性失衡、"弃粮从经""非粮化"倾向严重、农场经营规模差异明显、家庭人均收入低于当地城镇居民等现实困境(兰勇,2015)。⑥在家庭农场发展过程中,还面临着不少法律挑战,如家庭农场法律地位模糊;规范家庭农场的基本法律缺位并且规范力度不够;土地经营权流转程序丧失规范,侵犯农民土地权益;家庭农场监管和退出法律制度缺失等(马治国等,2020)。

　　为深入了解和掌握现阶段我国家庭农场经营中所存在的主要问题,并获得研究的第一手资料,2017 年 2—4 月,本书研究团队采用非概率抽样方法,对广东清远、湖北仙桃和湖南武冈三地的 382 家家庭农场开展关于家庭农场经营情况的入户调查,并发放调查问卷,问卷涵盖家庭农场的基本特征、社会化服务情况、人员培训情况、农产品营销情况、金融服务情况、财政补贴情况及家庭农场的投入与产出等内容。同时,调研组也对其中部分家庭农场经营者进行访谈,最终获得有效问卷 382 份,有效率达100%。受访的家庭农场类型多样,其中,综合经营的家庭农场数量最多,有 97 家,占总数的 25.37%;从事粮食、经济作物种植的家庭农场有 91 家,占比为 23.88%;从事畜牧、家禽养殖的有 86 家,占比为 22.5%;从事水果种植的有 80 家,占比为 20.9%;从事蔬菜栽培的有 17 家,占比为 4.48%;从事水产养殖的家庭农场数量最少,仅有 11 家,占比为 2.88%。总体看,三地家庭农场目前主要存在以下八个问题:

一、注册动机存在偏差

在实地调研中发现,一些家庭农场经营者对家庭农场相关政策和基本概念未能清晰了解和掌握,注册和成立家庭农场的动机不明确,甚至存在偏差。归结起来,主要包括以下三种情况:一是自上而下的强制注册,一些农户本身并无清晰明确的注册动机,只是根据有关部门的要求完成相应的家庭农场注册名额而已。二是家庭农场经营者出于获取市场地位的目的,为加强与农业部门的沟通、协作关系,将注册家庭农场视为与农业部门的沟通渠道和平台。三是以获取国家补贴、扶持政策为目的,而非出于推动农场本身的农业生产发展(唐平、王亚、洪刚,2014)。

造成家庭农场注册动机出现偏差的原因有:第一,各地对家庭农场的概念界定不清晰、不准确,对家庭农场注册形式和注册标准不统一、不规范,也未能进行严格把关。第二,一些政府部门未能正确把握国家建设家庭农场的战略意图、市场导向和地方实际,过度介入家庭农场建设乃至把家庭农场的注册数量作为硬性“政绩”指标,而非从农户自身意愿和实际需要的角度来考量,因而农户本身并无清晰明确的注册动机。第三,家庭农场主自身的内生动力不足,许多家庭农场主同样也未能正确认识家庭农场的规模化、集约化经营所带来的效率提升和农业生产方式转变的深层意义,而仅仅将其作为实现其他目标、获取短期利益的渠道和途径,导致注册动机的偏差。

二、社会化服务体系滞后

在社会生产高度专业化、精细化的背景下,家庭农场作为我国农业生产的一种新型主体,同样也是社会精细化生产分工的参与者,不可能在生产过程中“面面俱到”,因此,家庭农场的进一步发展也需要得到专业的社会化服务组织的支持(刘向华,2013)。但通过实地调研发现,家庭农场社会化服务普及性和覆盖率较低,具体情况如图 1-2 所示。同时,家庭农场所接受的社会化服务类型存在明显局限性。调查中发现,在接受过社会化服务的家庭农场中,70% 是接受耕地、收割、除虫及动物防疫等生产过程的服务,而缺乏生产农资供应与农产品销售等环节的社会化服务,难以满足大部分家庭农场经营的个性化需求。

上述问题的出现是由于我国农业社会化服务体系仍然滞后,完整、系统、科学的家庭农场社会化服务体系仍未形成(杨建利、周茂同,2014),主要表现为以下三方面:第一,家庭农场社会化服务政策体系还不完善,如政府对家庭农场社会化服务组织的主要补贴对象是土地承包者,而非农业服务的实际经营者,服务组织获得补贴难度大,这在一定程度上打击了服务组织及其工作人员的积极性。第二,许多家庭农场社会化服务组织的功能定位不清晰,且公益性和市场化水平较低,因此,容易使服务组织与家庭农场间的信息不对称,导致服务组织所提供的服务类型过于单一或出现服务真空,尤其是在农资供应和销售渠道的领域。第三，社会化服务组织的内部组织建设不完善，如公益性服务组织普遍存在服务机制僵化、行政化等问题，市场灵活性严重不足(陈骐,2017)。而相关的经营性服务组织则缺乏必要的政策扶持，且趋利性过强，内部管理不完善。同时，不少家庭农场服务组织规模较小，缺少跨区域服务的能力，业务范围局限于本村。

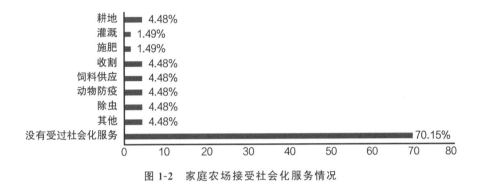

图 1-2　家庭农场接受社会化服务情况

三、融资面临困境

随着农业生产原材料和生产工具成本的不断上涨，家庭农场也面临着生产成本提高和生产资金短缺的困难，因此家庭农场急需金融的大力支持(兰勇、周孟亮、易朝辉,2015)。调研中发现,2015年家庭农场平均年总投入为57.58万元，可见家庭农场的资金需求量普遍较大，许多家庭农场经营者迫切希望能得到金融支持。但调查显示，仅有32.72%的调查对象曾获得银行贷款。同时，有88.1%的调查对象认为向银行贷款很难或比较困难,91%的调查对象认为银行的贷款程序复杂。总体看，大部分家庭农场经营者以通过向亲戚朋友借款及其他民间借贷的形式缓解资金上的困难，我国家庭农场发展的金融需求满足度较低。

家庭农场之所以面临融资困境，一方面，是因为家庭农场本质上属于农业生产范畴，而农业在我国仍是弱质产业，其生产过程和利润获取具有不确定性，也导致金融机构对家庭农场贷款面临风险较大。同时，家庭农场自身的财务管理较为混乱，调研中也发现不少家庭农场并未建立完善的财务管理机制，没有设置财务管理人员的家庭农场多达61.19%。另一方面，是因为现有的配套金融机制不完善，未能与时俱进，难以适应家庭农场等新兴农业经营主体的融资需要。如金融机构的相关金融产品类型少，服务方式缺乏创新性和灵活性，不注重家庭农场的差异性融资需求，对家庭农场的抵押、质押及担保物的范围严加限制。同时，贷款利率偏高、贷款周期较短及审贷程序复杂等问题，也提高了家庭农场经营者的贷款成本和贷款难度。

四、人员培训严重不足

现代农业的发展和家庭农场的建设都需要职业化、高技能素养的农民队伍和专业人才，但整体看，我国家庭农场经营者的专业素养仍不高(沈琼,2014)。调查显示，没有接受过经营或管理方面培训的受访对象占比高达59.7%,这反映出家庭农场经营人员接受专业培训的情况不容乐观,对相关的人员培训工作亟须加强(陈定洋,2015)。在实地调查中发现,不少家庭农场的经营人员也表达了希望得到生产技能和管理技能培训的意愿。

家庭农场经营人员的培训参与度较低、缺乏专业人才主要由以下三方面原因造成:一是地方政府对家庭农场经营人员培训的重视程度不足,缺乏引导和激励家庭农场经营者参与培训的必要措施。二是缺乏专业的培训组织和师资队伍,尤其是一线的培训工作者数量难以满足实际需要,且培训课程和内容设置不合理,针对性和实效性不足,导致培训质量低下、效果不佳。三是家庭农场经营者自身培训意识不强,有家庭农场主认为参加培训费时费力,家庭农场的经营效果主要依靠自己多年来从事农业生产所积累的经验,参不参加培训关系不大。这体现了部分农场经营者对专业培训认识存在误区,也对当代家庭农场经营的发展规律和人力资源要求认识不足。

五、品牌意识和营销能力不强

商品的品牌是商品所特有的一种标记,可将其与其他商品进行区别,也是减少同质化竞争、形成差异化优势的一种方法。对家庭农场所生产的农产品来说,同样离不开农产品品牌的建立、营销和推广。但在调查中却发现,注册了农产品品牌的家庭农场仅占22.39%。不少家庭农场主对于形成自己的农产品品牌并不重视,认为没有必要注册品牌,这体现了家庭农场经营者的品牌意识相对薄弱、家庭农场的农产品品牌化建设亟须加强。在产品营销方面,对于农产品仅进行简单加工和包装及完全不加工、不包装的家庭农场占样本总数的98.51%;同时,仅有22.39%的家庭农场拥有专门的农产品营销人员,批发商收购、直接运往市场销售或批发的家庭农场仍占绝大多数(86.56%),利用网络电商渠道进行销售的家庭农场不足15%。这也充分说明家庭农场经营者的营销意识薄弱、营销渠道狭窄、品牌塑造能力和产品营销能力非常缺乏。

造成上述现象的原因主要有以下两方面:一是家庭农场经营者大多文化程度不高,缺乏工商管理和市场营销方面的专业知识,因而导致品牌意识相对薄弱,且对于农产品品牌建设和营销管理的认识相对比较保守。二是农村地区的信息化服务水平低、市场信息不灵,加之家庭农场经营者的市场分析能力有限,因而造成农产品市场的信息不对称,农场经营者也出于经营风险考虑,形成路径依赖,大多选择传统的批发商收购渠道。

六、生产导致的环境污染不容乐观

2016年,中央"一号文件"提出"要加快农业污染突出问题的治理"。但在实地调研中发现,家庭农场在生产过程中仍存在不少环境污染问题。如在对清远市阳山县的肉鸡养殖类家庭农场进行考察时发现,不少家庭农场污水横流、臭气弥漫。这些家庭农场的家禽养殖数量较多,但养殖设备简陋,家禽的粪便等排泄物均直接排放,甚至直接排入周围的河道,大部分家庭农场经营者没有任何有效的整治和处理措施,这不仅会直接影响人体的健康,也会对周边的水体和土壤造成严重污染。此外,家禽养殖过程中所产生的废料如不及时处理,也会被分解为有害物质,并对大气造成二次污染。

造成家庭农场环境污染问题突出的原因有:第一,家庭农场经营者的环境保护意识薄弱,缺少可持续发展的农业生产理念。同时,许多家庭农场的资金比较紧张,买不起治污设施或仅能买得起落后的治污设施。第二,许多家庭农场经营人员缺乏基本的农业污染治理知识和能力,难以开展科学、正确的防治工作。第三,政府部门的重视程度不足,环保监督不力。这是由于一方面,有关部门和乡镇政府对家庭农场的环保问题未给予足够重视,没有落实环保宣传的工作,未能严格审核家庭农场的选址规划、治污设施和能力等必要的准入条件。另一方面,有关部门对于家庭农场的污染状况未能严格地进行定期考核评估,也缺乏必要的环境污染防治的技术指导和资金扶持。

七、财政补贴难以落实

农业补贴有利于缓解家庭农场的资金问题,促进其生产效率的提升(王欧、杨进,2014)。农业部、发改委、财政部、商务部、科技部、工信部及扶贫办等多个部委出台几十种家庭农场财政补贴项目(阳光乔,2015),涵盖了种养、加工、流通设施、基础建设等方面,补贴种类齐全、补贴金额高。但实地调研却发现,89.53%的家庭农场并未真正享受到政府的财政补贴。种植类、养殖类家庭农场都需要大量的前期投入,财政补贴的落实不到位也加剧了家庭农场的资金压力,难以提高家庭农场经营者规模化经营的信心和积极性。

家庭农场的财政补贴落实不到位的原因主要有以下两方面:一方面,国家为家庭农场设置的财政补贴种类多样,但由于农村基层的补贴政策宣传不到位、信息不透明,很多农场经营者不了解补贴政策的内容,其获取政策信息的能力有限,无法及时了解各项补贴的标准或结合自身实际去申请相应的财政补贴项目。另一方面,家庭农场财政补贴政策在基层的实际执行过程中,由于补贴种类繁杂,不同的补贴项目所依据的标准有所差异,而各部门的核算数据又缺乏共享机制,造成地方有关部门工作负担重和效率低下。此外,由于缺乏专门、有效的家庭农场补贴负责机制,不少家庭农场主在访谈中也反映了申请手续烦琐、操作流程复杂和不规范、审批周期长等问题。

八、基础设施不健全

总体看,家庭农场的水电设施、农田设施、养殖设备、农产品加工设备、仓储保鲜设施及物流运输等都需要进一步完善。访谈中有家庭农场主表示,他的农场所需的水电都是自己请人架设线路、打四眼井才解决的,花费了不少成本,而且所在的村庄道路崎岖不平,基础设施难以与真正的"农业现代化"挂钩。而家庭农场作为一种相对独立的生产单位,对基础设施的要求较高,因此,基础设施的不完善是当前家庭农场生产发展过程中亟须解决的问题。

究其原因,主要是农村地区的公路、水电设施、通信设施等原有基础设施比较薄弱,尤其是在落后地区,由于资金匮乏,有关部门更是缺乏对这些基础设施的维护和改进。而对家庭农场经营者来说,在现阶段缺乏配套金融政策、自身资金薄弱、基础设施补贴资金难落实的情况下,基础设施的不完善更是给生产经营带来较大阻碍。

第 二 章

研究进展、问题的提出与分析框架

第一节 当前的研究进展

自 2013 年以来,学界对家庭农场的研究,主要集中在以下七个方面。

一、对家庭农场功能与市场准入的研究

(一)家庭农场的功能

家庭农场是以家庭成员为主要劳动力,从事农业规模化、集约化、商品化生产经营,并以农业收入为家庭主要收入来源的新型农业经营主体(郭亮、刘洋,2015)。家庭农场是对家庭承包制的继承和发展,农业生产的先天特性决定了家庭经营是最适宜的农业经营主体,适度规模经营的特点可以克服普通农户超小规模的弊端的同时,也避免了一些专业大农场粗放经营的问题。家庭农场既具有农业企业规模化、专业化的优势,又以家庭经营克服了企业式农场的委托—代理关系等问题,从而决定了其自身在现代农业经营体系中的主体地位(邹心平,2017)。

家庭农场生产已然与传统的小农户生产有着清晰的区分,在发展过程中具有现代市场经济主体的特征,表现在基于熟人关系的土地流转附带了合同关系,以及原本来源于传统人情基础上的农场工人逐渐出现的货币化趋势(万江红、苏运勋,2016)。由于更具本土性、稳定性和规模理性的比较优势,家庭农场逐步发展为我国农业转型中最具活力的新型农业经营主体,不仅充分发挥生产功能、强化主体地位,也在一定程度上发挥着服务功能,是坚持家庭经营基础地位、实现适度规模经营发展目标的最优选择之一(四川省社科院课题组,2015)。家庭农场的一系列特征,决定了其本身枢纽式的新型农业经营主体地位,这对于提高农业综合效益、助力推广农业科技、保护耕地资源、传承农耕文明等具有重要作用(姜涛,2017)。由于拥有较完善和有效的管理制度,家庭农场更倾向于绿色生产,这符合国家对于农业生产的期盼与可持续发展的生产原则,对比小农户,家庭农场具有更强的生产示范性(蔡颖萍等,2020)。同时,家庭农场规范了农地的农业用途,有利于保护国家粮食安全;家庭农场运用市场机制进行资源配置和经营生产,实行"三权分置",这不仅创新了土地的经营方式,还促进了农业供给侧结构性改革;家庭农场在土地流转的过程中明确"三权"关系,降低了家庭农场在市

场机制中产生的交易成本(马治国等,2020)。但也必须注意到,制度变迁的路径依赖、土地契约的不完备、外部效应缺乏有效补偿、边缘制度不甚完善等因素约束了家庭农场功能的有效发挥。因此,有必要进一步剖析新时代家庭农场的发展趋势,厘清当前我国家庭农场的发展思路,营造主体健康发展的外部环境,积极稳妥地引导和扶持我国家庭农场可持续发展(张红宇,2017)。

(二)家庭农场的市场准入

由于我国家庭农场适用于全国的规范基本缺位,而地方性规定参差不齐,因此,在基本的市场准入路径上,研究者认为,可以从民商法意义上的工商登记和经济法意义上的农业部门认定来进行。

对家庭农场进行登记,能保护农场主的合法权益,但我国从民商法意义上进行工商登记尚无统一立法,因此,在家庭农场的登记标准上,出现了较大的纷争。有研究认为,对雇工人数应少于家庭务农人数的硬性规定,人为阻碍了家庭农场的发展,在家庭农场所有权和经营权主要由一个家庭控制的前提下,家庭务农数和雇工数就不会影响家庭农场性质,因此立法在确定家庭农场的市场准入条件时,不应考虑此因素(张帅梁,2015)。高海(2015)认为,应当从家庭农场经营者、家庭成员范围与农场经营规模的限定,以及"家庭成员是否提供劳动力为主"与"农场收入是否为家庭主要收入来源"进行登记认定。

从经济法上看,现有的民事主体制度未能适应培育和发展家庭农场的需求,因此,家庭农场立法首先应当明确家庭农场的民事主体地位,这是家庭农场从事规模化、集约化、商品化农业生产经营,参与市场行动的前提条件。明确家庭农场为新型非法人组织的同时,应明确家庭农场与农户之间的关系、家庭农场成员和家庭成员的关系以及家庭农场的认定标准,以界定其主体地位(肖鹏,2016)。由于家庭农场的资格认证,基于的是政府确定支持政策实施范围的公法需要,且源自以受惠主体为运行逻辑的、存在不合理之处的政策体系,而现有工商登记制度难以适应家庭农场身份认证的公共管理需要,因此不宜将家庭农场界定为一种新型私法主体形态(曹兴权,2015)。

二、对家庭农场的发展历程的研究

新中国成立以来,以家庭为主体的农业经营体制,经历了一系列从有到无、再到有的过程,农民专业合作社、种养大户、农业公司、家庭农场等新型农业组织相继出现(姬超,2016)。受家庭联产承包责任制推行的刺激,1983年8月,全国农垦工作汇报会议决定,在国营农场中兴办职工家庭农场,自此开始,职工家庭农场得到了较快发展(王振,2017)。同时,在历经30多年的改革开放后,农村家庭联产承包责任制的制度红利已经体现得不明显,随着农户生产积极性的降低,这一制度亟待改变,发展以家庭农场为主体的新型农业经营主体成为必然(王征兵,2017)。不同于职工家庭农场的强制性安排或专业大户与农民专业合作社的诱导性安排,21世纪的家庭农场发展是在市场导向与政策扶持紧密联系的条件下实现的,是职工家庭农场这一传统农业经营形式在新时期的重振,它逐渐冲破国营农场的身份外壳,升级为新型农业经营主体(王振、齐顾波、李凡,2017)。冯开文(2015)表示,国营农场制度效率低下,农业生产经营负担沉重,农场职工生活困难,这是改革初期兴办职工家庭农场最关键的原因,而在现存制度变革可能带来的巨大的潜在利润以及生产技术水平、制度创新成本、外部环境不断优化等有利条件的驱动下,从小农发展起来的家庭农场才得以陆续成功兴办。如今,农场式经营早已不是国营农场的专利,在土地流转率较高的东部地区,家庭农场已经在实践层面取得了较大进展。在公平发展的政策环境下,家庭农场真正赋予了家庭公平的市场主体地位,通过让其财务盈亏自负和行为自由选择,培育农民的主体意识和自主性。

三、对家庭农场多元化发展路径的研究

(一)家庭农场合作经营模式

现阶段家庭农场发展的种种困境,正是多元发展诉求导向下的不同行为方式所致。如何协调各方发展需求,确定彼此发展契合点,实现各群体共赢发展,实乃当务之急(徐子风,2015)。

在家庭农业经营主体已然分化,面临融资、农业社会化服务不健全等困境环境下,可以通过"家庭农场+小农户"、"家庭农场+合作社"、"家庭农场+工商企业"等模式,实现家庭农场与其他经营主体的有效对接,构建一个以家庭农场为基础的新型农业经营体系(李继刚,2017)。在实践中,各模式对家庭农场发展的激励与促进效果不同,可基于交易成本、利益分配机制、风险偏好及环境相容等方面对家庭农场的契约合作模式进行选择(何郑涛、彭珏,2015)。

作为新型经营主体的家庭农场,选择适合的契约合作模式,有利于农业、农村经济有效和持续发展。例如"农户+家庭农场"农业经营新模式,既尊重了我国长期以来农业经营的历史需要,又符合当前农业现代化的现实需要,突破了农户经营行动能力不足与规模不经济问题,同时也为家庭农场提高经营能力、扩大生产创造了条件(李继刚,2017)。而"家庭农场+合作社"这一模式,则还可具体衍生出"家庭农场+合作社+公司"、"家庭农场+合作社+超市"、"家庭农场+合作社+直销(社区)"、"家庭农场+合作社+合作社自办加工企业"四种类型的细分模式,制度非均衡是这一新型模式产生的根源,其存在需要一定的制度环境,推动形成外部经济内部化、规模经济和提高农户市场竞争力的制度效益(张滢,2015)。促使家庭农场选择与公司实行紧密型合作,主要原因在于政府直销区市场不稳定性增强,家庭农场风险规避程度的增大。相比于松散型"家庭农场+公司"模式,紧密型"家庭农场+公司"模式可以同时提高家庭农场与公司的效用。而在一定条件下,家庭农场选择同时在两个渠道中销售农产品,既可以规避风险,又可以提高收入(张焕勇,2016)。从内外生交易费两个维度看,与农民专业合作社相比,家庭农场更具有产权明晰、激励相容的组织优势,能够有效节约内生交易费用;与农业企业相比,家庭农场同样具有独特的农业生产优势,农业企业为了降低交易费用也倾向于与之合作,基于比较优势的推动下,"企业+家庭农场"这一农业组织在未来将会广泛存在(潘纬,2015)。

(二)家庭农场的生态发展

农业可持续发展已成为农业政策的新目标,以家庭农场为主体发展生态农业是现代农业发展的战略选择与有效途径。作为一种新型农业经营主体,家庭农场应积极引入"多功能农业"发展理念,结合地方资源禀赋与战略规划,注重开发拓展家庭农场在社会、生态、文化等方面的多重效用,形成具有地方特色的差异化、绿色化发展模式(李俏,2015)。当前,家庭农场的生产行为已初具生态自觉性,在农业生产过程中逐渐呈现出注重生态、低碳生产方式的趋势,但这种行为受到农场主受教育程度、接受过的培训以及从事农业规模经营的年限、是否被评为示范性农场、产品是否通过"三品一标"认证、是否加入合作社、是否拥有注册商标等因素的影响(蔡颖萍、杜志雄,2016)。以家庭农场为主体发展生态农业,应适时建立并完善家庭农场发展生态农业的相关制度,如改革现行农地流转、农产品认证制度以及促进家庭农场生态农产品 C2C 交易的相关法律制度等(胡光志、陈雪,2015)。特别是在农地产权方面,当前的农地产权虚设动摇了家庭农场"恒产恒心"的动力,而乡村青壮年劳动力的流失,使得乡村社会活力缺乏,美丽乡村建设的长期经济载体、建设主体和文化传承桥梁缺失(闵桂林、温锐,2017)。

此外,有研究提出"互联网＋家庭农场"将在很大程度上激发我国农业后发优势,推动家庭农场功能升级,但当前受到互联网金融支持不足、土地流转与土地使用信息不对称、家庭农场经营能力不强、互联网人才缺乏等因素的制约。为实现互联网与家庭农场融合发展,应利用其为土地流转搭建信息与技术平台,鼓励相关企业参与家庭农场的建设,利用网络化优势为家庭农场搭建融资平台,强化家庭农场专业化经营,完善农村互联网基础设施建设(王孝莹、朱红祥,2016)。

四、对农户是选择家庭经营还是家庭农场经营的研究

职业化家庭农场经营者更像是农业企业主,而不是地主。家庭农场兴起与发展,将减少小农,甚至是终结传统农业,促使居村农民向职业化、市民化农民转变,成为体面职业者(吴业苗,2017)。培育职业农民和指导家庭农场创业发展将成为解决今后我国现代农业"谁会种地"课题的重要突破口,这有利于科学选择和调整创业孵化政策,更加有效地扶持职业农民进行创业,促进家庭农场向集约、专业与适度规模的现代农业方向发展(王治、程星,2015)。然而,要实现这种转变是一个较为复杂的过程,是许多因素相互交互作用与演变的结果。其中,最具代表性的是环境、制度与农户行为。制度与环境关系是影响农户行为的关键因素,当它们匹配时,农户所倾向的最佳选择是务农,反之就可能作出非农选择。环境、制度与农户行为交互作用与演变过程是一个螺旋式的上升过程,这推进了农户向家庭农场的演化(兰勇,2015)。相关调查也表明,现阶段仍存在一定比例的农户缺乏对家庭农场的了解,并且认识途径偏于集中与单一,发展家庭农场意愿的农户比例并不高,这主要是受农户的教育水平、家庭经营耕地面积、对家庭农场的认知、是否外出务工等因素的显著影响(蔡颖萍、周克,2015)。此外,调查还发现,家庭农业劳动力人数、是否拥有农用车、是否能成片租入土地、农业

社会化服务完善程度、金融信贷支持力度、政策宣传和财政补贴等因素对农户向家庭农场转化的意愿具有显著正向影响;而土地租金和耕地细碎化对经营型农户向家庭农场转化的意愿具有显著负向影响(张林、冉光和,2016),这一点也得到了李星星、曾福生(2016)的认同。

但也有研究者分析指出,家庭农场与普通农户的表现各有千秋、难以完全互相替代。总体来看,家庭农场在劳动力资源及配置、农业经营绩效、决策者素质、农业生产经营行为等方面的表现,大多优于普通农户。但多数家庭农场存在产品销售渠道并未明显改观、农忙季节劳动力紧张等外在问题的同时,还面临着流通领域问题凸显、生产成本增加、资金周转难题突出等一系列新难题,未来家庭经营组织创新的发展方向将是专业化与兼业化,这将成为中国农业家庭经营发展道路的二元选择(赵佳、姜长云,2015)。

家庭农场是由多主体力量共同参与的结合体,除了与农户的关系外,家庭农场主、土地流出户、村委会是家庭农场经营组织形式中主要参与主体。不同参与主体持有不同目标取向与社会效益:家庭农场主要求获利,土地流出户需要保障,村委会要行使权力,基于这些不同的目标取向,各主体的行为对家庭农场的发展与农村社会的演变会形成促进或者破坏的社会效益。因此,为了促进家庭农场健康有序地发展,政府需要从微观角度出发,更多考虑参与主体目标以及所产生的社会效益,合理制定适合各主体共同协调发展的政策措施(刘欣,2016)。可构建由地方政府、农场主、村集体、土地流出户等各行为主体共同参与的家庭农场结构,家庭农场经营者为了实现利益目标与结构产生互动,并在此过程的优化中产生新的资源与规定,进而实现利益最大化(张学艳,2016)。

另外,在农户参与家庭农场经营后,还必须从影响农户风险认知的主要原因入手,提高农户家庭农场经营的风险识别和管理能力,促进家庭农场长期稳定的经营及未来更大范围、更深度的优化发展(肖娥芳,2017)。

五、对影响家庭农场发展因素的研究

(一)适度规模与家庭农场发展

适度规模经营是家庭农场认定的一个关键判断条件,且农场经营规模不仅对固定资产投资总额有正向影响,而且对每类固定资产投资也有正向影响,家庭农场经营规模不仅直接影响固定资产投资,而且还通过信贷获得间接影响家庭农场固定资产投资(郭熙保等,2020)。因此,适度规模的确定尤显重要。

加快推进农村土地适度规模经营,稳步培育发展家庭农场,是优化农业资源配置、提高农业资源利用率、土地产出率和劳动生产率的必由之路(范怀超,2016),也是符合农业生产二重性特点要求的新型农业生产方式(届学书,2016)。适度规模的"适度",就是中度,是相对于小规模的分散的小农户和大规模的以雇佣资本制为代表的经营农场而言的,有上下限(张英豪,2016)。依据地区种植收益、外出务工机会成本、城镇在岗职工工资水平等指标,粮食生产型家庭农场适度规模可归纳为低适度规模、中等适度规模、高适度规模、超适度规模四种适度经营类型。发展家庭农场适度规模经营,需要秉承兼顾效率与公平的指导思想,警惕部分地区农地过度流转导致的超适度规模经营(蔡瑞林、陈万明,2015)。有研究通过建立模型,设定农户家庭收入系数、复种指数等参数,测算得出,在种粮可收获现金利益低增长且国家维持当前补贴水平的情况下,至 2020 年,粮食生产为主的家庭农场经营的临界规模,一年一熟制地区为 9.4 公顷,一年两熟制地区为 4.73 公顷(祝华军,2016)。

家庭农场的适度规模往往可通过与分散的小农场和大资本农场的比较作出判断。韩朝华(2016)认为,在欠发达经济中,小农场的角色稍显复杂;但在发达经济中,小农场基本无优势可言。从推进经济增长和农业现代化的角度来看,传统小规模农业应属改造对象。但从现实情况看,传统的、兼业化程度较高的分散型小农经营模式在向集中的、土地适度规模的家庭农场模式转变过程中可能会遭遇瓶颈和障碍。因此,需要设计于农地权利市场化配置下有效运行的家庭农场土地适度规模集中的实现机制,具体包括权利均衡机制、利益共享机制、冲突化解机制和配套政策机制(刘灵辉、郑耀群,2016)。而万江红、管珊(2015)强调,家庭农场属于小农经济发展的高级形态,在实践过程中表现出农业生产"无雇佣化的商品化"特性,即家庭农场一方面使农业商品化的程度得到显著提高,另一方面以家庭劳动力为基础,少雇佣甚至是不雇佣经理人。家庭农场的发展理应注重小农经济的连续性,在政策上给予家庭农场规模弹性的空间,关注社会化服务体系的完善。杨成林(2015)也认为,"大农场代表着农业变革的基本方向",这一理论逻辑是值得商榷的,更经不起实践经验的验证。"中国式家庭农场"不仅能够继续发挥体制性小农经济的"制度溢出职能",而且能够稳定实现农业的适度规模经营,以及新型农业生产方式的变革。尚旭东、朱守银(2015)提出,因经营成效较难实现预期的成本削减和经营规模收益,大规模农地采取的非家庭经营模式所追求的农机规模运作、大量雇工操作、农资采购低价等无力弥补"大规模农地流转价格溢价"和"刘易斯拐点下雇工工资棘轮效应"所带来的生产成本上升,规模过大的"非家庭经营"很难有效兼顾土地产出率和劳动生产率。同时,土地产出率下降迫使经营者行为逻辑逐渐偏向倚靠规模扩张,进而寻求政府补贴的方向倾斜,偏离了政府扶持其发展以保障粮食及重要农产品供给安全的政策目标,易增大农业经营主体的运作风险,加重地方政府政务和财政负担。

所谓的适度规模,当然也不应一概而论,在城乡发展一体化的政策背景下,为促进城镇化、信息化和农业现代化同步发展,应尽量使务农收入能够与非农就业大致相当,根据当地农业的耕作效果和生产力水平,确定家庭农场的适度规模(赵鲲,2015)。同时,须重视农户及家庭农场的个体差异,家庭农场主学历较低但耕种实践经验较丰富,经营的土地总面积较小而劳动力要素投入较多,应当减少雇工成本或者提高人均产出率并适当扩大经营规模,以实现规模经济;家庭农场主学历较高,经营的土地总面积较大而资本要素投入较多的,则应在现有规模的基础上努力提高经济绩效。政府应积极培育具备现代化能力和素质的家庭农场主和职业农民,以促进经营主体的提升和要素投入结构的优化,进而实现较高效率的适度规模经营(刘婧,2017)。

土地经营权稳定问题是当前制约我国家庭农场可持续性健康发展的关键,主要体现为流转成本高、集中连片难、流转期限短(兰勇,2017)以及土地流转合同到期续期问题(刘灵辉,2020)。家庭农场能够获得集中成片且期限稳定的土地是达成适度经营规模极为重要的前提。土地流转是将家庭农场土地集中的重要途径,是规模经营的关键一环。因此,土地流转制度及相关保障机制亟待完善,以促进家庭农场实现规模经济,确保国家粮食安全(王肖芳,2015)。然而,农地自由流转与家庭农场适度规模经营的衔接存在着诸多障碍:外来大规模经营主体在土地流转的过程中,由于其外在于村庄的特性,与村民之间可能会产生一定的内在冲突性,进而产生较高交易成本和社会成本(姬超、马华,2015);加之经营者本身存在资本积累水平低、市场参与能力弱等情形,致使家庭农场的发展受到制约(施国庆、伊庆山,2015);以及劳动力转移具有不稳定性和有限性,家庭农场在土地流转上面临困境,其发展是不确定的(万江红、安永军,2017)。

有研究表明,发展家庭农场对农户的土地转出和转入意愿均呈现显著影响,且村中家庭农场数量对普通农户转出土地的意愿有着正向促进作用,而对土地转入的意愿具有负向作用(邹秀清,2017)。对种养大户、家庭农场、合作社和龙头企业四个转入主体的交易费用进行比较,发现农地转入主体在交易费用上存在差异(蒋勇莆、张小英,2016)。若家庭农场通过动员嵌入村庄的关系网络,源于这种网络的信任,实现土地流转的社会成本和交易成本会相对降低,从而保证规模以及经营活动的稳定性。同时,基于村庄规范和道义性共识达成的地租定价途径,为家庭农场的规模经营提供了无租或低地租的成本优势。但也应注意到,外来大规模农场经营凭借政府支持,对家庭农场会产生空间性和社会性的挤压(周娟、姜权权,2015)。也有研究提出,可通过构建农民土地权利处置体系,基于村民自愿选择的前提下,将集体经济组织的土地划分为土地保留分户经营区、土地流转集中经营区和土地退出集中经营区三大区域,为家庭农场获得集中稳定的土地资源提供新思路(刘灵辉,2015)。因此,为促进农户土地流转,应加强对农村土地资源统筹,以节约土地交易成本;健全农村社会保障体系;进一步规范土地流转程序(杨峰,2015)。

此外,家庭农场在土地流转过程中出现的"非粮化"问题需引起重视。要关注家庭农场与其他新型农业经营主体的构成,家庭农场的适度规模、新型农业经营主体的功能特点等,防止非粮化和非农化问题(薛亮、杨永坤,2015)。农地"非粮化",其实质是功利主义经济伦理思想和资本无限制的自由流动,两者对福利公正诉求以及福利集体主义的漠视与挑战所造成(林翙,2015)。必须明确家庭农场在保障粮食安全和农民增收中所起的重要作用,并通过参考粮食产量、农民净收益等因素,在考虑农民充分就业的基础上确定粮食类家庭农场的适度经营规模(赵金国、岳书铭,2017)。但张宗毅(2015)却认为,在严格监管耕地用途的前提下,无须过度担心土地流转、规模经营所可能引致的"非粮化"问题。

(二)农业机械使用、技术采用意愿与家庭农场发展

随着经济社会发展,农业的科技发展水平和机械化水平不断提高(刘佳男、石英、侯满平,2015),农用机械对劳动力的高效替代,推动家庭农场生产机械化程度不断提

高,农民的工作随之更加科技化,技术投入成为家庭农场效率逐步扩大的有效手段(郭熙保、冯玲玲,2015)。但有研究认为,当前我国农业机械化正处于转型升级的关键时期,家庭农场等新型经营主体的农机需求正在由自给自足转变为专业化服务,政策扶持的重点应该是鼓励家庭农场走上雇佣专业化农机服务,并逐步提高农机服务专业化程度和交易效率,使家庭农场能够获得便利化、低成本、高质量的农机专业化服务(王新志,2015)。

除了增加技术投入达成效率提升外,强化农户对技术的采纳程度同样重要。完整的技术采纳行为应由信息获取、采纳意愿和采纳程度三个递进的阶段组成。研究表明,与乡邻交流频率、相关部门推广力度、媒体宣传力度以及农场主性别、受教育和风险偏好程度对家庭农场主信息获取水平具有显著影响;而技术难易感知程度和有用性、劳动力数量、相关部门推广力度以及农场主受教育和风险偏好程度对采纳意愿产生显著正向影响;技术难易感知程度和有用性、资金状况、媒体宣传力度、相关部门推广力度和农场主受教育程度对采纳程度具有显著的积极影响(高杨,2017)。同时,户主创新意识、学习能力、创业机会识别能力、进取意识、人际关系协调能力、风险承受能力等因素,对环境友好型技术采用意愿具有显著正向影响(姚文,2016)。

(三)金融支持与家庭农场发展

近年来,在各级政府的大力推动下,我国家庭农场这一新型经营形式得到了快速发展,其金融需求问题也开始得到广泛关注。汪艳涛(2015)等认为,政府提供的通用性金融支持、金融机构提供的专用性金融支持和农场自有资金对家庭农场的培育具有显著影响,其中家庭农场自有资金的影响最明显。与普通农户相比,家庭农场在农业生产投入方面的信贷需求远远高于普遍农户,其对农业信贷资金需求的金额更大、贷款期限更长(王勇,2016)。由于自有资金有限,家庭农场所需资金通常需要通过融资的形式以满足需求,但农场主农场收入水平、社会关系、资金来源结构、文化程度、金融业务使用情况(贷款经历和对贷款的了解程度)以及未来扩张打算对家庭农场的融资需求有显著影响(郑涛,2017)。

由于缺乏合格抵押担保品,家庭农场很难通过信贷机构获取足够的贷款来支持农业再生产。为解决家庭农场抵押品不足的问题,须引入农业保险来为家庭农场生产中的农产品提供风险保障(王勇,2016),而社会关系、农场主文化程度、地区因素以及保险业务使用情况(农业保险使用经历)对家庭农场的农业保险需求有显著影响(郑涛,2017)。

由于信贷市场信息不对称产生的逆向选择与道德风险,家庭农场在信贷市场上存在较为严重的信贷配给现象,抵押品的要求是银行规避信贷风险的理性选择,但这也间接导致抵押品不足的家庭农场发生信贷配给,需要构建抵押品扩展与替代机制作为缓解家庭农场信贷配给的治理路径(张德元、潘纬,2015)。于是,家庭农场通过农地经营权抵押贷款产生了强烈需求,但毛收入水平、耕地规模、经营年限、受教育程度、利率水平、银行提供针对性金融产品种类、与信贷员熟悉程度、支农资金财政担保情况、政策性农业保险参与情况和信用评级情况对于家庭农场农地经营权抵押贷款的潜在需求产生了不同程度的影响。为此,应针对家庭农场主个性化特征设计不同的农地经营权抵押产品,提升农业保险覆盖率,强化信用体系的建设,健全产权交易市场(林乐芬、俞涔曦,2016)。

家庭农场资金需求缺口大,融资意愿强烈,在正规借贷难以满足家庭农场资金需求的前提下,非正规借贷成为重要融资方式。有研究提出,解决家庭农场融资困境必须着眼于培育新型职业农场主、降低家庭农场经营成本、提高金融机构对家庭农场的认可度以及规范非正规融资渠道等(邓道才,2016)。完善家庭农场发展相关政策,规范家庭农场内部管理,构建包括信贷、保险和期货等内容的多元化家庭农场金融支持体系(兰勇,2015)。以农村信用社、农商行、村镇银行等地方法人金融机构为主体,鼓励和引导农业发展银行、农业银行共同对家庭农场提供金融支持,不断完善全方位的家庭农场金融服务体系;另外,通过积极运用"三权"抵押贷款、订单农业贷款等信贷新模式以及创新信贷产品,促进家庭农场规模经济效益的提升(龚建文,2015)。

融资过程中金融机构对家庭农场的金融供给不足,最根本的原因在于现存制度缺乏法律的"顶层设计"。应当尽快确立家庭农场的"融资权",确认土地经营权的物权法律属性,从而构建起家庭农场融资制度的法理基础。在此基础上,程序上做好确权颁证、经营权评估立法等事宜,同时实体上搭建好"融资权"的救助体系,完善面向"融资权"主体和外部市场的双向防控法律风险制度(唐烈英、施润,2017)。而在财政支持方面,叶翔凤(2015)认为,为精准支持家庭农场的发展,财政应适应家庭农场生命周期不同阶段的特点,通过建立家庭农场信息化管理系统,动态跟踪管理和服务,将财政支持重点集中于鼓励家庭农场发展模式创新为主,有序推进家庭农场与农民专业合作社耦合协同发展。为了使家庭农场能长期健康地自主成长,必须逐步减少政府对家庭农场的财政直补,改变目前财政补贴主要用于提高家庭农场收入的方式,转为以市场为导向的农产品补贴形式,并加大对农业人力资本、科技等方面的投入,强化农业社会化服务体系的建设,推进营造适宜农场发展的宏观经济环境(邵平、荣兆梓,2015)。

(四)制度供给与家庭农场发展

中国由于特殊的历史、国情和制度,发展家庭农场不同于以土地私有制为基础的欧美国家,其实际面临经营状态的低稳定性、高风险、薄弱的生存基础、负面效应大的行政主导等特殊阻碍。因而促进中国家庭农场持续健康发展应遵照"肯定但不夸大、扶持但不包办"的理性思路,实施适度有效的扶持政策(于战平、陈宏毅,2016)。政府供给制度是基于实现政府收益最大化的现实需要,政府对制度创新的推进是保证政府实现增量收益最大化的内在要求,通过制度创新,催生新的社会阶层的出现,实现政府与社会收益的相互均衡,以保证制度生成并发挥应有的效能(高军峰,2016)。

家庭农场的制度结构特征表明,家庭农场的运行至少受三个层面的制度场域约束,即农地产权制度、交易制度和管理制度。地权制度缺乏稳定会对家庭农场的运行和经营都产生显著的负面影响;在交易制度场域内,各个契约关系人的行为对家庭农场运行的影响程度及方向不同;提高家庭农场内部管理水平对各类型农场运行效率的提升都具有显著积极作用,而外部管理仅对规模养殖类农场起到较显著的积极影响

(陈军民,2017)。因此,家庭农场的发展必须以产权制度构建为核心(尤其是农地产权制度),加之交易制度和管理制度的健全,以达到家庭农场发展壮大的制度环境的全面构建(陈军民,2015)。

基于传统农业经营下两部门技术内生动态演化模型,进行稳态均衡和静态比较分析,可以发现,资本投入效率与农业规模效应的双螺旋动态演进是家庭农场制度创新的主导力量:一方面,扩大的家庭农场规模效应会对传统农业部门劳动力转移产生持续影响;另一方面,家庭农场资本投入效率的提高对家庭农场部门的产出效率与劳动收入形成虹吸效应,进一步诱导着家庭农场制度创新(肖化柱,2016)。但同时,基于我国现实国情,发展家庭农场必须坚持政府与市场双轮驱动模式,因政府在土地流转、财政补贴、行业管理等方面有利于发挥正面积极作用,形成对市场的"亲善型"介入与干预,因此人们对政府与市场关系不应机械性地去理解(邹心平,2015)。一方面,由政府合理确定产业结构和农场规模,恰当运用补贴等经济手段引导农场发展和推进城乡统筹;另一方面,也应充分尊重经营者的主体地位,让市场在资源配置中发挥决定性作用(袁吕岱、操家齐,2016)。

(五)农业社会化服务体系与家庭农场发展

农业社会化服务体系的建立与家庭农场紧密相连,产前、产中、产后各环节的专业化分工有利于提高家庭农场的产出水平,改善经营效率。家庭农场的发展需要与之配套的覆盖全程、综合高效的社会化服务体系(吕惠明、朱宇轩,2015),这是保障家庭农场顺利发展的必然要求。有研究认为,全面高效的农业社会化服务体系可以通过农业综合信息网络服务平台的打造来实现,平台可为家庭农场提供病虫害防治和质量检测服务,并指导家庭农场引进新品种,应用新技术,还可面向家庭农场经营者和技术人员开展新型职业农民教育和培训等(陈楠、王晓笛,2017)。

然而,我国农业社会化服务体系建设仍处于滞后的状态(邓军蓉,2015),制度亟待改善,制度建设有待加强(曾玉荣、许文兴,2015)。农业社会化服务体系内生于经济,其发展必然与一定时期的生产力水平相适应,对于现阶段的农业社会化服务组织,应坚持分类指导原则,做到因地制宜,各种服务组织要理顺关系、相互补充、相互协调,满足家庭农场全方位、个性化、多方面的新需求(赵美玲、袁云,2015)。

(六)经营管理能力与家庭农场发展

家庭农场属于家族企业中的一种特有类型,企业成长与企业管理的相关理论对家庭农场发展研究具有较强适用性。以粮食型家庭农场发展为例,融资环境、法律与政策环境、生产设备完善程度和社会化服务环境是影响家庭农场发展的首要因素,其次为农场主受教育程度、管理规章制度规范程度和技术环境(高杨、李佩,2017)。从企业化管理的角度看,如果将营销能力分解为利用式营销能力和探索式营销能力,可以发现这一双元营销能力能够有效提升家庭农场财务绩效。为此,需重视培育相关组织双元营销能力,关注环境的影响,以实现双元营销能力与环境波动的演化性匹配(丘缅、王浩,2015)。

在家庭农场的多元化经营方面,有研究者(周炜,2017)认为,由于现阶段家庭农场整体的经营水平与管理能力相对较弱,多元化程度的不断加深势必会使其管理与生产行为出现混乱,进而致使家庭农场水稻种植专业化水平有所降低,导致水稻生产效率的损失。且由于农业生产资产具有专用性,不同生产行为之间的资产无法通用,这制约了生产资产发挥规模效应的同时,也对资产使用者的技能水平提出更高要求,而现阶段来看家庭农场的经营者并不能达到这一水平。

家庭农场的经营管理能力,还体现在农场主是否能根据资源禀赋和外部条件充分利用家庭自由劳动力、常年雇工、临时雇工来进行生产经营,而劳动力市场、农地产权制度和农地流转市场的完善可以对真正具有能力经营好家庭农场的管理者提供帮助(郜亮亮等,2020)。

总之,家庭农场发展目前仍处在"幼年"阶段,土地流转、多元化服务、信贷扶持、保险引导、建立健全农业社会化服务体系以及创优品牌等因素在内的提升,是家庭农场效率发展的战略对策(张茜,2015),无论是从政策支持上、资金支持上,还是从自身突破上,家庭农场都需充分与市场接轨、可持续化地实现效率发展(张文洲,2017)。

(七)人力资本、社会资本与家庭农场发展

家庭农场整体的社会资本、人力资本以及机械化水平受家庭农场经营的代际传递影响,而家庭农场经营代际传递不利于家庭农场人力资本的提升。合理的代际流动更有利于人们对人力资本的投资,而家庭农场经营代际传递阻隔了合理的代际流动。家庭农场经营代际传递对社会资本的积累具有消极作用,合理的职业流动可以增加社会资本。因为代际传递增加了家庭农场的劳动力,由此家庭农场经营代际流动不利于提高机械化水平(朱红根等,2021)。

此外,人力资本和社会资本还对家庭农场测土配方施肥行为发挥着独特作用。在人力资本方面,受教育程度的提高促进技术的采用,参加农业技术培训增强了采用农业技术的积极性。声誉型社会资本、社区型社会资本、政治型社会资本都对家庭农场采用测土配方施肥技术具有正向影响。以农民合作社为代表的组织型社会资本对家庭农场采用测土配方施肥技术没有显著的影响。人力资本和社会资本之间是此消彼长的关系,即在采用农场的测土配方施肥技术的行为上,当社会资本的影响增大时,人力资本的作用就会减少;当人力资本的影响增大时,社会资本的作用就会减少(曹铁毅等,2020)。

六、对国外家庭农场经营经验及其借鉴的研究

欧美国家家庭农场具有悠久的发展历史和成熟的发展经验。

首先,在发达国家把准确把握家庭农场的基本经营特征作为发展家庭农场的充分条件时,而把制度支撑作为一个必要条件。例如在荷兰,家庭农场是农业系统的基础,一直都是农业的主导组织形式,家庭农场具有农产品生产高度专业化、经营规模日益扩大化、经营土地自有化、劳动力家庭成员化等特征;同时,健全的农地制度、因势利导的农业补贴政策、普惠的农村金融体系、高效的农业社会化服务体系等,都是荷兰家庭

农场健康成长、快速发展的制度支撑(肖卫东、杜志雄,2015)。

其次,在家庭农场组织形式的选择上,发达国家的农场主通常需要全盘考虑。例如在美国,家庭农场主需要在决策机制、责任限度、税负程度、财产转让情况以及非家庭成员投资吸引力等因素的综合考量下,选择到底是以有限责任公司、个人独资企业还是合伙企业来进行生产经营(高海,2016),这对于我国家庭农场认定标准的更新与发展机制的完善,乃至工商资本下乡经营农用地的规制有着重要启示。而在东南亚等发展中国家,资源禀赋相似的发展中国家之间的农业发展差距主要受土地制度影响,以家庭经营为特征的组织形式比以公司经营为特征的组织形式在农业生产中更有效率,这是由于农业生产的性质不同于工业生产,家庭经营的监督成本比种植园经营要低得多,前者的生产动力比后者要高得多(郭熙保、冯玲玲,2015)。

再次,发达国家普遍建立了以家庭农场为中心的农业科技服务模式,如美国政府主导的"三位一体"服务模式、法国非政府组织主导的多元参与服务模式、日本政府与农协双轨并驱服务模式等,这些模式有着共同的特点,即强力的政府支持、健全的组织体系、发达的农民组织及其为家庭农场提供优质高效的科技服务等(张云英,2017),这些经验值得中国借鉴。

最后,发展家庭农场需要取得政府强有力的支持。如何劲(2017)等认为,中国政府需借鉴加拿大家庭农场的制度环境及其发展路径的相关经验,深化农村土地产权制度改革,构建综合配套的财政支持政策体系、现代农业服务体系和法律体系,做到增强家庭农场发展实力和保障家庭农场可持续发展。肖化柱、周清明(2017)基于资源禀赋视角,分类梳理了资源禀赋优良、一般和较差的三类国家的家庭农场发展及其政府扶持制度,总结了其政府干预和扶持的普适性经验;基于欧美国家的经验,陈丹、唐茂华(2015)指出,中国应明确将家庭农场作为发展现代农业、推动农村发展的重要载体和路径,有针对性地做好鼓励长期成片土地流转、优化农业补贴政策、建立健全多层次的社会化服务体系、加快培育新型职业农民等工作。

七、对家庭农场效率及其影响因素的研究

(一)家庭农场绩效的评价与提升

对家庭农场绩效的评价,研究者着眼于当前经营绩效与未来发展潜能,经营绩效指标可从经济绩效、社会绩效和生态绩效出发进行设计,发展潜能指标可从人力资本、物质资本和社会资本三个方面出发,由此构建出家庭农场的评价指标体系(李星星、曾福生,2015)。更加卓越的经营、财务和社会绩效,是中国特色家庭农场时代特征的集中表现,其中经营绩效反映了家庭农场生产要素的利用效率;财务绩效体现了家庭农场的经济效应;社会绩效体现了家庭农场满足利益相关者诉求的水平(苏昕、刘昊龙,2017)。也有研究者认为,对家庭农场综合发展水平进行客观、科学和较为全面的评价,需从经济绩效竞争力、经济结构竞争力和资源禀赋竞争力三个维度入手(张琛,2017),但评价结果却表明大部分家庭农场综合生产率水平仍未达到相对最优状态。

影响经营绩效的因素,研究者(曾福生、李星星,2016)认为,虽然农业扶持政策对

家庭农场经营绩效的直接影响不显著,但在政策扶持与经营绩效之间扮演着完全中介角色的企业家才能使前者发挥效用。因此,政府可通过培训农业生产技术、农场管理技能、农产品市场营销手段等内容,提高家庭农场主的生产、经营、管理能力,进而对家庭农场的经营绩效产生积极影响。同时,由于家庭农场在某种程度上具有契约性质,契约关系人的行为对家庭农场的生成会产生极大约束,为了减少契约达成与履行的成本,应从契约关系人间的利益相容、制度激励相容、与社区文化环境相容等方面降低农户对家庭农场制度的适应性成本,进而提升经营绩效(陈军民、翟印礼,2015)。对2014—2015 年 644 家粮食类家庭农场面板数据进行实证分析表明,家庭农场亩均纯收入受到加入合作社这一行为的正向影响,家庭农场适度规模更有利于亩均纯收入的提高,而农业机械化程度对提高亩均纯收入无显著影响,农场主年龄增长对亩均纯收入的边际影响呈现出先上升后下降的趋势(来晓东等,2020)。还有研究认为,父亲与子代经营代际传递对于家庭农场绩效具有显著的负效应,同样,母亲与子代经营代际传递也不利于提高家庭农场绩效,且和父亲与子代经营代际传递相比,家庭农场绩效下降程度更大,而父亲与女性子代长时间在家庭农场工作却有利于提高农场绩效(朱红根等,2021)。

(二)对家庭农场效率的评价

更多的评价则是从家庭农场的效率着手的。而当提及家庭农场效率时,经常会将它与其他经营方式放在一起进行比较,例如以小农户这样的生产方式为代表,它是中国最为典型的生产单位或是生产方式,那么小农户和舶来品"家庭农场"之间的孰优孰劣的博弈便是不可避免的。截至目前,多数研究认为家庭农场更能适应中国农业发展生产的趋势,是具备较强合作意识的农业经营主体,注重产业链延伸,能够共享产业链上的收益,降低参与市场的交易成本,重视"微笑曲线"两端具有高附加值的部分(王新志等,2020),因边际成本递减而使其最终具有适度规模经济效应,是效率更高的一种生产经营方式。

对于家庭农场技术效率,杨承霖、蔡键、陈清明等使用非参数 Malmquist 指数和SFA-Malmquist 生产效率指数模型来进行测算(杨承霖,2013;蔡键,2014;陈清明,2014)。也有研究者采用随机前沿模型来估计(张德元、宫天辰,2018)。而更多的研究者则是采用 DEA 方法来分析,他们的研究发现,家庭农场规模效率相对充分而技术效率不足(Tomas Baležentis and Irena Kriščiukaitienė,2012;高雪萍、檀竹平,2015;孔令成、郑少锋,2016;王敏琴等,2017;刘敏、陈永富,2018;赵金国、岳书铭,2017;刘德娟等,2018;陈金兰等,2019)。

上述研究表明,虽然当前能够达到强有效状态的家庭农场数有明显增加,但大部分家庭农场纯技术效率依然处于一种较弱势的状态。家庭农场规模效率存在不足,规模报酬有着广泛的提升空间;大部分家庭农场在技术效率偏低、技术投入不足的状态下,只是依靠其自身经营优势保持相对较高的规模效率水平,规模效率相对充分而技术效率不足(王敏琴,2017)。如果将家庭农场效率分为静态效率和动态效率,可以发现:一是各类别的家庭农场全要素生产率以递增的速率逐年上升,但增速较慢,且这种增长表现为技术诱导型模式;二是规模效率和配置效率对全要素生产率变动产生的贡献较小,且两者方向不同,表现为规模效率对全要素生产率变动具有负向作用,而配置效率对全要素生产率变动具有正向作用;三是不同类别家庭农场的静态效率和动态效率均存在较大差异,对于所有的效率指标,均为粮食型家庭农场最低,而包括养殖、经济作物种植等在内的非粮食型农场效率最高,混合型农场居中(王丽霞、常伟,2017)。

第二节　本书的分析框架

对于什么是效率,在经济学界其实一直存在较大争议。新古典经济学认为,效率主要是指组织外部的市场效率,即帕累托效率。然而,Farrell 等(1957)却提出,如果组织内部管理不善,效率是难以实现的。效率研究的重点应由外部市场效率转为组织效率,并将组织效率分为技术效率和配置效率。由于技术效率能较好地指出投入或产出的改进,成为效率研究的主要方面。在实证分析中,研究者更多的是针对技术效率而非配置效率(Rawson,2001)。本书的效率包括单要素投入产出所形成的成本收益比(即要素生产率与要素贡献率),但更多的是对技术效率进行研究,具体包括静态技术效率与动态技术效率。

一、影响家庭农场效率的因素

(一)规模对效率的影响

主流的研究认为家庭农场效率的发挥主要依赖于其"适度规模",但在规模与效率的关系上,却存在着三种截然不同的结论:

1.效率与规模存在正相关关系

国外相关研究表明,农场规模的扩大有利于提高以全要素生产率为度量的农业生产效率(Sen,1962),葡萄牙的奶牛场、英格兰东部小麦种植区均存在着明显的规模经济(Hall、LeVeen,1978),在孟加拉国、秘鲁和泰国,农场规模和农业生产率之间也呈正相关关系(Cornia、Giovanni Andrea,1985),而小型农场相对于中、大型,由于劳动力成本高导致其缺乏效率(Demir、Elmall,2012)。此外,Fan、Chan-Kang(2005),MacDonald(2007),Bojnec & Latruffe(2007),Dethier 、Effenberger(2012)等研究者也认为这两者间存在正相关关系。在中国,由于耕地匮乏,小农户的生产实际上处在边际产出大于边际成本的规模报酬递增区间,通过发展家庭农场经营,可以提高土地使用规模和要素投入的使用效率,从而降低单位生产成本,提高劳动生产率和耕地的利用率,发挥规模效率,这一观点已在国内学界达成普遍共识(林雪梅,2014;杜志雄、肖卫东,2014;罗必良、李玉勤,2014;何劲、熊学萍,2014;王春来,2014)。

2.效率与规模存在负相关关系

对15个发展中国家的分析表明,有12个国家的农场规模与土地生产率成反比例关系(Cornia,1985),巴基斯坦也不例外(Heltberg、Rasmus,1998)。此外,Mishra

（2007）、Barrett 等（2010），Holden、Fisher（2013），Carletto 等（2013），Larson 等（2014）等也认为家庭农场规模与效率存在负相关关系。

3.效率与规模不存在明确相关关系

有研究发现,孟加拉国的农场高于 7 英亩时效率与规模就呈负相关关系（Hoque,1988）。在美国,农场规模与经营绩效没有显著关系（Seckler、Young,1978）。在西欧,规模经济所产生的效益却被用于监测劳动力的交易成本所抵消,而家庭劳动的灵活性以及家庭农场积累的人力资本才有利于效率提高（Mieke Calus、Guido Van Huylen-broeck,2010）。持有效率与规模不存在明确相关关系观点的研究者还有 Adesina、Djato（1996），Townsend（1998），Helfand、Levine（2004），Hansson（2008）等。

上述研究主要集中于对经营规模与投资效率的差异分析。之所以形成三种截然不同的结论,可能的原因在于对效率含义的解释不同以及所研究的国家在经济发展程度上的差异。

（二）其他因素对效率的影响

事实上,除规模外,其他因素也影响着家庭农场效率,主要有户主年龄、文化程度、培训经历、贷款规模、物质费用投入、生产经验、是否有农业技术指导、土地租金、是否购买农业保险、是否拿到政府补贴等。

高雪萍与檀竹平（2015）认为,影响家庭农场效率的因素,主要有农场经营者个人特征、技术环境特征、家庭特征、政策支持特征和经济环境特征,其中家庭农场的劳动力数量、农用机械数量、投资规模、土地流转成本、借贷资金和农用机械补贴等因素对家庭农场的经营效率产生了显著影响。也有研究者认为,农场主的年龄、受教育水平、人力资本、社会资本、机械化水平、政府的补贴或政策等可能对家庭农场的效率具有影响,建议对采纳新技术、进行基础设施建设的家庭农场实施补贴,以实现政策效应的帕累托最优（戎爱萍,2020）。此外,家庭农场的雇工成本对农场规模的扩张的影响呈现出 U 形曲线特征（钱龙等,2019）,而互联网与劳动力受教育程度为家庭农场自有劳动力的职业选择多元化提供了机会,有利于提升劳动力资源配置的效率（朱红根等,2020）。

对影响武汉和郎溪 603 户家庭农场的技术效率因素进行分析的结果表明,农业要素配置方式对技术效率有显著影响,土地转入户比无土地转入户有着更高的经营技术效率;土地、劳动力、资本投入也显著影响家庭农场的技术效率;农场主年龄和文化程度则对样本的农场技术效率呈现负向影响,而参加农民专业合作社与否、是否有稳定的销售渠道等对样本农场技术效率具有正向影响（吴方,2020）。但加入农民合作社并不是一件十全十美的事情,理论上合作社可以帮助家庭农场降低生产成本,提供农产品销售渠道等,事实上,加入合作社反而需要使用更加优质的服务和物资,这无益于降低生产成本。加入农民合作社以后所获得的家庭农场收益主要是通过提高农场作物亩产和农产品亩均销售收入而获得的（刘同山等,2019）。

此外,管理因素、外部环境因素和随机因素对农场效率均有显著影响,经营者文化程度、粮食种植补贴能够显著提高家庭农场经营效率,农场到镇中心距离与生产效率呈显著负相关关系,而经营者年龄、农田块数、农村劳动力非农就业率等变量的影响则是多元的(孔令成、郑少锋,2016)。

二、本书的创新

上述研究者对家庭农场效率影响因素的分析,主要采用 DEA-Tobit 和 DEA-OLS 模型。

家庭农场效率如何,受哪些因素影响,还与其测算方法有直接关系。现有文献基本使用生产前沿面理论,采用参数法与非参数法测量。这两种方法各有其优缺点:前者虽考虑了随机误差并对相关假设进行检验,但在假定前沿面之前就确定了具体函数形式,且局限于单一产出。后者虽能克服前者缺点,但传统 DEA 方法的缺陷也非常明显:①没有考虑随机误差;②难以确定所估计的效率值渐进分布的一般情形,该效率值对于总体效率水平的估计是有偏差的、不一致的(Kneip、Simar、Wilson,2003);③在估计置信区间时,对有限分布的未知参数的估计将产生额外噪声(Simar、Wilson,2000)。现有对效率影响因素的分析,DEA-Tobit 估计结果具有不一致性,DEA-OLS 模型则会造成估计结果的偏差。

较之上述研究,本书最大的不同在于:①对于效率的测算,采用 Bootstrap 方法,运用重复抽样来推断 DEA 估计量的经验分布,所得的估计量在较宽松条件下与实际值具有高度一致性,克服了传统 DEA 方法的缺陷,到目前为止,Bootstrap 方法是弥补 DEA 方法缺陷的可行方法(Wilson,2008)。②对于效率影响因素的检验,为弥补 DEA-Tobit 和 DEA-OLS 模型的不足,主要运用截断 Bootstrap 模型,并从土地规模、每单位土地租赁成本、固定资产规模、人力资本、当地经济发展水平、政治身份、负债率、是否是示范性家庭农场以及当地农业社会化服务完善等进行多维度检验。③由于生产分工的专业化与明细化,各类型家庭农场在投入内容与投入质量上存在较大差异,将各种类型的家庭农场混在一起来进行效率的测算与影响因素分析,显然是不准确、不客观的。④在对效率影响因素进行分析的基础上,进一步以主要因素为切入口,分析主要影响因素是通过哪些途径作用从而影响家庭农场效率的。因此,本书拟对家庭农场进行分类,之后再分门别类地对各类型家庭农场的效率及其影响因素、作用机制进行比较分析,以期对农户与政策制定者有着更为现实的意义。

很显然,这种创新与改进在理论上深化与丰富了学界对于家庭农场效率的研究,而科学测算家庭农场效率,准确发现影响家庭农场效率的因素,对于各层级政府建立健全的政策体系和管理制度,培育与发展家庭农场,指导家庭农场生产实践有着极为重要的现实意义。

三、本书的主要思路与基本框架

要探讨不同类别家庭农场的静态与动态效率、影响因素及其作用机制,首先需要明确农户对于不同类别的家庭农场是如何进行选择的。在家庭农场经营的过程中,由于每个地区的地形地貌、地理区位、地块特征、经济社会发展程度、农业社会化服务完善程度以及家庭农场主个人资源禀赋的不同,农户如何选择家庭农场的生产经营模式以获取最大化利润,是进行粮食经济作物种植为主,还是进行蔬菜水果栽培为主,抑或是进行水产家禽家畜养殖为主?

不同类别家庭农场效率的差异,主要源于其投入产出上的区别。为此,在对农户家庭农场生产经营模式的决定厘清之后,从劳动力、土地、物质费用这些要素出发,对不同类别的家庭农场的投入产出与劳动生产率、土地产出率进行描述性分析,并对各要素在家庭农场经济增长中的贡献率进行刻画。之后,运用投入与产出数据,对不同类别的家庭农场的静态效率、动态效率进行测量,并对影响效率的因素进行摸排。由于人力资本、自然资本、物质资本、社会资本的投入归根结底取决于家庭农场的金融资本,因此,在影响家庭农场效率的各因素中,金融资本是最为核心、最为重要的因素,金融资本是如何影响家庭农场效率的,其作用机制如何,本书将对此展开重点分析。借鉴西方发达国家的经验,分析影响因素中的政府制度与农业社会化服务对家庭农场发展的影响以及需采取的相应对策。最后,通过上述分析,形成本书结论,并据此提出建议。基于以上思路,本书余下部分用图形描述于图 2-1 中。

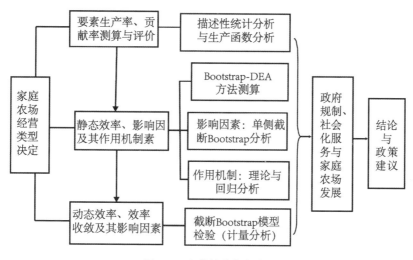

图 2-1　本书的分析框架

四、本书的数据来源

根据需要,本书主要选取粮食种植(Type1)、家禽家畜养殖(Type2)与蔬果种植(Type3)三种生产经营模式作为研究对象。对于这三种生产经营模式,主要以某种生产经营方式在家庭农场农业收入来源中所占比例多少作为划分依据,若该生产经营方式所取得的收入占农业总收入的 60% 以上,本书即认定其以该生产经营方式作为家庭农场的决定结果。虽然对于许多家庭农场主来说,在以某种生产经营方式作为首要决定的同时,为了最大化地利用所承租的土地和取得范围经济,会采取多种生产经营方式,以确保利润最大化,同时分担生产经营过程中所面临的可能出现的风险。

本书所需数据来源于项目组于 2016 年年底,2017 年 2—4 月、7—8 月以及 2018 年 11 月至 2019 年 1 月(再次跟踪调查)对传统农区湖南省邵阳地区(包括武冈、洞口

2 县市)、湖北荆州地区(包括仙桃、监利、洪湖)、广东清远地区(包括清新、阳山 2 县区)的家庭农场所做的调查与访谈。调查与访谈主要采用随机抽样方法,在湖南邵阳、广东清远、湖北仙桃每个县(市、区)随机抽取 5 个镇,共 25 个镇,每个镇各抽取家庭农场 20 家,共计 500 家;在湖北荆州的监利、洪湖分别各随机抽取 5 个镇,每个镇各抽取家庭农场 10 家,共计 100 家。剔除难以联系上、信息不全、数据相互矛盾以及水产养殖型、农家乐型家庭农场问卷,共得问卷 563 份,剔除信息不全与数据相互矛盾的问卷,共得有效问卷 512 份。其中,粮食种植型有 139 家,占总样本的 24.69%,主要分布在素有"鱼米之乡"之称的湖北江汉平原荆州市所属的监利、洪湖市等;家禽养殖型有 211 家,占总样本的 37.48%,主要分布在湖南邵阳地区的武冈、洞口县(市)与广东清远阳山县;蔬果种植型有 162 家,占总样本的 28.77%,以湖北江汉平原的仙桃市与广东清远市清新区为主。

第 三 章

家庭农场经营类型的决定

根据生产对象、生产工具与生产要素以及生产过程与生产产品的不同,农业生产可以分为种植业、养殖业以及在这两大支柱产业上衍生的种养结合模式以及以家庭农场形式注册成立的农庄。农业农村部调查显示,当前,在全部家庭农场中,从事种植业的有 40.95 万个,占 46.7%;从事养殖业的有 39.93 万个,占 45.5%;从事种养结合的有 5.26 万个,占 6%;从事其他行业的有 1.56 万个,占 1.8%。

研究家庭农场的效率,对家庭农场的类型不加以区分,显然是粗放式的研究方式,得到的结果与形成的结论难以对政府的政策制定、调整与完善以及家庭农场主的具体经营选择形成有效、科学、准确的指导。因此,本书主要从种植型中的粮食种植、蔬果种植与养殖型中的家禽家畜养殖三种生产经营模式出发,分析家庭农场是如何作出生产经营决定的,即其生产经营决定到底受到了哪些因素的影响,这对于丰富农户行为理论,为家庭农场的生产经营决策提供了科学有效的证据,也为家庭农场效率的测算与效率影响因素的分析提供了前提与基础。

家庭农场作为法人主体,与专业大户和合作社相比,能够通过资产抵押、信用贷款等方式获得金融机构资金支持,从而通过扩大规模获得竞争优势,通过纵向一体化经营获得范围经济。作为带有企业性质的规模化经营,家庭农场在追求利润最大化目标的同时,要尽可能地降低生产经营风险与交易成本,使农业由保障功能向盈利功能转变。而要实现这些目标,对于家庭农场来说,①生产的农产品能满足消费者有机、无公害等方面的需求;②能实现规模化生产,降低单位农产品的平均成本与边际成本,取得价格上的竞争优势;③充分利用生产与交易过程中的比较优势,降低生产与交易风险;④减少交易费用,降低农产品生产成本与交易成本。利润最大化的结果,按照斯密的理论,就会迫使生产要素流向更具效率的生产领域,要求家庭农场选择适宜的生产经营模式。

第一节 农户生产经营行为的决定

家庭农场生产经营决定是一项较为复杂的系统工程,其中最为核心的就是要考虑生产经营所面临的风险、成本以及交易费用,从而获取最大利润。作为自然再生产和经济再生产交织特征明显的农业,其生产经营承受着自然和市场的双重风险(丁士军、陈传波,2001)。由于承受双重风险,农户从事各种活动要取得最大利润,不仅要在生产环节进行投入，而且要在面向市场时考虑交易成本。交易成本是经济系统运转所需要的代价和费用（Williamson，1975），是维持经济制度的运行成本，包括信息成本和排他性成本、公共政策设计与执行成本。交易成本理论认为，在有限理性和机会主义行为假设下，资产专用性、不确定性和交易频率是决定交易费用的关键因素（Williamson，1985）。一些研究者对农户在有机农产品的种植选择方面的研究表明，即便是零售市场的价格很高，但如果种植成本与交易成本很高，生产者种植有机产品的生产效率难以保证，那么他们一般不会选择有机产品（John、R.Fair Weather，1999；Gudbrand Lien，2004）。

为规避风险，降低生产与交易成本，现有研究认为，在进行生产经营决定时，农户往往会根据传统习惯与生产经验、邻里效应、地理区位与地块特征等进行综合决定。①传统习惯与生产经验。发展中国家的农户通常都是风险厌恶者，在生产中，他们规避风险的手段之一就是往往选择那些自己拥有丰富生产经验与技术的品种进行耕种（Feder G，1985）。对北京蔬菜种植户的选择行为的研究表明，在风险条件下，农户会对其蔬菜种植结构进行调整（朱宁、马骥，2013）。此外，传统习惯也深深影响着农户种植业决定（蒙秀锋，2005；李更生，2007；蔡立旺，2009），当其在长期的生产经营过程中所形成的种植或养殖经验积累到一定程度后，将产生生产经营的路径依赖（陈菲菲等，2016），生产自己熟悉的品种以尽可能降低由于缺乏经验与技术所导致的风险。如果农户尝试新的经营模式，可能将面临较大的边际成本；加之经营模式和种植经验具有内敛性，是一种依靠自身生产探索的生产方式，经验丰富的种植户只有在原有生产习惯严重阻碍种植收益时才会谨慎寻求新品种、新技术（胡志丹等，2011）。②邻里效应。近距离的邻里在长期频繁的相互作用之中，形成相同或相似的行为方式，以增强个体之间的一致性（Johnston，2009），这就是邻里效应。邻里效应为个体学习技能、交流经验、习得社会规则等提供了机会（姚瑞卿、姜太碧，2015）。在某一种植或养殖的品种形成的萌芽阶段，某一农户根据当时当地的改革政策、技术条件和市场需求状况迅速捕捉适宜信息，并将这些信息、发展观念与当地的地理区位、传统文化、资源禀赋相结合，创立新的经济活动。如果成功，该先导农户通过演示效应，带动更多农户从事该农业活动，形成产业聚集（李小建、罗庆、杨慧敏，2013）。农户在进行生产经营模式决策时，其行为容易受到邻里影响，基于收益的考虑，会向农业收入比自己高的农户学习与效仿，以减少其生产经营风险。③地理区位。农业区位理论认为，地理区位是影响农业生产空间选择的主要因素，土地的利用类型不仅取决于土地的自然属性，更重要的是取决于农产品生产地到市场的距离（von Thunen，1996）。蔬菜、水果、花卉、牛奶和鸡蛋等易腐烂、不易运输的农产品主要分布在城市周边靠近城市的区域，而粮食、棉花、畜牧业的生产则相对离城市较远（Fafchamps Marcel、Forhad、Shilpi，2003）。虽然随着技术发展和经济全球化，地理区位在经济发展中的功能被人质疑，认为随着市场的发展，特别是市场设施和交通运输业的发展，使得生产地与消费地之间的经济距离和时间距离较之地理距离大为缩短（黄晓霞等，2019），过分突出地理区位在农业生产决策中的作用无法与现实完全一致（叶长卫、李雪松，2002），但对于欠发达农区来说，地理区位因素仍然具有重要影响，只是随着经济水平的提高，传统地理因素（如地形、农业资源因素等)的影响有逐渐减弱的趋势(李小建、周雄飞、郑纯辉,2008)。④地块与地形特征。地块是农户生产经营的最小单位,能从微观层面反映农户农业生产和经营的特征(Foster、Rosenzweig,2011)。不同地块因地形和土地类型不一样,灌溉条件和土地肥力都可能存在差异,农户通过在不同地块上种植不同作物能获得不同收成,即便是种植同一种作物也能获得不同产量,在一定程度上帮助农户分散自然风险(陈凤波、陈传波、丁士军,2005)。地块的多样化在分散农户风险的同时,也给农业生产的机械化带来了较大不利影响。现有研究指出,土地细碎化使农户在植保作业中增大监测成本、增大与邻地之间的防治不同步不协调而带来的防治效果风险,对防治效果缺乏规模效应(徐学荣、王林萍、谢联辉,2005);同时,农地的细碎化限制了农户规模化经营,零碎的地块不能有效分摊劳动力和农业机械等生产要素所需要的固定投入,从而降低了农业机械作业效率,提高了机械利用成本(Wu Liu、Davis,2005;许庆、尹荣梁、章辉,2011;吕挺、纪月清、易中懿,2014)。

以上对农户生产经营行为决定的研究为本书提供了思路与方向,但家庭农场作为带有企业法人性质的组织,与农户生产经营行为相比,不仅是为了满足自给自足的家庭消费需要而进行口粮生产的组织,而且是普遍使用现代农业机械和农业技术,以企业化的方式进行农业集约化生产、商品化经营的新型农业经营组织,这种社会化的大生产客观要求家庭农场必须进行适度的规模化,以便实现产业化经营。"产业化"的家庭农场主首先必须是农业领域的经营管理者,具有协调与管理农场以及农场外部资源的能力,其次才是家庭农场的生产劳动者。可以说,家庭农场主的劳动,其实质是生产性劳动与管理性劳动的有机结合,而家庭农场中的劳动则呈现出生产性劳动、雇佣劳动和管理性劳动的多样性。正因为家庭农场经营与农户经营有着鲜明的区别,其生产经营行为特别是生产经营模式决定,是否也有着与农户显著的差异呢?本书认为:地理环境、资源禀赋不同,家庭农场采取的经营模式理应有别。农户在进行家庭农场经营模式决策时可能会受到生产成本、地理因素、与农业公司的对接、邻里效应、现有家庭农场经营模式等的影响。

第二节　家庭农场经营类型决定的影响因素:理论分析

一、家庭农场生产经营模式决定的行为逻辑

(一)生产成本

按从事的农业生产品类来分类,家庭农场主要有四种分类形式:种植型、养殖型、种养结合型、其他类型(主营或兼营休闲农业、农家乐等)。本书研究对象是最为典型和常见的粮食种植型、蔬果种植型、家禽养殖型四种家庭农场经营模式。农户在以上三种家庭农场经营模式中作出选择,首要考虑的因素就是各类型家庭农场的生产成本。

根据不同类型家庭农场标准分类,种植型家庭农场需集中连片的土地面积达到30 亩(1 亩＝666.67 平方米)以上,故土地租金是种植型家庭农场主要成本之一,而不同的地理环境租金也不同,适合粮食蔬菜种植型家庭农场种植条件的大片平整土地,多为平原地区,土地租金较高;适合果树栽培型家庭农场种植条件的为山地丘陵地区,土地租金较低;除此之外,种植型家庭农场的主要成本还有物资投入成本、生产的自购设备成本以及雇佣服务成本。其中,物资投入成本包括种子种苗、农药、化肥、采购成本,自购设备成本包括耕整机、收割机、农膜、地膜等农具机械购买费用,农户的生产劳动投入以及耕整、收割环节雇佣劳动服务费用,由于种植对于劳动力要求较高,一般需要雇佣青壮年男性劳动力,故雇佣服务成本高于家禽养殖型家庭农场。

家禽养殖型家庭农场成本主要包括种禽、饲料费用、设备购买费用、水电费、医疗防疫费、死亡损失费、禽舍场地租金和建设费用、人力成本以及贷款利息及保险费用,由于禽畜养殖型家庭农场对于劳动力体力要求不高,故可雇佣中老年、女性劳动力,在劳动力支出方面较种植型家庭农场较小。

综合分析种植型家庭农场和家禽养殖型家庭农场的生产成本,由于家禽养殖型家庭农场中种禽、饲料水电以及机械设备的成本远高于种植型家庭农场的生产成本,家禽养殖型家庭农场需要投入的启动资金和成本较种植型家庭农场更高,而种植型家庭农场中,粮食种植型家庭农场由于对地块土壤的要求高于蔬果种植型家庭农场,故粮食种植型家庭农场的种植成本较蔬果种植型要高。

农户在作出家庭农场经营模式决策的时候,需要综合考量各类家庭农场生产成本、自身的资金状况以及融资信贷的便利程度作出经营模式决策。

(二)地理因素

农业与地理因素天然存在着不可分割的密切关系。千百年来,我国农业在"靠山吃山,靠水吃水"式因地制宜的发展历程中,充分依靠当地的地理特征,形成与各地区地理特征因素相适应的农业生产经营模式:东耕西牧,南稻北麦。

本书主要从地形特征(自然地理)和与中心城市的距离(人文地理)两个角度探讨地理因素对于农户家庭农场决策行为的影响,其中,地形特征包括地块类型、土壤质量、灌溉条件、交通条件等。

1.地形特征

地形特征主要是从自然地理角度探讨农户家庭农场经营模式决策,主要包括地块类型、土壤质量、灌溉条件、交通条件等,地块类型指的是平原地区适合发展粮食种植型家庭农场,山地丘陵地区则适合果树种植型和家禽养殖型家庭农场;粮食蔬菜种植型家庭农场对于土壤质量、灌溉条件要求最高,需要有肥沃的土壤提供充足的养分支持,同时需要较为完善的灌溉水源,而果树种植型家庭农场需要有一定的灌溉条件以满足日常果树用水需求,对于土壤质量要求较粮食蔬菜种植型低,家禽养殖型家庭农场需要有完善的供水设施,对于土壤质量则没有要求;关于交通条件,由于三种类型家庭农场的市场化程度较高,需要将所产生的农产品运输到市场销售,因此需要基本的交通条件以满足运输农产品的运输需求。

以东北地区为例,因其独特的气候条件和资源禀赋:地形平坦开阔、黑土肥沃、水源充足、雨热同期、地广人稀,农业成为地区经济的优势产业,东北松嫩及三江平原地区是中国重要的粮食主产区和重要的粮食基地,且食用菌、果蔬、大豆、玉米、人参、鹿茸、海参等特色农产品非常丰富,种植型家庭农场经营模式相当成熟,为其特色农业经济开发——粮食、小麦、大豆大规模机械化农场经营提供了丰富的农产品资源。

而在广东清远阳山县,由于覆盖大面积石灰岩,更有大面积的低山、丘陵、谷地,当地农户家庭农场经营模式主要就是家禽养殖、蔬果种植为主,阳山鸡、阳山李子、板栗、洞冠梨成为该县远近闻名的土特产。

从我国农户家庭农场整体分布上看,与我国地理特征分布几乎完全重合,东北华北的家庭农场以小麦种植家庭农场为主,南方以水稻等粮食种植型家庭农场为主,西北地区则以棉花种植、畜牧或种养结合型家庭农场为主,整体上符合我国东耕、西牧、南稻、北麦这一自然地理特征下因地制宜发展农业生产的规律。

2.与中心城市的距离

在地理环境这一因素影响下,农户家庭农场经营模式决策除了受自然地理因素影响外,还会受到人文地理因素的影响。家庭农场经营模式市场化程度高,农产品生产销售以市场为导向,因此受中心城市的影响选择经营模式,由于中心城市对于新鲜蔬菜、禽肉蛋奶的需求量较大,因此,距离中心城市较近的家庭农场主要为满足城市需求选择生产经营模式,以蔬果种植型家庭农场和家禽养殖型家庭农场为主。

与中心城市的距离除了直接影响农产品运输到目标市场,完成商品化的最后一步,更带动了新型家庭农场的出现与发展。近年来,在我国各大城市群以及经济发达城市周边,不断兴起城郊型农户家庭农场,如环首都城郊家庭农场带、长三角、珠三角城郊家庭农场,因受市场影响,城市庞大的消费群体的日常餐饮需求以及周末节假日休闲放松需求,使得大量休闲观光式家庭农场应运而生。由此可见,与中心城市的距离使得农户在进行家庭农场经营模式决策过程中需要考虑市场因素,以市场需求为导向选择生产经营项目。

(三)家庭农场与农业公司的对接

家庭农场与农业公司的对接,即"家庭农场+龙头企业"模式,是家庭农场对于选择经营模式的一个关键因素,且随着社会经济的快速发展,市民对于农产品的质量需求不断提升,由此而带来的经济效益,使得企业与家庭农场的良好对接在经营模式决策中产生的影响越来越大。

1."企业+家庭农场"模式

所谓"企业+家庭农场"模式,就是以农业龙头企业为核心,通过与家庭农场建立"风险共担,利益共享"的利益机制,以贸工农一体化、产供销一条龙方式带动家庭农场发展的现代农业经营模式。"企业+家庭农场"模式能够发挥企业在资本、科研、组织以及销售方面的优势,将现代生产要素介入到家庭农场生产方式中,如现代机械设备、先进的种植生产技术、经营管理方式等现代生产要素的引入。同时,家庭农场在农业生产中应用现代企业制度，能够极大地提高家庭农场的经济性，克服农业产业化中存在的问题，进一步降低家庭农场种植经营销售等方面的风险，增强农业抵御风险的能力。

2."企业＋家庭农场"模式影响作用分析

由上文对家庭农场种植面积和养殖数量标准的划分可知，家庭农场规模化经营必然造成投资成本及风险的增加。同时，随着经济发展，人们生活水平不断提高，对禽畜肉蛋及蔬果产品的质量要求也在提升，而在"企业＋家庭农场"模式下，企业与家庭农场可以扬长避短，合理化解风险，就企业而言，可以通过专业化的生产方式，带动、支持农场规模扩张，以达到相应的产业规模标准。此外，企业的市场需求导向正好弥补了农户信息不对称的缺陷：随着经济的发展，人们的生活水平不断提高，目前市场对于养殖产品以及高端水果的数量和品质要求与日俱增，因此畜禽养殖类家庭农场以及高端蔬果农场吸引了大量龙头企业投资。就家庭农场而言，大量数据证实了农场规模和劳动生产率之间存在反向关系，小型家庭农场比大型农场富有效率。然而，小型家庭农场无力应对高昂的信息成本、技术风险以及市场风险，这就造成了专用性资产投资不足，从而阻碍了生产力水平的提高和经营规模的扩大，因此，小型家庭农场参与到"企业＋家庭农场"模式中能够在保证效率最优的前提下不断提高规模化生产水平。

由此可见，家庭农场与农业公司的对接对于小型而高效的畜禽养殖业和高端蔬果种植业家庭农场经营模式的选择具有关键的决策影响。其中最为典型的案例即为温氏集团致力建立的畜禽现代养殖社区和联想佳沃带动猕猴桃家庭农场产业化。

温氏集团在与各畜禽家庭农场合作的过程中，负责制定基础设施管理标准，供给饲料、动物保健品，统一提供各种疫苗和药物、养殖技术服务和信息化管控服务，在每个鸡（猪）舍内都安装 RFID（射频识别）芯片，对每批肉鸡（猪）的饲料领取、出栏、疫苗时间及喂养食量等信息实施全过程监控，建立养殖数据档案，以保障农产品质量。"温氏集团＋家庭农场"模式中，温氏集团承担了创新者的角色，重视养殖技术的研发与新品种引进，通过向市场提供高质量的农产品，在高端禽肉市场中雄踞市场占有率，从而提高了家庭农场的收入，与农户达到双赢的效果。而联想佳沃负责提供技术指导、实行品控监管、统一收购鲜果，规模农户自行流转土地并按操作规范进行种植，其采取与家庭农场签订授权种植收购协议的方式，带动规模农户开展产业化经营的模式。

"企业＋家庭农场"经营促进了生产经营方式由传统向现代的转化，推动了农业商品化进程，提高了农业生产、流通、消费全过程的组织化程度，成为家禽养殖型家庭农场以及蔬果种植型家庭农场规模化经营的较好模式。

(四)邻里效应

邻里效应(趋同效应或同伴效应)，指的是一定社会关系背景下人与人之间行为的相互影响效应，其为个体学习技能、交流经验、习得社会规则等提供了机会，在个体发展和社会适应中具有无法取代的独特作用。农户在农产品生产以及对于家庭农场经营模式决策的过程中,无论是种植业的栽培选种、作物施肥、种植以及管理方法,还是畜禽的饲养方式、习惯以及疫病防治,各种行为体现出较强的邻里影响,体现了明显的"邻里效应"。农户在从事生产经营以及家庭农场经营模式决策时,其决策行为容易受到邻里的相互影响,农户行为是有限理性的,基于生产经营收益的考虑,会向农业收入比自己高的农户学习、模仿甚至跟从其生产经营行为决策,因此,当邻里在选择建立种植型或养殖型家庭农场并取得一定的经济效益时,会影响并吸引相邻地区农户在家庭农场经营模式上作出相似的决策行为选择。

(五)现有家庭经营模式

农户现有家庭种植或养殖经验积累到一定程度后将产生生产经营的路径依赖(陈菲菲等,2016)。经验是不可量化的,然而原有经营模式的成本与产出,会使得农户衡量尝试新的经营模式可能将面临较大的边际成本;加之经营模式和种植经验具有内敛性,是一种依靠自身生产探索的生产方式,经验丰富的种植户只有在原有生产习惯严重阻碍种植收益时才会谨慎寻求新技术(胡志丹等,2011),采取新的家庭农场经营模式。因此,当农户在进行家庭农场经营模式决策时,会遵循以往的种植或养殖经验,优先选择以往的经营模式,如以往从事种植业的农户,在进行家庭农场经营模式决策时,会优先选择建立种植型家庭农场;而以往从事养殖的农户,则会优先选择建立养殖型家庭农场等。

二、家庭农场生产经营模式决定的理论模型构建

在参考已有研究成果(张林秀,1996;黄季焜、王金霞,2007)的基础上,本书结合调研地区农业生产的实际,假定:对于家庭农场不同生产经营模式,其土地规模报酬保持不变;家庭农场虽然实现规模化经营,但由于农产品市场是一个比较典型的完全竞争市场,单个家庭农场几乎没有能力影响市场价格,成为价格的被动接受者。据此,可建立如下家庭农场多目标生产决定的理论模型。

(一)家庭农场主的一般效用模型

对于某家庭农场主 j 而言,其家庭农场的收益可以表示为:

$$Y_j = P_j Q_j - C(P_n, X_n, t_j, P_m, X_m) \qquad (3\text{-}1)$$

其中,P_j 为第 j 中经营模式的价格,$j=1,2,3$,分别表示粮食种植型、蔬果种植型、家禽养殖型三种家庭农场经营模式;Q 为第 j 种家庭农场经营模式中的产量;C 表示生产成本,P_n、X_n 分别为物资投入价格、量,如种子、种禽、农药、化肥、饲料等;t_j 为第 j 种家庭农场经营模式中的生产劳动时间投入;P_m、X_m 分别为家庭农场经营过程中用于生产的自购设备或雇佣服务价格、数量(如粮食种植型家庭农场的耕整机、收割机,以及耕整、收割环节雇佣服务等)。在现有技术条件下,要素投入的增加能提高产量,进而增加收益,因此有:

$$\frac{\partial Y_j}{\partial t_j} > 0, \frac{\partial Y_j}{\partial X_m} > 0 \qquad (3\text{-}2)$$

若该家庭农场在现有环境中,既可经营现有模式,也可经营其他模式,设该家庭农场采取其他经营模式的产品平均价格为 P_e,平均生产成本为 C_e,则该家庭农场其他经营模式所能取得的收入(即机会成本)为:

$$Y_e = (P_e - C_e)Q_e t_e \tag{3-3}$$

式中,t_e 为该家庭农场投入其他经营模式的时间。在一定技术范围内,要素投入的增加能带来产量的增加,因此有 $\frac{\partial Q_e}{\partial t_e} > 0$,进一步地,$\frac{\partial Y_j}{\partial X_m} > 0$。

则农户总效用模型为:

$$Y = P_j Q_j - C(P_n, X_n, t_r, p_m, X_m) + (P_e - C_e)Q_e t_e \tag{3-4}$$

$$U = U(Y, t_1) = U(Y_j + Y_e) \tag{3-5}$$

$$t = t_r + t_e + t_1 \tag{3-6}$$

其中,t_r 为该家庭农场采取现有经营模式所付出的劳动时间;t_e 为家庭农场采取其他经营模式所付出的劳动时间;t_1 为农户闲暇时间。根据方程(3-4)、(3-5)、(3-6),在家庭农场效用最大化情况下,家庭农场要素分配均衡条件为:

$$\frac{\partial U}{\partial Y} = \frac{\partial U}{\partial t_1}, \frac{\partial Y_j}{\partial Y_e} = \frac{MP_{X_m}}{MP_{Q_e}} = \frac{P_j}{P_e} \tag{3-7}$$

(3-7)式表明家庭农场该经营模式的边际效用等于赋闲时间的边际效用;该经营模式的边际产出等于其他经营模式的边际产出,等于真实的劳动市场工资率。若 $P_j < P_e$,则其他经营模式的边际产出高于现有经营模式的边际产出,家庭农场将降低在现有经营模式生产上的劳动投入;由于生产实践与雇佣服务的替代关系,当家庭农场雇佣服务较少时,家庭农场现有经营模式时间增加,从而减少总收入的增长,$\frac{\partial Y}{\partial t_r} < 0$。

(二)考虑其他特征后的家庭农场效用模型

在考虑地形特征(包括地块类型、交通条件、土壤质量、灌溉条件)、离中心城市距离、邻里效应、农业龙头企业影响后,现有家庭农场经营模式的产量、成本是在上述特征既定条件下的函数,可表示为 $\varphi = \varphi(Z_1, Z_2, Z_3, Z_4, Z_5, Z_6, Z_7, Z_8)$,$Z_1$、$Z_2$、$Z_3$、$Z_4$、$Z_5$、$Z_6$、$Z_7$、$Z_8$ 等特征差异导致现有家庭农场经营模式的雇佣服务、劳动投入、经营风险以及交易成本等要素发生变动,因此,家庭农场在现有经营模式与其他经营模式之间需要对生产要素进行重新配置。此时,家庭农场的总收入为:

$$Y = P_j Q_j(\varphi) - C[P_n, X_n, t_r(\varphi), P_m, X_m(\varphi)] + (P_e - C_e) \cdot Q_e(t_e) \tag{3-8}$$

其中,X_n 为现有经营模式雇佣服务对劳动时间的替代程度。家庭农场要素分配均衡条件为:

$$\frac{\partial Y_j}{\partial Y_e} = \frac{MP_{x_m(\varphi)}}{MP_{Q_e}} = \frac{P_j}{P_e} \tag{3-9}$$

显然,当地形特征、离中心城市距离、邻里效应、农业龙头企业等影响因素不利于家庭农场选择雇佣服务时,家庭农场现有经营模式时间增加,从而降低总收入的增长,

$$\frac{\partial Y}{\partial t_r(\varphi)} < 0 。$$

当地形特征、离中心城市距离、邻里效应、农业龙头企业等影响因素为完全匀质（即无差别）时,家庭农场对各经营模式的劳动力、雇佣服务资源的分配是均匀的。家庭农场收入为 $Y_1 = Y_j^1 + Y_e^1$。

然而,当地形特征、离中心城市距离、邻里效应、农业龙头企业等影响因素非匀质时,这种变化将导致:在现有自然属性下,一是部分地区并不适合某种家庭农场经营模式;二是家庭农场投入和用工方式产生较大差异,且自然属性越差,为维持原有的产量和收益,家庭农场需要投入更多的生产资料和劳动;三是地形自然属性和经济属性发生改变时,家庭农场经营模式可能发生改变,但其前提条件是家庭农场经营模式改变后总收益大于原有模式下的总收益。因此,假设该家庭农场仍在坚持现有经营模式,农户总收入为 $Y_2 = Y_r^2 + Y_e^2$。

影响家庭农场收益的因素有产量和成本,较差条件的地形特征与环境因素意味着较低的产出,在价格不变的条件下,家庭农场收入较低。从成本看,地形崎岖、离家较远、灌溉条件差等自然属性和基础设施差,缺乏农业龙头企业提供种子、技术与销售,该经营品种缺乏产业聚集等环境因素时,家庭农场降低了在该经营模式雇佣服务的需求,或为了保持同等的雇佣服务量,付出更高的雇佣服务价格。因此,由于雇佣服务需求的减少,家庭农场该经营模式要投入更多的劳动力和资源,其能够用于投入到其他模式中的劳动时间和资源减少,即 $Y_e^1 \leqslant Y_e^2$。同样,家庭农场为了保持同等的雇佣服务量而付出更高的雇佣服务价格时,尽管其他保持不变,但因该经营模式收入下降,其总收入仍然下降,$Y_1 \leqslant Y_2$。对于理性的家庭农场主来说,在地形自然条件、环境因素变化的情况下,其必然调整其现有家庭农场经营模式和结构,节约劳动时间和其他要素投入,将更多资源和劳动转移到另一家庭农场经营模式中。

基于以上分析,可从理论上得出:交通条件较差,农业社会化服务体系不完善,离中心城市距离较远,基础设施差,灌溉条件差的山区,如果有农业龙头企业提供种子、技术与市场,更适合发展家禽养殖型家庭农场;而交通条件不好,距离中心城市也较远,但基础设施与灌溉条件好的丘陵地区,如果农业社会化服务体系比较完善,是粮食种植型家庭农场的最好选择;而交通条件好,距离中心城市较近,基础设施与灌溉条件较好的丘陵与平原地区,则选择蔬果种植型家庭农场是较为稳妥的。

（三）家庭农场的目标效用函数

家庭农场作为理性生产者,其生产决策过程实际上是多目标的,因此基于多目标的期望效用理论也就更能准确地预测家庭农场的生产决策行为。假设家庭农场有 K 个目标,r_k 为满足第 k 个目标的程度,其中,$\{k = 1, 2, 3, \cdots, K\}$,家庭农场多目标效用函数即可表达为:

$$E[U(r_1, r_2, r_3, \cdots, r_k)] \tag{3-10}$$

如果多个目标之间具有相互独立性,那么各目标的效用函数就是可加的,基于此,(3-10)式给出的效用函数就可转化为以下形式:

$$U(r_1, r_2, \cdots, r_k) = f[g_1(r_1), g_2(r_2), \ldots g_k(r_k)] \tag{3-11}$$

进一步假设 U 和 $g_k(r_k)$ 的取值范围在 $[0,1]$ 之间,则(3-11)给出的效用函数表达式又可写成:

$$U(r_1, r_2, \cdots, r_k) = \sum_{k=1}^{K} w_k g_k(r_k) \tag{3-12}$$

其中,$w_k \in [0,1]$,表示家庭农场各目标的权重,并且满足:

$$\sum_{k=1}^{k} w_k = 1 \tag{3-13}$$

传统经济学认为,农户作为一种特殊的"理性经济人",其生产经营的目的就在于利润最大化。然而对于家庭农场来说,农户在进行生产决策时除了会考虑利润因素外,还会兼顾到劳动力投入最少化、工作成本最小化、风险最小化、管理难度最小化等多个优化目标。本模型考虑 $K=3$ 的情况,即假定家庭农场在作出生产经营决策时仅追求利润最大化、风险最小化和交易成本最小化这三个目标。对于家庭农场而言,农户的决策变量是各种农产品的生产面积,农户可以通过优化选择各种生产品的结构来应对市场价格波动,从而实现效用的最大化。

假设家庭农场共生产 N 种产品,每种产品的生产面积是 $a_i(i=1,2,\cdots,N)$,最大可生产面积为 L;假设家庭农场共有 T 种投入品,D_{ij} 表示第 i 种产品上的第 j 种 $j=(1,2,\ldots,T)$ 投入品的亩均投入量;Y_i 假定为第 i 种产品的亩均产量;在家庭农场作为市场价格接受者假设下,设生产投入品和产出品的价格分别为外生量 t_j 和 p_i,设产品 i 的亩均利润为 π_i,e_i 为每亩固定资金投入;假设产品 i 的每亩劳动力投入为 I_i,每亩交易费用与成本为 X_i。

对于利润最大化目标而言,由于家庭农场是农产品市场价格的被动接受者,无法通过提高价格来增加利润,因此只能通过优化选择各种产品的生产结构和生产面积来实现利润最大化的目标,则利润可简单地表示为农业总产值与资金投入和劳动力投入的差值,产品 i 的亩均利润为:

$$\pi_i = P_i Y_i - \sum_{j=1}^{T} t_j d_{ij} - e_i - I_i \tag{3-14}$$

根据土地规模报酬不变假设,得家庭农场各种生产品所得加总利润:

$$g_1 = \sum_{i=1}^{N} a_i \pi_i \tag{3-15}$$

对于风险最小化目标而言,样本所在地区市场相对封闭、交易量低,家庭农场生产决定不仅依赖于收入需求弹性,而且还和消费以及风险厌恶有关,在生产和市场两个方面存在不确定性。据此,家庭农场生产决定的风险最小化目标便可用各种产品利润的方差协方差矩阵 D 的偏差来表示:

$$g_2 = \sum_{j=1}^{N} \sum_{i=1}^{N} D_{ij} a_i a_j \tag{3-16}$$

其中,D_{ij} 为各农产品利润协方差矩阵 D 中的元素 $(i,j=1,2,\cdots,N)$。

对于交易费用最小化目标而言:

$$g_3 = \sum_{i=1}^{N} a_i X_i \tag{3-17}$$

综合以上(3-15)、(3-16)、(3-17)三个目标函数,考虑各目标函数的可加条件,得家庭农场生产决定满足利润最大化、风险和交易费用最小化的多目标效用函数:

$$U = w_1 g_1 - w_2 g_2 - w_3 g_3 \tag{3-18}$$

由于以上效用函数中不同目标的量纲不同,因此在进行加权前需先对各目标进行无量纲化处理,则(3-18)式便可转化为:

$$U = \frac{w_1 g_1}{g_{obs1}} - \frac{w_2 g_2}{g_{obs2}} - \frac{w_3 g_3}{g_{obs3}} \qquad (3\text{-}19)$$

g_{obs1}、g_{obs2}、g_{obs3} 分别为利用家庭农场农业生产利润、风险和交易成本数据计算得到的目标观测值。

家庭农场在农业生产过程中会受到耕地面积、劳动力、资金投入、灌溉条件以及政策干预等诸多因素的限制。为简化研究,本书仅考虑把土地总面积作为约束条件的情况,则家庭农场生产的土地约束为:

$$\sum_{i=1}^N a_i \leqslant L \qquad (3\text{-}20)$$

这样,综合以上各式,就得到了家庭农场多目标生产决定模型:

$$max_{a_i} U = w_1 \frac{\sum_{i=1}^N a_i \left[P_i Y_i - \sum_{j=1}^T t_j d_{ij} - e_i - I_i \right]}{g_{obs1}} -$$

$$w_2 \frac{\sum_{j=1}^N \sum_{i=1}^N D_{ij} a_i a_j}{g_{obs2}} - w_3 \frac{\sum_{i=1}^N a_i X_i}{g_{obs3}} \quad s.t. \sum_{i=1}^N a_i \leqslant L \quad (3\text{-}21)$$

(四)一阶条件校准法对模型求解

一阶条件校准法是一种从模型最优化的一阶条件中估计目标权重,从而保证模型估计结果与实际观测值相一致的多目标决策求解方法。运用该方法进行求解必须满足:①各目标权重满足和为1的权重加总约束;②估计得到的权重满足效用最大化的一阶条件。因此,家庭农场农户多目标生产决定模型一阶条件为:

$$\frac{w_1 \pi_i}{g_{obs1}} - 2 \frac{w_2 \sum_{i=1}^N D_{ij} a_i}{g_{obs2}} - \frac{w_3 X_i}{g_{obs3}} - \lambda_1 \qquad (3\text{-}22)$$

$$\lambda_1 = \frac{w_1 s}{g_{obs1}} \qquad (3\text{-}23)$$

其中,λ_1 为土地约束的影子效用,s 为实际观测到的土地转租费用,无量纲化处理后就可以把土地转租费用转化为家庭农场土地约束的影子效用。把(3-22)、(3-23)式代入(3-21)式,得到新的家庭农场多目标生产决定模型一阶条件:

$$\frac{w_1 (\pi_i - s)}{g_{obs1}} - \frac{2 w_2 \sum_{i=1}^N D_{ij} a_i}{g_{obs2}} - \frac{w_3 X_i}{g_{obs3}} = 0 \qquad (3\text{-}24)$$

之后,把生产投入产出实际观测值代入(3-24)式,家庭农场农户多目标生产决定模型的求解便转化为解决以下优化问题:

$$\min_{w_k, a_i, B_i} \sum_{i=1}^N (a_i + B_i)$$

$$s.t. \frac{w_1 (\pi_i - s)}{g_{obs1}} - 2 \frac{w_2 \sum_{i=1}^N D_{ij} a_i}{g_{obs2}} - \frac{w_3 u_i}{g_{obs3}} = 0 \qquad (3\text{-}25)$$

$$\sum_{k=1}^K w_k = 1$$

$$a_i \geqslant 0, B_i \geqslant 0$$

其中,a_i 为正偏误,B_i 为负偏误绝对值。基于上述理论分析,本书提出以下假设：

假设1：注册家庭农场之前，生产与经营某一品种的时间越长，选择这一品种作为家庭农场的生产经营模式的意愿就越强。

假设2：所在的乡镇或村生产经营某一品种的新型农业经营主体越多，家庭农场选择该品种进行规模化生产的意愿就越强。

假设3：生产地到达中心城市的地理、时间距离越长，家庭农场选择粮食作物与生产周期长的经济作物的意愿就越强；而农产品生产地到达中心城市的经济距离、时间距离越短，家庭农场选择易腐烂、不易运输的农产品的意愿就越强。

假设4：地形特征对家庭农场的决策有着重要影响，地处山区与丘陵的家庭农场更愿意选择家禽家畜养殖与蔬菜种植，两者之间如何抉择，与到中心城市的地理与时间距离有关；地处平原的家庭农场受到地块特征的影响，种植面积大、地块数量少的家庭农场更愿意种植水稻、小麦等粮食作物。

假设5：所在地区（省）存在有农业龙头企业或农业合作社的区域，家庭农场选择家禽家畜养殖进行生产的意愿越强。

第三节　家庭农场经营类型的决定：实证分析

一、描述性统计分析

根据研究假设，本书将影响家庭农场生产经营模式决定的因素分为家庭特征、地块特征、地理特征与经济社会特征等方面，考虑到由于农场主的年龄、受教育程度的不同，可能会对其生产经营决定有着影响，故新增加个体特征这一类变量。其中，个体特征包括家庭农场主的年龄、受教育年限、现有品种的生产经营年限；家庭特征包括土地经营面积、家庭劳动力人数、注册家庭农场前家庭年人均收入、家庭资产价值；地理特征包括地形地貌、离省城的距离、驾车到省城的时间；地块特征包括土壤质量、地块面积、地块数量；经济社会特征包括当地经济发展程度、农业社会化服务完善程度、是否存在农业龙头企业或农业生产合作社。考虑到"离省城的距离"与"驾车到省城的时间"在现代交通条件下可能存在多重共线性，以及"地块面积"与"地块数量"之间也有多重共线性的可能，故只保留"离省城的距离"与"地块面积"这两个变量，而将另两个放弃。各变量的名称、符号、含义、测量与描述性统计分别列于表3-1、表3-2中。

表3-1　变量名称及含义

变量	变量名称	符号	测量和赋值
因变量	某类型家庭农场数 占总样本的比例	Typerate	比例

续表

变量		变量名称	符号	测量和赋值
自变量	个体特征	农场主年龄	Age	1＝30岁以下,2＝30～40岁,3＝41～50岁,4＝51～60岁,5＝61岁以上
		农场主学历	Edu	1＝小学及以下,2＝初中,3＝高中或中专,4＝大专及以上
		注册家庭农场前现品种种养经验	exper	不丰富＝0,丰富＝1
	家庭特征	土地经营面积	Lnlanda	单位:公顷,取对数
		家庭劳动力人数	Labor	单位:个
		注册家庭农场前家庭资产价值	LnCapti	单位:万元,取对数
	地理特征	地形地貌	Blare	山区＝1;丘陵＝2;平原＝3
		到省城的最短距离	LnDista	单位:公里,取对数
	地块特征	地块面积	Blocka	单位:亩,取对数
		土壤质量	Soilq	劣等＝1;中等＝2;优等＝3
	经济社会特征	当地经济发达程度	Lnleveld	取当地当年农民年人均纯收入的对数
		农业社会化服务完善程度	Perfsss	完善＝1;一般＝2;不完善＝3
		是否存在农业龙头企业	Leada	不存在＝0;存在＝1
		是否受本村农户生产模式影响	Afftfp	不受影响＝0;受影响＝1

表3-2　变量描述性统计

变量	最大值			最小值			均值			标准差		
	Type1	Type2	Type3	Type1	Type2	Type3	Type1	Type2	Type3	Type1	Type2	Type3
Age	5.0000	5.0000	5.0000	1.0000	1.0000	1.0000	3.9258	2.8842	3.1463	0.8916	1.1437	0.7418
Edu	4.0000	4.0000	4.0000	1.0000	1.0000	1.0000	2.6614	3.7815	3.0148	0.5263	1.3162	0.8639
Exper	1.000	1.000	1.000	0.000	0.000	0.000	0.8637	0.5742	0.4575	0.1305	0.1094	0.0961
Lnlanda	3.1484	0.4768	0.8247	0.2386	0.0596	0.1749	0.6935	0.1145	0.3196	1.1850	0.2425	0.3674
Labor	10.0000	12.0000	9.0000	1.0000	2.0000	1.0000	4.2506	3.6813	3.9054	1.4738	1.2584	1.0137
Lninco	3.2189	3.9120	3.7842	1.3863	1.7918	1.5686	2.4649	2.6391	2.5241	1.1342	1.2358	1.2039
LnCapti	4.2361	6.5418	4.5739	1.0134	1.1123	1.2104	3.0827	3.8474	3.1921	1.0652	1.7139	0.7116
Blare	3.0000	3.0000	3.0000	1.0000	1.0000	1.0000	2.1220	1.3425	2.8345	0.5406	0.4134	0.3728
LnDista	6.3044	6.3044	5.2204	4.5538	4.5538	4.5538	5.9635	5.2883	4.8363	1.2314	1.0347	0.7521
LnBlocka	2.0794	3.9120	1.7918	−0.6931	1.7917	−1.6094	0.8544	2.7081	1.2119	1.6324	1.8752	0.8461

续表

变量	最大值			最小值			均值			标准差		
	Type1	Type2	Type3	Type1	Type2	Type3	Type1	Type2	Type3	Type1	Type2	Type3
Soilq	3.0000	2.0000	3.0000	2.0000	1.0000	2.0000	1.6532	2.4405	1.3691	0.6734	0.3228	0.7118
Lnleveld	9.7231	9.7017	9.6826	9.0863	9.0285	9.2697	9.4492	9.3926	9.4989	0.2542	0.2738	0.1062
Perfsss	1.000	1.000	1.000	0.000	0.000	0.000	0.2645	0.3528	0.2471	0.0067	0.0052	0.0058
Leada	1.000	1.000	1.000	0.000	0.000	0.000	0.2410	0.6314	0.0112	0.1642	0.9457	0.0078
Afftfp	1.000	1.000	1.000	0.000	0.000	0.000	0.3754	0.8261	0.4196	0.1103	0.3578	0.0136

备注:Type1=粮食种植型;Type2=家禽养殖型;Type3=蔬果种植型

从表3-2可以看出,粮食型家庭农场内部之间在"土地经营面积"、"劳动力数量"、"注册前家庭农场人均年收入"、"注册家庭农场前家庭资产价值"、"到省城的最短距离"以及"地块面积"与"地块数量"等方面存在较大差异;养殖型家庭农场内部之间在农场主的"年龄"与"受教育程度"、"劳动力数量"、"注册前家庭农场人均年收入"、"注册家庭农场前家庭资产价值"、"到省城的最短距离"以及"地块面积"等变量方面存在较大差异;而蔬果型家庭农场仅在"劳动力数量"、"注册前家庭农场人均年收入"等方面存在较大差异。

二、模型构建与实证结果

(一)模型构建

本书拟采用多元的Logistic模型。被解释变量为家庭农场生产经营模式的选择意愿,并进行赋值:粮食种植型=1、家禽家畜养殖型=2、蔬果种植型=3,对于任意j=1,2,…,J,多元Logistic模型可构建为:

$$\ln\left[\frac{p(y_i=j|\chi)}{p(y_i=J|\chi)}\right]=\alpha_j+\sum_{k=1}^{K}\beta_{jk}\chi_k \qquad (3-26)$$

其中,$p(y_i=j)$表示家庭农场对第j种生产经营模式决定的概率;χ_k表示第k个影响家庭农场决定意愿的自变量,包括家庭农场农户个体特征、家庭特征、地形特征、地块特征与经济社会特征等;β_{jk}表示自变量回归系数向量。以J为参照类型,家庭农场主选择其他生产经营模式的概率与选择J类生产经营模式的概率的比值$\frac{P(y=j|\chi)}{p(y=J|\chi)}$为事件发生比,简称为odds。本书拟检验以下Logistic的生产经营模式选择意愿的决定因素:①家禽家畜养殖对粮食种植(Type2 vs Type1);②蔬果种植对粮食种植(Type3 vs Type1);③蔬果种植对家禽家畜养殖(Type3 vs Type2),以粮食种植型与家禽家畜养殖型为参照模式,建立如下三个Logistic模型:

$$\ln\left(\frac{p_2}{p_1}\right)=\alpha_2+\sum_{k=1}^{K}\beta_{2k}\chi_k \qquad (3-27)$$

$$\ln\left(\frac{p_3}{p_1}\right)=\alpha_3+\sum_{k=1}^{K}\beta_{3k}\chi_k \tag{3-28}$$

$$\ln\left(\frac{p_3}{p_2}\right)=\alpha_3+\sum_{k=1}^{K}\beta_{3k}\chi_k \tag{3-29}$$

(二)实证结果

根据既有理论与现有文献,本书采用极大似然估计方法,通过建立影响家庭农场生产经营决策因素的多元 Logistic 回归模型,利用 Stata 11.0 统计软件,对家庭农场主在家禽家畜养殖与粮食种植之间、在蔬果种植与粮食种植之间、蔬果种植与家禽家畜养殖之间的决策进行了回归。回归估计结果显示,负二倍对数似然比为176.8,模型伪判决系数为0.462,表明模型解释力较好。

表 3-3　实证结果

变量简称	Type2 vs Type1	Type3 vs Type1	Type3 vs Type2
age	−0.0073 (0.325)	0.1045 (0.0539)	0.1158 (0.0438)
Edu	0.1481 (0.0279)	0.2164 (0.0631)	−0.0253 (0.0475)
exper	−0.2382*** (0.0352)	0.1127 (0.0413)	0.7716*** (0.0354)
Lnlanda	−0.3498** (0.0362)	0.0842 (0.0149)	0.4185** (0.0533)
Labor	0.1316 (0.0702)	0.0633 (0.0275)	0.1659 (0.0442)
LnCapti	0.1927* (0.0373)	0.0335 (0.0278)	−0.2134* (0.0319)
Blare	−0.1586*** (0.0726)	−0.2647** (0.0473)	−0.1228** (0.0417)
LnDista	−0.2485** (0.0336)	−0.1524** (0.0378)	−0.5471*** (0.0775)
Blocka	0.0087 (0.0231)	0.2816 (0.0455)	0.5563** (0.0746)
Soilq	0.1032 (0.0343)	0.1775 (0.0437)	0.6134** (0.0912)
Labor	0.1316 −0.0702	0.0633 −0.0275	0.1659 −0.0442

续表

变量简称	Type2 vs Type1	Type3 vs Type1	Type3 vs Type2
LnCapti	0.1927*	0.0335	−0.2134*
	−0.0373	−0.0278	−0.0319
Blare	−0.1586***	−0.2647**	−0.1228**
	−0.0726	−0.0473	−0.0417
LnDista	−0.2485**	−0.1524**	−0.5471***
	−0.0336	−0.0378	−0.0775
Blocka	0.0087	0.2816	0.5563**
	−0.0231	−0.0455	−0.0746
Soilq	0.1032	0.1775	0.6134**
	−0.0343	−0.0437	−0.0912
Lnleveld	0.3683	0.0735	−0.1367
	−0.0472	−0.0397	−0.0443
Perfsss	−0.4821**	0.0863	0.3647**
	−0.0556	−0.0328	−0.0642
Leada	0.8691***	0.2135	0.1077
	−0.1054	−0.0338	−0.0374
Afftfp	0.2371**	−0.0164	−0.1546**
	−0.0427	−0.0375	−0.0632
截距	7.2643***	5.8552***	7.7258***

备注：***、**、*分别表示1％、5％、10％的统计显著性水平

三、稳健性检验与分析

本书拟采用如下多元回归分析模型对以上实验结果的稳健型进行检验：

$Typerate = \beta_0 + \beta_1 Age + \beta_2 Edu + \beta_3 Exper + \beta_4 Lnlanda + \beta_5 Labor + \beta_6 LnInco +$
$\quad \beta_7 LnCapti + \beta_8 Blare + \beta_9 Lndista + \beta_{10} Bloca + \beta_{11} Soilq +$
$\quad \beta_{12} LnLeveld + \beta_{13} Perfss + \beta_{14} Lcada + \beta_{15} Afftfp + \varepsilon$

上式中，被解释变量 Typerate 为某类型家庭农场在所有家庭农场样本中所占比例，各解释变量的名称、含义及描述性统计见表3-1、表3-2。

利用 Stata 11.0 统计软件，对3类型家庭农场生产经营决策的影响因素进行稳健性检验，稳健性结果见表3-4。

表 3-4　稳健性检验结果

变量	①	②	③
age	0.2117***	−0.0540**	0.0892
	(0.0271)	(0.0675)	(0.0464)
Edu	0.0685	0.1146***	0.0547
	(0.0501)	(0.0129)	(0.0656)
exper	0.0975***	0.0154	0.0509***
	(0.0571)	(0.0446)	(0.0446)
Lnlanda	0.1169***	−0.0418***	0.0916
	(0.0275)	(0.0526)	(0.0332)
Labor	0.0416	0.0382	0.0674**
	(0.0319)	(0.0289)	(0.0487)
LnCapti	0.2554**	0.4618***	0.0964
	(0.0772)	(0.0528)	(0.0537)
Blare	0.0102	−0.0318***	0.0747***
	(0.0948)	(0.0263)	(0.0506)
LnDista	0.3184***	−0.0862	−0.1446**
	(0.0247)	(0.0815)	(0.0423)
Blocka	0.0722**	0.0124	0.0528**
	(0.0610)	(0.0098)	(0.0274)
Soilq	0.0496	−0.0087	0.0581**
	(0.0315)	(0.0143)	(0.0284)
Lnleveld	0.0324	0.0245	0.0150
	(0.0213)	(0.0182)	(0.0024)
Perfsss	0.0813***	0.0102	0.0725***
	(0.0412)	(0.0804)	(0.0387)
Leada	0.0441	0.0926***	0.0372
	(0.0219)	(0.0563)	(0.0714)
Afftfp	0.0223	0.0712***	0.0341
	(0.0914)	(0.0269)	(0.0456)
N	139	211	162

备注：***、**、* 分别表示 1%、5%、10%的统计显著性水平

回归分析与稳健性检验结果表明：

1. 个体特征的影响

家庭农场农场主"年龄"与粮食型显著正相关，与养殖型显著负相关，但对蔬果型的影响不显著，说明家庭农场农场主年龄越大，倾向于选择风险较少的粮食型，而年龄越小，则倾向于选择风险与交易费用相对较大的养殖型。"注册家庭农场前现品种的生产经营年限"（即生产经营经验）这一变量在模型1与模型3中都通过了显著性水平检验，在模型2中，影响不显著；这说明在其他条件不变的情况下，生产经验越丰富的农场主，更愿意选择粮食种植型与蔬果型家庭农场进行生产。原因在于，进行粮食生产与蔬果种植，农作物的生长过程与自然环境、气候紧密相关，需要进行精耕细作与频繁的田间管理，增加了生产经营过程的风险，而这些只有具有丰富生产管理经验的中老年农户才能解决。而家禽家畜养殖不需要太多农业生产经验，对于缺乏生产经验的农村青年来说，不乏为规避风险的一个理想选择。农场主"受教育程度"这一变量与养殖型显著正相关，而对粮食型与蔬果型的影响不显著。以上分析表明，对于农场主而言，有必要根据自己的年龄、受教育程度与该品种生产经验理性选择家庭农场经营模式。

2. 家庭特征的影响

"土地经营面积"这一变量对粮食型有显著正向影响，对养殖型有显著负向影响，对蔬果型影响不显著，说明在其他条件不变的情况下，土地经营面积越小的农户，越倾向于选择家禽家畜养殖，而土地经营面积越大的农户，则更倾向于选择粮食种植。原因在于，与粮食型相比，家禽家畜养殖可以通过固定资产的增加实现规模化经营，并不需要过多的土地经营面积；而要提高粮食型家庭农场的效率，进行规模化生产与经营，必须有赖于土地经营面积的扩大。"家庭劳动力人数"这一变量对蔬果型选择具有显著正向影响，对粮食型与养殖型不显著，可能的原因在于由于蔬菜栽培在开始阶段需要通过施肥、浇水、截枝、打药等精心培育生产流程，成熟后的采摘均需投入较多的人力，劳动力数量较少的家庭一般不会选择蔬果型家庭农场。"注册前家庭农场资产价值"分别对粮食型、养殖型有着显著正向影响，家庭资产价值越高的农户，更倾向于选择养殖型与粮食型生产经营模式。原因在于，要实现养殖与粮食规模化生产，其中一个重要条件就是要增加固定资产投资，这就要求家庭具有较高资产价值；而对于家庭资产价值较低的农户来说，选择家禽家畜养殖则面临着较大生产风险。以上分析说明，农户应该根据其所拥有的土地经营面积、家庭劳动力人数与家庭固定资产价值量，在三类家庭农场之间作出合理选择。

3. 地理特征的影响

家庭农场所处区域的"地形地貌"变量对养殖型有显著负向影响，对蔬果型具有显著正向影响，对粮食型影响不显著，说明在其他条件不变的情况下，位于山区、丘陵的家庭农场更愿意选择养殖型，而位于平原的家庭农场则更愿意选择蔬果型。原因在于，对于山区与丘陵地区来说，道路较为崎岖，土地分散，进行现代化种植生产所需的农机具作业困难，成本费用较高，难以实现规模经济，而平原地区则完全不用去考虑这一地理因素。

"家庭农场到省城的距离"变量对粮食型具有显著正向影响,对蔬果型选择具有显著负向影响,对养殖型家庭农场选择具有负向影响,但不显著。说明在其他条件不变的情况下,与省城的距离越近,家庭农场更愿意选择蔬果型而不是粮食种植;与省城的距离越远,农户则更倾向于选择粮食型家庭农场。之所以与省城的距离越近,家庭农场更愿意选择蔬果种植,是因为蔬菜与水果是需要严格保鲜才能确保其质量的农产品,如果到省城的地理距离与时间距离均较远,则会增加蔬果种植户的交易成本,而且面临着较大的经营风险。

4.地块特征的影响

"地块面积"、"土壤质量"对蔬果型的选择有着显著正向影响,地块面积越大、土壤质量越优良的家庭农场,更愿意选择蔬果型;仅仅只是地块面积越大,而土壤质量不优的家庭农场,则倾向于选择粮食型;地块面积与土壤质量则对养殖型的影响并不显著。原因在于单个地块面积较大,土壤质量优良,有利于农机作业,减少生产成本;同时,对于蔬菜的栽培,需要充足的营养成分,因而虽然单个地块面积大,但如果养分不足,则农户倾向于去进行粮食种植。

5.经济社会特征的影响

实证结果显示,"当地经济发展程度"对家庭农场的生产经营决定影响甚小,没有通过显著性检验。家庭农场所在区域的"农业社会化服务完善程度"对粮食型与蔬果型具有显著正向影响,对养殖型的影响不显著。说明在其他条件不变的情况下,农业社会化服务完善的区域,家庭农场愿意选择粮食与蔬果种植。原因在于进行家禽家畜养殖过程中,并不需要借助于外来的人力与生产作业机械,更多的是进行工厂式生产,故农业社会化服务完善与否,对其影响甚微;而种植业却不同,在生产各环节,均需要大量人力、机械来协助,在家庭农场劳动力与雇工有限的情况下,借助于农业社会化服务,则可有效地实现规模化生产。

"是否存在农业龙头企业"对养殖型有显著正向影响,而对粮食型与蔬果型则影响不显著。原因在于对于养殖来说,如何选种、种禽种畜如何饲养以及种禽种畜出栏后的销售,都会面临着巨大风险。为减少风险,农户较为普遍的做法就是选择农业龙头企业的种禽种畜,一来可以得到农业龙头企业的养殖技术指导,二来农业龙头企业可以上门收购出栏的家禽与家畜,减少农户交易费用与风险。

"是否受本村农户生产模式影响"(即邻里效应)对养殖型选择有着显著正向影响,而对粮食型与蔬果型则影响不显著。这说明在其他条件不变的情况下,养殖型生产经营模式易受邻里效应的影响,而粮食种植与蔬菜种植则倾向于自主决策。可能的原因在于家禽家畜养殖经济效益较之粮食种植与蔬果种植要高,在条件适宜的情况下,如果本镇(村)某一家庭农场获得了较大利润,就会促进其他家庭农场进行效仿。

事实上,调研样本中(见表3-5),湖南邵阳地区的武冈、洞口二县紧邻广西桂林,属于典型的湘西南丘陵地带,距离省会城市长沙有300多公里,驾车需要5小时多,没有火车或高铁站点。虽然2017年年初,在武冈设有民航支线机场有航班到达长沙等大城市,但目前主要承接客运业务。与此相似,广东清远地区的阳山县主要为山区,距离广州约200公里,由于交通基础设施较差,驾车到达广州城区至少4小时。空间与时间距离的不理想,制约了这些地区发展蔬果种植业家庭农场。丰富的山区与丘陵资源,为进行家禽家畜养殖创造了良好的条件。同时,在这两个地区,均有两家农业龙头企业(上市公司亚华种业、温氏集团)提供配套的种禽、饲养技术,对家禽家畜进行回购。这些区域因远离城市,农业社会化服务完善程度较低,不适宜开展需要完善的农业社会化服务才能进行大规模生产的种植业。

表 3-5　家庭农场所属区域地理特征与社会经济特征

地　区		地形地貌	与省城空间距离(公里)	与省城时间距离(小时)	经济发展程度	社会化服务完善程度	是否存在农业龙头企业
湖南	武冈	丘陵	约 370	约 5	贫困	不完善	存在
	洞口	丘陵	约 328	约 5	贫困	不完善	存在
湖北	仙桃	平原	约 100	约 1	较富裕	较为完善	不存在
	监利	平原	约 220	约 4	一般	较为完善	不存在
	洪湖	平原	约 150	约 3	一般	较为完善	不存在
广东	清新	丘陵	约 100	约 1	一般	不完善	存在
	阳山	山区	约 200	约 4	贫困	不完善	存在

　　而湖北江汉平原的仙桃市与广东清远市清新区,距离省会城市武汉、广州不到100 公里路程,无论是高速公路,还是高铁,均在此经过与设有站点,到达省会城市的时间不超过一个半小时,为进行蔬果种植提供了极为便利的交通条件。

　　湖北荆州监利、洪湖位于长江与洞庭湖流域的平原地区,这里灌溉充足,享有"两湖熟,天下足"美誉,为传统粮区,农业社会化服务体系较为完善,农户拥有丰富的粮食生产经验。但由于距离省会城市武汉 200 多公里,驾车需要近 3 小时才能到达,故而这里的家庭农场大多不选择蔬果,而是粮食进行种植。

第 四 章

家庭农场投入要素的生产率与贡献率

效率是资源的有效使用与配置,一定的投入有较多的产出或一定的产出只需要较少的投入(厉以宁,1999)。进一步的研究认为效率是有层次的,既包括经济主体的投入产出比(成本-收益比),也包括经济主体在实现效率的同时,是否合理利用要素,资源是否得到了有效配置(即帕累托效率),还包括制度安排对投入产出效率、配置效率的影响(即制度效率)。因此,本书对家庭农场效率的研究,首先从投入产出效率着手,在此基础上,再进行其他效率的研究。

本章对家庭农场投入产出效率的研究,从不同类型家庭农场在劳动力、土地、物质费用、固定资产方面的投入开始切入,之后通过分析劳动力生产率、土地产出率来比较分析各类型家庭农场之间存在的差异,最后根据道格拉斯生产函数,测算各类型家庭农场要素投入在其经济增长中所做出的贡献,以全面认识各类型家庭农场的投入产出效率及其不同。

第一节 家庭农场的要素投入

一、家庭农场的劳动力投入

一般而言,劳动力投入包括劳动力的数量与质量(即劳动力受教育程度以及接受过的培训),它决定了农户能否运用其他资产。劳动力数量短缺是制约农户家庭经营走向家庭农场经营的关键因素。随着工业化、城镇化的加速推进,全国农村有 1.5 亿青壮年劳动力外出就业,农村适用人才和新型农民大量短缺,农村不可避免地出现了"青壮年荒""劳力荒",原来村里留守的是老人、妇女和孩子,现在有知识、有头脑的女性,甚至部分青壮年妇女都去城里发展、打工,村里只剩下老人和孩子,大量的农业生产活动只有靠老人打理,他们的决策能力、市场拓展能力、信息采集能力、管理能力及风险承受能力明显不足。

数量的短缺还可通过政策的调整来吸引其返乡,而文化程度不高导致的经营能力低下却需要一段较长的过程才能弥补。家庭农场作为新型农业经济组织,实行的是企业化经营与现代化管理,需要大量懂农业、善经营、会管理的青年人才成为家庭农场的主力。而 2016 年对全国农村家庭的调查却显示,农业生产经营人员中,大专及以上文化程度的为 1.2%,高中或中专文化程度的为 7.1%,初中文化程度的占 48.4%。较之

2008 年的普查，虽然文化程度有所提高，但经营、管理与技术知识的欠缺，制约了从事农业的农民接受新事物与掌握新技术的能力，导致一些农业高新技术成果难以得到推广与扩散，农户家庭经营升级为家庭农场经营也会遭遇到市场营销、财务管理、法律事务等技能障碍。各类型家庭农场劳动力投入人数与金额见表 4-1。

表 4-1　各类型家庭农场劳动力投入人数与金额

单位:劳动力(个)投入(万元)

年份	类型	自有劳动力数	常年雇工数	临时雇工折算数	劳动力总数	劳动力年均投入
2013	Type1	4.53	4.21	0.72	9.46	7.76
	Type2	3.52	2.96	0.54	7.02	5.76
	Type3	4.11	3.74	0.66	8.51	6.98
2014	Type1	4.16	4.52	0.74	9.32	7.82
	Type2	3.28	3.23	0.52	7.03	5.79
	Type3	3.67	3.98	0.62	8.27	7.07
2015	Type1	3.99	4.57	0.65	9.21	7.72
	Type2	2.93	3.75	0.46	7.13	5.82
	Type3	3.25	3.96	0.56	7.77	7.14
2016	Type1	3.91	4.71	0.52	9.14	7.74
	Type2	2.62	4.12	0.39	7.13	5.85
	Type3	2.92	4.36	0.48	7.76	7.20
2017	Type1	3.54	5.03	0.45	9.02	7.77
	Type2	2.54	4.30	0.31	7.15	5.86
	Type3	2.77	4.62	0.40	7.79	7.24
2018	Type1	3.28	5.54	0.34	9.16	7.79
	Type2	2.38	4.25	0.24	6.87	5.71
	Type3	2.75	4.76	0.33	7.84	7.26

备注:(1)临时雇工投入数量=当年临时雇工总工资/单个雇工工资总额

(2)劳动力投入金额含自有劳动力机会成本(按雇工年人均工资计算)

由表 4-1 可知,2013—2018 年,无论是哪种类型的家庭农场,自有劳动力投入均出现不同程度的减少,其中,Type1 型(即粮食型)家庭农场自有劳动力投入累计下降 27.59%,Type2 型(养殖型)家庭农场自有劳动力投入下降 32.39%,Type3 型(蔬果型)家庭农场自有劳动力投入下降 33.09%;同时,各类型家庭农场临时雇工投入也呈现出大幅下降趋势,Type1 型家庭农场临时雇工投入累计下降 52.78%,Type2 型家庭农场临时雇工投入下降 55.56%,Type3 型家庭农场临时雇工投入下降 50%;而自有劳动与临时雇工投入大幅度减少相反,常年雇工投入数却在不断增加,Type1 型家庭农场常年雇工累计增幅达 31.59%,Type2 型家庭农场常年雇工累计增幅达 43.58%,

56

Type3 型家庭农场常年雇工累计增幅达 27.27％。虽然常年雇工投入在增加,但受自有劳动力与临时雇佣劳动力下降的影响,总劳动力投入也呈现出不断减少的势头,减少的幅度有限。这说明,对于各类型家庭农场来说,由于常年雇工熟悉该农场的生产运作方式,较临时雇工更富有生产经营经验,家庭农场主更愿意用常年雇工替代临时雇工与自有劳动力的减少,同时也说明,与生产大户相比,家庭农场的运作更为规范,呈现出典型的企业型特征。

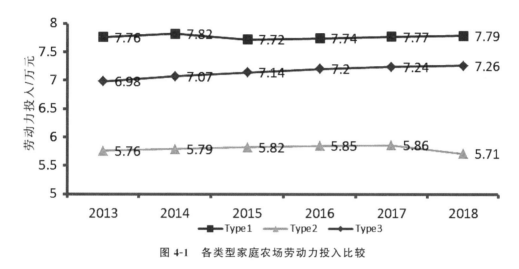

图 4-1 各类型家庭农场劳动力投入比较

家庭农场劳动力总投入人数的减少,并没有导致家庭农场劳动力投入费用的下降(个别年份除外),甚至 Type2 型家庭农场劳动力投入费用还呈现出缓慢上升趋势。这说明,家庭农场劳动力工资福利每年略有一定程度的提升,Type3 型家庭农场工资福利的涨幅略高于其他两类型家庭农场。同时,还可发现,在三类家庭农场中,由于粮食种植与蔬果种植需要投入更多的劳动力人数,在劳动力投入金额方面,Type1 与 Type3 型家庭农场较之 Type2 型家庭农场,费用更高一些。

二、家庭农场的土地投入

土地作为家庭农场经营的自然资本,主要包括农户拥有与租赁的耕地、山地以及水塘等。据测算,1986 年我国户均耕地 9.2 亩,每户耕地分散为 8.4 块,而到 2007 年年底,户均耕地下降为 7.4 亩,远低于单个劳动力所能经营的规模(何秀荣,2009)。根据试点地区的经验,结合当前我国劳动力转移的速度、管理水平、现有技术装备水平和配套服务体系等因素考虑,南方家庭农场应在 50 亩以上,而北方要在 100 亩以上,平原地区家庭农场适宜规模应该是大田作物在 300 亩、蔬菜 30 亩以下,这样的规模可以使得家庭农场与城市家庭的平均收入相当(党国英,2013)。而我国户均土地仅仅只有几亩,要达到家庭农场的入门标准必须在现有的耕作规模基础上扩张 5—10 倍,这样的规模单靠农户自发流转土地需要一个较长时间的积累过程。加之农村土地所承担的生存(社会保障)功能重于生产功能,甚至撂荒、弃耕也不愿意流转,按照现行的统计口径,我国的城市化率已达 50％以上,农村劳动力流转了一半,但农村土地流转比例很低,2012 年底为 21.2%。同时近年来国家出台的一系列惠农政策,使不少农户对土地的依赖性增强,导致家庭农场要形成一定的规模效应难度日益增加。

通过土地流转,发展适度规模经营是发展家庭农场的必由之路。然而,中国现行的土地制度却制约着农户经营规模的扩大(郭熙保,2014)。当前农民对土地所有权、承包权、经营权权属认识不清,农户对土地所有权、承包权、经营权都存在着不同程度的认知模糊,对经营权的认知最为模糊,甚至不知经营权为何物。而且有些地方随意调整承包地的情况时有发生,土地承包关系长久不变的政策未能落到实处,担心土地流转出去,使自身权益受损而不愿意流转,即使流转转让关系亦不稳定。

与农户人均耕地面积较少不同,家庭农场采取规模化经营,其经营的土地更多地通过土地流转而获得用益物权。2013—2018 年,各类型家庭农场平均经营的土地面积、土地流转价格以及在土地上的投入统计见表 4-2。

表 4-2 各类型家庭农场经营面积分段统计

单位:%

年份	类型	50～100 亩	101～150 亩	151～200 亩	201～500 亩	501～1000 亩	1001 亩以上
2013	Type1	37.23	22.46	8.54	16.23	10.92	4.62
	Type2	33.57	25.46	11.64	21.72	5.49	2.22
	Type3	22.38	23.81	9.92	25.42	13.13	5.34
2014	Type1	31.84	19.32	16.75	13.57	12.96	5.56
	Type2	23.88	20.12	13.46	26.78	13.54	2.22
	Type3	17.53	20.68	11.37	31.42	12.67	6.33
2015	Type1	28.67	17.93	9.32	26.25	12.16	5.67
	Type2	22.84	20.47	12.35	28.41	14.32	1.61
	Type3	15.58	18.62	12.56	34.68	13.42	5.14
2016	Type1	25.48	15.62	11.35	29.54	12.48	5.53
	Type2	18.82	17.39	12.94	31.75	15.56	3.54
	Type3	12.68	15.34	13.62	37.15	14.82	6.39
2017	Type1	23.84	15.16	10.42	30.18	14.03	6.37
	Type2	16.63	17.16	12.27	32.69	15.74	5.51
	Type3	10.45	14.78	13.58	39.47	15.86	5.86
2018	Type1	20.37	15.06	10.25	33.38	14.25	6.69
	Type2	15.31	16.92	9.79	35.48	16.04	6.46
	Type3	8.38	14.26	11.32	43.17	16.72	6.15

由表 4-2 不难发现,对于 Type1 型家庭农场,2013—2017 年期间,50% 以上经营面积在 200 亩以下;而 Type2 型家庭农场,在 2013—2016 年,50% 的经营面积在 200亩以下,Type3 型家庭农场,在 2013—2018 年,40% 的经营面积在 200 亩以下。但无论是哪种类型家庭农场,2013—2018 年期间,面积在 200 亩以下的所占比例均在不断降低。这表明,各类型家庭农场的平均经营面积在不断增加。

为进一步刻画各类型家庭农场的土地平均经营面积以及在土地上的投入费用,通过表 4-3、图 4-2 可以更为直观地探究。

表 4-3 各类型家庭农场平均经营面积及投入金额

类型	投入	2013 年	2014 年	2015 年	2016 年	2017 年	2018 年
Type1	平均经营面积(亩)	195.07	200.85	198.86	194.40	195.86	196.85
	流转价格(元/亩)	558.24	547.17	560.12	581.79	585.12	588.28
	租金(万元)	10.89	10.99	11.14	11.31	11.46	11.58
Type2	平均经营面积(亩)	155.78	153.57	156.69	158.59	159.06	158.70
	流转价格(元/亩)	496.84	511.18	526.53	529.04	535.00	543.15
	租金(万元)	7.74	7.85	8.25	8.39	8.51	8.62
Type3	平均经营面积(亩)	180.33	181.63	182.41	183.68	183.99	184.90
	流转价格(元/亩)	580.04	585.82	594.26	601.57	610.36	615.45
	租金(万元)	10.46	10.64	10.84	11.05	11.23	11.38

由图 4-2 不难发现,2013—2018 年,Type1 型(粮食型)家庭农场平均经营面积在194 亩以上,高于 Type3 型(蔬果型)家庭农场平均经营面积,更是远高于 Type2 型(养殖型)家庭农场平均经营面积。相对而言,2013—2018 年,Type1 型家庭农场平均经营面积波动幅度稍大,而 Type2 型与 Type3 型家庭农场平均经营面积则呈现出缓慢增长的趋势。

如图 4-3 所示,从土地流转价格上观察,可以发现,总体上看,2013—2018 年,除Type1 型 2014 年流转价格略有下调外,其余年份,各类型家庭农场土地流转价格均呈现出不同程度的上涨趋势。在三类家庭农场中,Type3 型家庭农场土地流转平均价格最高,而 Type2 型家庭农场土地流转平均价格最低。这可能与各类型家庭农场对所经营的土地的优劣有着不同的要求所致。对于广东清远、湖南邵阳这两个山区地区来说,从事养殖型家庭农场的经营,更多的是以家禽家畜为主,水产养殖为辅,家禽家畜的养殖更多地以山地或其他荒地为主,土地流转价格相对较为便宜。而从事蔬果型(Type3 型)家庭农场经营,则更多地需要选择土地相对肥沃,具有一定区位优势,离水源区较近的土地,这种类型的土地流转价格则相对较高。而对于粮食型家庭农场来说,则主要考虑在抗旱与排涝方面是否建有相关基础农田水利设施,其流转价格也不低。

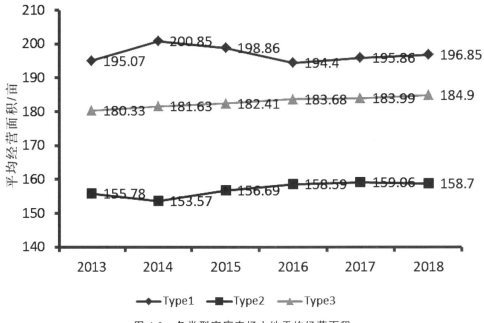

图 4-2　各类型家庭农场土地平均经营面积

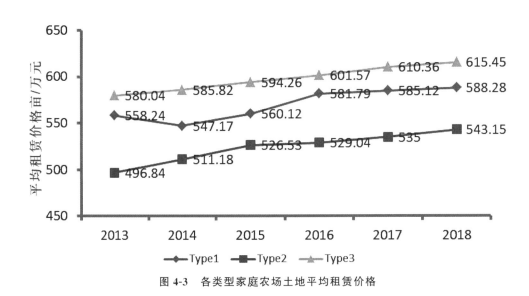

图 4-3　各类型家庭农场土地平均租赁价格

如图 4-4 所示,受土地流转价格与土地经营面积的影响,2013—2018 年,Type1 型与 Type3 型平均每个家庭农场在土地上的投入费用均超过了 10 万元,远高于 Type2 型家庭农场的 7.7～8.7 万元。同时,无论是哪一种类型的家庭农场,平均每个家庭农场在土地投入方面的费用均呈现出一定程度的上升。

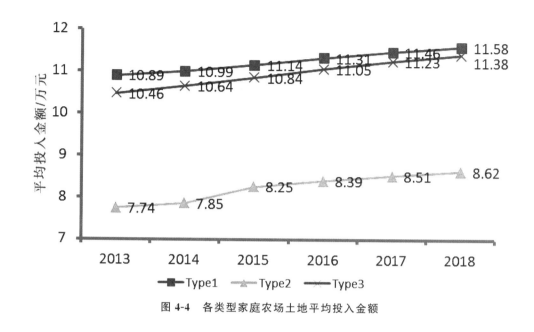

图 4-4　各类型家庭农场土地平均投入金额

三、家庭农场的物质费用投入

作为企业性质的家庭农场,其物质费用主要为在生产过程中所消耗的种子、化肥、农药、饲料、兽药以及其他有机肥等。调研地区三类型家庭农场的物质费用投入可通过表 4-4 来进行详细刻画。

表 4-4　各类型家庭农场的物质费用投入

单位:万元

类型	特征值	2013 年	2014 年	2015 年	2016 年	2017 年	2018 年
Type1	种子化肥农药	6.49	7.13	7.54	7.69	7.99	9.14
	其他物质	4.49	5.17	5.58	6.24	6.49	7.10
	小计	10.98	12.13	13.12	13.93	14.48	16.24
Type2	种畜(鱼)与饲料	13.71	14.26	14.84	16.58	17.42	18.63
	其他物质	2.24	5.83	10.32	10.84	10.95	12.96
	小计	15.95	20.09	25.16	27.42	28.37	31.59
Type3	种子化肥农药	6.42	6.71	6.93	7.24	7.32	7.64
	其他物质	1.00	1.23	2.30	4.54	4.96	7.17
	小计	7.42	7.94	9.23	11.78	12.28	14.81

由表 4-4 可知,2013—2018 年期间,样本中三类家庭农场无论是在种子、化肥、农药还是其他方面的投入,均呈现出显著的上升。Type1 型(粮食型)家庭农场在种子化肥农药等方面的投入增加了 40.83%,年均增加 6.8%;Type2 型(养殖型)家庭农场在

种畜与饲料方面的投入增加了 35.89％,年均增加 7.18％;Type3 型(蔬果型)家庭农场在种子、化肥、农药等方面的投入增加幅度稍少,为 19％,年均增加 3.17％,每年投入的绝对数在增加。这不难理解,蔬菜水果在栽培过程中,需要不断地补充肥料,且病虫害发生率相对较高,对农药有较强的依赖性。

如图 4-5 所示,在物质费用绝对投入量方面,Type2 型家庭农场显著高于 Type1 型与 Type3 型。同时,Type2 型与 Type3 型家庭农场的增加速度,较之 Type1 型要高出较多,2013—2018 年期间,Type2 型家庭农场增加了 98％,年均增加 16％,Type3 型家庭农场增加了 99％,年均增加 16.5％,而 Type1 型家庭农场,只增加 48％,年均增加 8％。

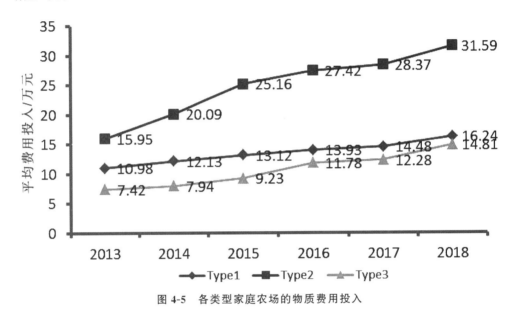

图 4-5 各类型家庭农场的物质费用投入

四、家庭农场固定资产(价值)投入

家庭农场的固定资产包括生产、加工服务的农业机械设备以及生产、加工、贮存、经营性用房等固定资产。

见表 4-5,2013—2018 年期间,Type1 型(粮食型)家庭农场与 Type3 型(蔬果型)家庭农场的农业机械与设备的价值均呈现出增加的势头,但 Type2 型在农机与设备方面的价值却呈现出下降趋势。从整个固定资产的价值看,三类家庭农场均呈现出下降趋势。

有可能的原因是,Type1 型(粮食型)家庭农场与 Type3 型(蔬果型)家庭农场作为种植与栽培型农业结构,农户经营经验相对丰富,信心较足,风险的相对性较低,敢于在前期就进行农机设备大的投入,同时作为种植与栽培用的农业机械与设备,一年当中的使用频率相对于 Type2 型(养殖型)家庭农场要低,折旧与损耗相对较少,可使用的年限较长。而 Type2 型(养殖型)家庭农场,农户由于经验较为欠缺,在刚开始进行规模化养殖时,为规避经营风险,不太愿意进行大投入,只有在逐步熟悉行业与市场后,才敢于逐步追加投资,再加之一年中使用频率过多,设备设施折旧速度加快,因而其固定资产价值呈现出递减趋势。

表 4-5　各类型家庭农场的固定资产投入

单位:万元

类型	特征值	2013 年	2014 年	2015 年	2016 年	2017 年	2018 年
Type1	农机	17.86	19.07	18.67	17.75	18.04	18.99
	生产性用房及其他	7.54	2.27	3.54	4.79	3.92	1.92
	小计	25.40	21.34	22.21	22.54	21.96	20.91
Type2	农机与设备	12.12	13.42	13.78	14.28	12.58	10.44
	生产性用房及其他	10.09	6.49	2.56	0.79	1.80	1.50
	小计	22.21	19.91	16.34	15.07	14.38	11.94
Type3	农机	15.38	15.66	16.02	17.27	17.73	17.62
	生产性用房及其他	10.43	10.83	9.90	7.52	6.31	4.59
	小计	25.81	26.69	25.92	24.79	24.04	22.21

备注:本书中固定资产的投入,不是指固定资产的净投入,而是指固定资产当年的价值

第二节　家庭农场的产出、收入与要素生产率

家庭农场的产出受到多种因素的影响,这些因素包括直接因素,如劳动力的数量与受教育程度、所经营的土地的合理规模、经营性固定资产与农业机械设施设备以及化肥、农药、种子、饲料等物质费用的投入,此外,还包括家庭农场主个人的才能以及劳动力、土地与物质费用的合理配置;也包括许多间接因素,如国家与地方政府对家庭农场的政策支持与农业补贴力度,金融机构的扶持,当地农业社会化服务的完善程度以及当前与未来一段时间的宏观经济环境、社会环境、地理、政治因素等的影响,这些都是家庭农场可以持续稳健经营不可或缺的。由于间接因素难以以投入的形式反映在生产函数当中,学界对于经济主体的产出,考虑的更多的主要是直接因素。对于家庭农场的产出增长,本书也主要考虑的是劳动力、土地、物质费用、固定资产这四种要素的投入所形成的产出并核算劳动力生产率与土地产出率,在此基础上采用道格拉斯生产函数(或经济增长方程)来测算劳动力、土地、物质费用、固定资产以及技术(或全要素生产率)在家庭农场经济增长过程中的贡献程度。

将家庭农场每年的劳动力、土地、物质费用、固定资产以及其他投入(主要包括土地整理支出、保险费支出以及社会化服务支出等)进行加总,即可得到家庭农场年均总投入(即总成本),而家庭农场的产出则主要为当年产品价值的总和与政府对家庭农场的财政补贴。劳动生产率是反映劳动力的生产效果和能力的指标,一般用每个劳动者在单位时间内生产的农产品的产值来表示,本书将每个劳动者的单位时间设为"年",

劳动力投入总数用家庭农场所支付的劳动力费用来表示,据此,可得到劳动生产率＝产出/家庭农场劳动力投入总数。土地产出率是反映土地利用效率的一个重要指标,一般指单位土地上的平均年产值,反映单位面积的产出情况,因此,土地产出率＝产出/家庭农场平均经营面积,产出率越高,则使用效率越高,发展质量越高,反之,则发展效率较低。据此两个公式,即可得到如下三种类型的家庭农场的产出与要素生产率(表 4-6)。

表 4-6　Type1 型家庭农场的产出与要素生产率

项目		2013 年	2014 年	2015 年	2016 年	2017 年	2018 年
投入	劳动力	7.76	7.82	7.72	7.74	7.77	7.79
	土地	10.89	10.99	11.14	11.31	11.46	11.58
	物质费用	10.98	12.13	13.12	13.93	14.48	16.24
	固定资产	22.40	21.34	21.21	20.54	20.01	20.91
	小计	52.03	52.28	53.19	53.52	53.72	56.52
产出		71.14	76.34	82.99	89.41	96.45	103.37
收入		19.11	24.06	29.80	35.89	42.73	46.85
劳动生产率(万元/人)		7.52	8.19	9.01	9.78	10.69	11.28
土地产出率(万元/亩)		0.36	0.38	0.42	0.46	0.49	0.52

对于 Type1 型家庭农场,可以发现,2013—2018 年期间,其产出增长率达到了 45%,年均增加 9%,远高于其总投入的增长率 2.7%,这表明投入产出比增长较快,具有加速效应,彰显家庭农场作为新型农业经营主体的优越性。从其劳动生产率观察,较之普通小农户[①],劳动力生产率要高出不少,且 2013—2018 年期间,劳动生产率提高了近 50%,说明劳动力的生产技术水平、劳动熟练程度、劳动态度与精神面貌以及家庭农场农业生产的技术装备和生产的机械化水平提高较快。从 Type1 型家庭农场的土地产出率观察,发现 2013—2018 年期间,每亩土地的产出介于 0.36 万～0.52 万元之间,增长了 44.44%,年均增速达到 9%,但与调研样本地区整个农业的土地产出率基本持平。这表明,Type1 型家庭农场的土地产出率与小农户以及其他经营主体相比,并不具有多大优势。

见表 4-7,对于 Type2 型(养殖型)家庭农场,可以发现,2013—2018 年期间,其产出增长率高达 58.27%,年均增加 11.65%,不仅远高于其总投入的增长率 12%,也较之 Type1 型家庭农场与 Type3 型家庭农场高出 10 余个百分点,投入产出比增长显

---

　　① 据有关研究者(郭湖,2018)测算,在农业劳动生产率方面,2015 年广东为 1.6 万元/人,湖南为 1.7 万元/人,湖北为 2.3 万元/人;在农业土地产出率方面,广东为 0.77 万元/亩,湖南为 0.43 万元/亩,湖北为 0.48 万元/亩(郭湖.我国各省区农业劳动生产率和土地产出率的比较研究[J].上海农业科技,2018(2):3～7)。

著,加速效应彰显,对于城市近郊的农户来说,在选择家庭农场经营的类型时,具有较强的示范作用。对劳动生产率的统计显示,较之普通小农户与 Type1 型家庭农场,劳动力生产率均处在高位,2013—2018 年期间,劳动生产率更是提高了 61.62%,年均提高 12.32%。Type2 型家庭农场本对经营者对养殖技术的掌握、养殖经验的储蓄有着较高要求,在现代养殖技术与设备的配套下,劳动生产率理应得到显著提高。在土地产出率方面,2013—2018 年期间,Type2 型家庭农场提高也是非常快速,达到了 54.76%,无论是增长速度还是土地产出率绝对值,均高于 Type1 型家庭农场。但与 Type1 型家庭农场一样,Type2 型家庭农场的土地产出率并没显示出领先水平,仍存在较大的提高空间。

表 4-7　Type2 型家庭农场的产出与要素生产率

单位:万元

项目		2013 年	2014 年	2015 年	2016 年	2017 年	2018 年
投　入	劳动力	5.76	5.79	5.82	5.85	5.86	5.71
	土地	7.74	7.85	8.25	8.39	8.51	8.62
	物质费用	15.95	17.09	19.16	21.02	22.07	23.99
	固定资产	22.21	20.91	18.34	16.07	15.38	12.77
	小计	51.66	51.64	51.57	51.33	51.82	51.09
产出		64.90	70.97	77.94	86.52	94.69	102.72
收入		13.24	19.33	26.37	28.79	42.87	51.63
劳动生产率(万元/人)		9.25	10.09	10.93	12.13	13.24	14.95
土地产出率(万元/亩)		0.42	0.46	0.44	0.50	0.59	0.65

见表 4-8,对于 Type3 型(蔬果型)家庭农场,不难看出,2013—2018 年期间,其产出增长率为 50.32%,年均增加 10.06%,而其总投入的增长率仅为 9.85%,虽低于 Type2 型家庭农场,但高出 Type1 型家庭农场近 5%,投入产出比增长趋势喜人,对小农户具有较大的示范效应。在劳动生产率方面,2013—2018 年期间提高了 53.6%,年均提高 10.72%。无论是劳动生产率的绝对值还是劳动生产率的增加率,Type3 型家庭农场均处于 Type1 型家庭农场与 Type2 型家庭农场中间。在土地产出率方面,2013—2018 年期间,Type3 型家庭农场提高了 32.08%,提高速度低于 Type1 型与 Type2 型家庭农场。土地产出率的绝对值介于 0.36~0.53 之间,与 Type1 型家庭农场基本一致。与前述两类型家庭农场一样,Type3 型家庭农场的土地产出率也还存在较大的提高空间。总之,家庭农场的劳动生产率有着显著提升,但土地生产率却略有下降,这与张悦、刘文勇(2016)的分析完全一致。

表 4-8　Type3 型家庭农场的产出与要素生产率

项目		2013 年	2014 年	2015 年	2016 年	2017 年	2018 年
投入	劳动力	6.98	7.07	7.14	7.20	7.24	7.26
	土地	10.46	10.64	10.84	11.05	11.23	11.38
	物质费用	7.42	7.94	9.23	11.78	12.28	13.81
	固定资产	25.81	26.09	25.34	24.23	23.50	22.21
	小计	50.67	51.74	52.55	54.26	54.25	54.66
产出		64.97	71.38	78.17	84.88	91.24	97.66
收入		14.30	19.64	25.62	30.62	36.99	43.00
劳动生产率（万元/人）		7.63	8.79	10.24	10.83	11.16	11.72
土地产出率（万元/亩）		0.36	0.39	0.43	0.46	0.50	0.53

通过折线图更容易识别三类家庭农场的劳动生产率在提高速度与劳动生产率绝对值上的差异。图 4-6 显示，Type2 型家庭农场的劳动生产率的绝对值最高，提高速度也最快，而 Type1 型家庭农场与 Type3 型家庭农场的劳动生产率提升水平大致趋于同步，但 Type3 型家庭农场的劳动生产率的绝对值均要低于其他两类型家庭农场。

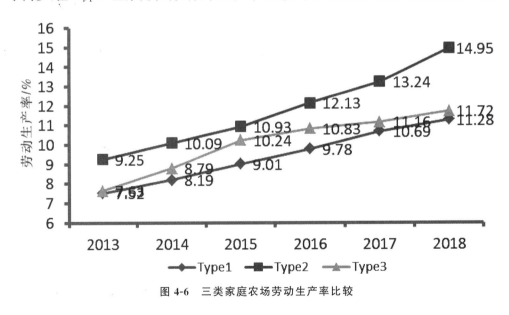

图 4-6　三类家庭农场劳动生产率比较

对于三类型家庭农场的土地产出率，图 4-7 显示，Type2 型家庭农场的土地产出率的绝对值最高，提高速度也最快，而 Type1 型家庭农场与 Type3 型家庭农场的土地产出率提升水平完全趋于一致，但 Type1 型家庭农场的土地产出率的绝对值均略低于 Type3 型家庭农场。

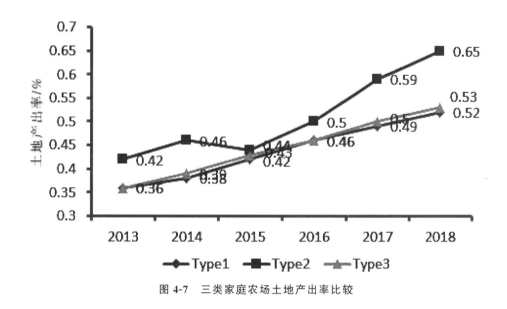

图 4-7　三类家庭农场土地产出率比较

综上所述,对于小农户来说,如果在条件符合的情况下,只考虑劳动生产率与土地产出率,小农户实现小农家庭经营向家庭农场经营的转变,第一选择当属 Type2 型家庭农场。而对地方政府而言,如何提高 Type1 型与 Type3 型劳动力的生产技术水平、劳动熟练程度、劳动态度与精神面貌以及家庭农场农业生产的技术装备和生产的机械化水平,是需要重点纳入政策设计议程当中的要务。同时,更需要看到,三种类型的家庭农场的土地产出率与整个农业的土地产出率相比,并未显示出其优势。因此,作为家庭农场经营的实践者,家庭农场主在进行家庭农场生产时,一方面,需要在作物品种的选育上,大力选育高产、优质、多抗新品种,增加间套混作,提高复种指数。另一方面,在提高土壤肥力的同时,大力采用测土配方施肥技术,保持土壤的营养均衡;而对于地方政府,在加强对家庭农场经营上引导的同时,要加大对农田水利的建设,推动肥料技术产业的升级,强化家庭农场有机肥的投入和利用。

第三节　要素投入对家庭农场经济增长的贡献率

学界普遍认为,农业经济增长主要依赖于两大投入:一是劳动力、土地、物质费用等生产要素的投入,二是劳动力、土地、物质费用等生产要素,在生产管理过程中得到有效配置、合理使用而产生的技术进步率(也称为全要素生产率,本书将其称为家庭农场的经营管理能力)。家庭农场作为新型农业经营主体,其经济增长的逻辑理应如此。

一、家庭农场经济增长与要素贡献的测算原理

要素贡献率的测算方法有 C-D 生产函数法、索洛余值法、丹尼森的增长因素法等,本书拟采用 C-D 生产函数法和索洛余值法。

根据内生经济增长理论，长期的增长率是由内生因素解释的，即在劳动投入过程中包含着因正规教育、培训、在职学习等而形成的智力进步。Hulten、Corrado 和 Sichel（2005，2009）指出，为增加未来消费的任何支出都可处理为资本投资，对在职员工的教育和培训活动增加了对新知识和智力的投资，它形成知识和智力资本积累的同时也带来了技术进步。在此基础上，结合家庭农场的特点，在促进家庭农场经济增长的投入要素中，主要体现在劳动力、土地、物质费用和家庭农场经营管理能力的投入。

（一）投入要素产出份额的估计方法

各要素投入的产出份额一般需要估算总量生产函数，并且通常采用 C-D 生产函数形式，本书设定生产函数为：

$$Y_i = A_i F(X_i) = A_i K_i^{\alpha} L_i^{\beta} W_i^{\gamma} G_i^{\eta} \tag{4-1}$$

其中，Y_i 为家庭农场年产出量；A_i 是综合技术进步率，即表示某家庭农场在 i 时的广义技术进步水平；K 是家庭农场物质费用的投入；L 是生产过程中劳动的投入；W 是在生产过程中的土地投入；G 是在生产过程中的固定资产投入。$F(X_i)$ 是投入要素物质费用 K、劳动 L 以及土地 W、固定资产 G 的函数，α、β、γ、η 分别为物质费用、劳动、土地和固定资产的产出弹性。$\alpha+\beta+\gamma+\eta$ 反映了规模报酬水平，$\alpha+\beta+\gamma+\eta>1$ 表示规模报酬递增，$\alpha+\beta+\gamma+\eta<1$ 表示规模报酬递减，$\alpha+\beta+\gamma+\eta=1$ 表示规模报酬不变。

（二）索洛余值法

索洛余值法是在生产函数的基础上，把技术进步在经济增长中的作用分离出来，对技术进步增长速度和技术进步在经济增长中的贡献进行定量估计。由(4-1)式可推出索洛模型(4-2)和(4-3)。

$$\alpha = y - \alpha k + \beta l + \gamma w + \eta g \tag{4-2}$$

(4-2)式为索洛增长速度方程。其中，α 为年技术进步增长速度；y 为年产出增长速度；k 为年物质费用投入增长速度；l 为年劳动投入增长速度；w 为土地投入增长速度；g 为年固定资产投入增长速度。技术进步、物质费用、劳动、土地和固定资产投入的产出贡献率分别为 E_A、E_K、E_L、E_w、E_g，表达式为：

$$E_A = \frac{a}{y} \times 100\%, E_K = \frac{\alpha k}{y} \times 100\%, E_L = \frac{\beta l}{y} \times 100\%, E_w = \frac{\gamma w}{y} \times 100\%, E_G = \frac{\eta g}{y} \times 100\% \tag{4-3}$$

（三）参数 α、β、γ、η 的确定

在使用索洛模型时，首先要确定物质费用、劳动和土地的边际产出弹性系数 α、β、γ、η，才能测算技术进步等指标。目前对于 α、β、γ、η 的估计方法有经验值法、比值法和回归法等，综合考虑各种估计方法，本书拟用高等代数的方法来确定 α、β、γ、η 值。假设索洛模型当中各符号意义不变，现将物质费用折合成劳动投入 L'，将固定资产投入折合成物质费用 K'，将土地投入折合成固定资产投入 G'，则有：$K=L'$，$G=(L')$，

$W=[(L')']$ 则总投入资本 C 相当于：

$$C=K+L+W+G=L+L'+L''+L''' \tag{4-4}$$

对 (4-1) 式求偏导得：

$$\frac{\partial Y}{\partial K}=\alpha AK^{\alpha-1}L^{\beta}W^{\gamma}G^{\eta} \tag{4-5}$$

$$\frac{\partial Y}{\partial L}=\beta AK^{\alpha}L^{\beta-1}W^{\gamma}G^{\eta} \tag{4-6}$$

$$\frac{\partial Y}{\partial W}=\gamma AK^{\alpha}L^{\beta}W^{\gamma-1}G^{\eta} \tag{4-7}$$

$$\frac{\partial Y}{\partial G}=\eta AK^{\alpha}L^{\beta}W^{\gamma}G^{\eta-1} \tag{4-8}$$

$$\frac{\partial Y}{\partial K}=\frac{\partial Y}{\partial G}\cdot\frac{\mathrm{d}G}{\mathrm{d}K}=\eta AK^{\alpha}L^{\beta}W^{\gamma}G^{\eta-1} \tag{4-9}$$

$$\frac{\partial Y}{\partial G}=\frac{\partial Y}{\partial W}\cdot\frac{\mathrm{d}W}{\mathrm{d}G}=\gamma AK^{\alpha}L^{\beta}W^{\gamma-1}G^{\eta} \tag{4-10}$$

$$\frac{\partial Y}{\partial L}=\frac{\partial Y}{\partial K}\cdot\frac{\mathrm{d}K}{\mathrm{d}L}=\alpha AK^{\alpha-1}L^{\beta}W^{\gamma}G^{\eta} \tag{4-11}$$

$\frac{\partial Y}{\partial K}$ 和 $\frac{\partial Y}{\partial K'}$ 都是产出对物质费用的偏导数，而 $\frac{\partial Y}{\partial L}$ 和 $\frac{\partial Y}{\partial L'}$ 都是产出对劳动的偏导数，$\frac{\partial Y}{\partial K}$ 和 $\frac{\partial Y}{\partial G'}$ 是产出对固定资产的偏导，因此，

$$\frac{\partial Y}{\partial K}=\frac{\partial Y}{\partial K'},\frac{\partial Y}{\partial L}=\frac{\partial Y}{\partial L'},\frac{\partial Y}{\partial G}=\frac{\partial Y}{\partial G'} \tag{4-12}$$

由此可得：

$$\alpha AK^{\alpha-1}L^{\beta}W^{\gamma}G^{\eta}=\eta AK^{\alpha}L^{\beta}W^{\gamma}G^{\eta-1} \tag{4-13}$$
$$\beta AK^{\alpha}L^{\beta-1}W^{\gamma}G^{\eta}=\alpha AK^{\alpha-1}L^{\beta}W^{\gamma}G^{\eta} \tag{4-14}$$
$$\eta AK^{\alpha}L^{\beta}W^{\gamma}G^{\eta-1}=\gamma AK^{\alpha}L^{\beta}W^{\gamma-1}G^{\eta} \tag{4-15}$$

化简即得 $\alpha G=\eta K$，$\beta K=\alpha L$，$\eta W=\gamma G$ $\tag{4-16}$

解联立方程组：

$$\begin{cases}\alpha G=\eta K\\\beta K=\alpha L\\\eta W=\gamma G\\\alpha+\beta+\gamma+\eta=1\end{cases} \tag{4-17}$$

得：

$$\begin{cases}\alpha=\dfrac{K}{K+L+W+G}\\[2mm]\beta=\dfrac{L}{K+L+W+G}\\[2mm]\gamma=\dfrac{W}{K+L+W+G}\\[2mm]\eta=\dfrac{G}{K+L+W+G}\end{cases} \tag{4-18}$$

运用所建立的模型通过计算,系数结果见表4-9。

表 4-9　家庭农场经济增长各要素贡献的系数

时间	要素	系数		
		Type1(粮食型)	Type2(养殖型)	Type3(蔬果型)
2013—2014 年	物质投入	0.232	0.375	0.152
	人力投入	0.150	0.108	0.135
	土地投入	0.210	0.146	0.203
	固定资产	0.408	0.371	0.510
2014—2015 年	物质投入	0.242	0.453	0.174
	人力投入	0.142	0.105	0.134
	土地投入	0.206	0.148	0.204
	固定资产	0.410	0.294	0.488
2015—2016 年	物质投入	0.251	0.483	0.215
	人力投入	0.139	0.103	0.131
	土地投入	0.204	0.148	0.202
	固定资产	0.406	0.266	0.452
2016—2017 年	物质投入	0.260	0.497	0.224
	人力投入	0.140	0.102	0.132
	土地投入	0.206	0.149	0.205
	固定资产	0.394	0.252	0.439
2017—2018 年	物质投入	0.287	0.546	0.266
	人力投入	0.138	0.099	0.130
	土地投入	0.205	0.149	0.205
	固定资产	0.370	0.206	0.399

二、要素增长率及其贡献率测算结果

运用所建立的模型通过计算,结果见表4-10。

表 4-10　2013—2018 年 Type1 型家庭农场各指标增长率、贡献率

单位：%

增长率及贡献率	2013—2014 年	2014—2015 年	2015—2016 年	2016—2017 年	2017—2018 年
产出增长率	7.31	8.71	7.74	7.87	7.18
劳动力投入增长率	0.77	−1.28	0.26	0.39	0.26
劳动力贡献率	1.47	−2.20	0.48	0.69	0.51
土地投入增长率	0.94	1.32	1.54	1.37	0.97
土地贡献率	2.55	3.18	4.10	3.99	2.78
物质费用增长率	12.02	8.16	6.17	6.82	9.14
物质费用贡献率	38.25	22.62	20.00	22.49	36.49
固定资产增长率	−4.73	−0.61	−3.16	−2.57	−4.50
固定资产贡献率	−26.40	−2.87	−16.54	−12.86	−23.12
技术进步率	6.15	6.90	7.12	6.74	5.98
技术进步贡献率	84.13	79.27	91.96	85.69	83.34

由表 4-10 可知，对于 Type1 型家庭农场，2013—2018 年期间，劳动力对其经济增长的贡献率不高且不稳定，土地贡献率与物质费用贡献率则呈现出先边际递增后边际递减的趋势，说明当经营规模达到一定程度后，土地与物质费用这两项生产要素的投入已经过多，一味地扩大生产经营规模与物质费用的投入，其边际报酬是递减的。而技术进步率却相对稳定，保持在 6% 以上的增速，但技术进步贡献率却相对同期的小农与区域整体农业的技术进步贡献率来说较高，除 2014—2015 年度基本接近 80% 外，其余年份均在 80% 以上，2015—2016 年期间更是达到了 91.96%；从表 4-10 还可发现，Type1 型家庭农场的经济增长，其主要来源于技术进步的贡献，其次是物质费用投入所占的贡献，而劳动力与土地这两项要素投入所占的贡献微乎其微；固定资产投资所占的贡献为负值，说明在样本地区，农机设备等固定资产的投资还较为欠缺。

而 Type2 型家庭农场各要素的贡献率，相对 Type1 型，其劳动力贡献率则更为低下且呈现递减趋势，土地贡献率增长率相对有提高，但增速不大；物质费用的贡献率相对较高，在 2017—2018 年期间，更是达到了 56.01%；技术进步率相对 Type1 型家庭农场有提高，但技术进步贡献率在 2013—2015 年期间达到了 90% 以上后，在 2015—2018 年期间呈现出递减的趋势。这表明，对于 Type2 型家庭农场，劳动力数量的贡献率已经相当有限，经济的增长主要来源于物质费用的贡献的同时，更多的是依靠掌握一定知识与拥有经营经验的劳动力的经营与管理能力所导致的技术进步所做的贡献；同时，还需通过增加固定资产投资提高其贡献。

表 4-11 2013—2018 年 Type2 型家庭农场各指标增长率、贡献率

单位：%

增长率及贡献率	2013—2014 年	2014—2015 年	2015—2016 年	2016—2017 年	2017—2018 年
产出增长率	9.35	9.82	11.01	9.45	8.48
劳动力投入增长率	0.52	0.52	0.51	0.17	−2.56
劳动力贡献率	0.60	0.56	0.48	0.18	−2.99
土地投入增长率	1.42	5.10	1.69	1.43	1.29
土地贡献率	2.22	7.69	2.27	2.25	2.89
物质费用增长率	7.15	12.11	9.71	5.00	8.70
物质费用贡献率	28.66	46.23	42.60	26.24	56.01
固定资产增长率	−5.85	−12.29	−12.38	−4.29	−16.97
固定资产贡献率	−23.21	−46.44	−29.88	−11.45	−41.22
技术进步率	8.57	9.03	9.31	7.82	7.23
技术进步贡献率	91.73	91.96	84.53	82.78	85.31

对于 Type3 型家庭农场的要素投入贡献率，2013—2018 年期间，有着与 Type2 型家庭农场许多相似的特征，即劳动力贡献率低下且呈现出边际递减趋势，土地贡献率相对较高且呈现出边际递增趋势，但在 2017—2018 年期间又出现了边际递减；物质费用的贡献率显著高于劳动力与土地投入的贡献率，呈现出先降后增的趋势，而技术进步贡献率在三种类型的家庭农场中，没有超过 80%，显得相对较为低下。这说明，对于 Type3 型家庭农场，当前其经济增长主要依赖于经营与管理者的能力，且经营与管理能力在不断提高，但物质费用的投入在其经济增长过程中仍然有着较为重要的作用，进一步提升经营与管理能力，降低对物质费用投入的比重，仍是今后发展的着力点。

表 4-12 2013—2018 年 Type3 型家庭农场各指标增长率、贡献率

单位：%

增长率及贡献率	2013—2014 年	2014—2015 年	2015—2016 年	2016—2017 年	2017—2018 年
产出增长率	9.87	9.51	8.58	7.50	7.03
劳动力投入增长率	1.29	0.99	0.84	0.56	0.28
劳动力贡献率	1.76	1.39	1.28	0.99	0.52
土地投入增长率	1.72	1.88	1.94	1.63	1.34
土地贡献率	3.54	4.03	4.57	4.46	3.91
物质费用增长率	9.97	16.25	16.79	13.91	12.46
物质费用贡献率	15.40	29.73	42.07	41.60	47.08
固定资产增长率	1.08	−2.89	−4.36	−3.02	−5.49
固定资产贡献率	5.57	−14.83	−22.97	−17.68	−31.52
技术进步率	7.28	7.58	6.44	5.54	5.62
技术进步贡献率	73.73	79.68	75.05	73.89	80.01

三、三类家庭农场要素贡献率比较分析

要素在各类型家庭农场经济增长的贡献,还可通过折线图来深入刻画。

(一)劳动力投入贡献率比较

从图 4-8 各类型家庭农场的劳动力贡献率分析,可以发现,三种类型的家庭农场的经济增长,除 Type3 型家庭农场经济增长劳动力贡献率相对偏高外,Type1 型与 Type2 型家庭农场劳动力贡献率均不高,而且 Type2 型与 Type3 型家庭农场的劳动力贡献率呈现出边际递减趋势。这说明,对于家庭农场这一新型农业经营主体而言,与传统的小农户家庭经营相比,劳动力数量方面的投入已经显得不那么重要。在劳动力大量外流从事非农产业的同时,主要其他条件具备,小农户是完全可以实现从小农家庭经营向家庭农场等现代化农业经营转变的。

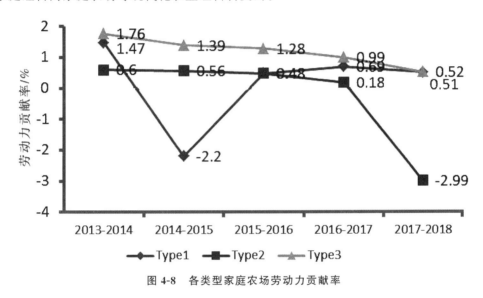

图 4-8　各类型家庭农场劳动力贡献率

(二)土地投入贡献率比较

从图 4-9 三类家庭农场土地贡献率来看,不难发现,土地在其经济增长中所发挥的作用相对较大,应进一步按照 2021 年中共中央关于《农村土地经营权流转管理办法》完善当事人的行为,保障双方当事人的合法权益。Type1 型与 Type3 型家庭农场的土地贡献率呈现出先增后降的趋势,说明这两种类型家庭农场在不断扩大经营面积到有小规模之后,继续扩大生产经营所需土地,导致土地的贡献率不断降低,需要引起高度重视,适当降低其土地经营规模。而 Type2 型家庭农场,则保持了相对较为合理的土地经营规模,土地的贡献率相对较为平稳。

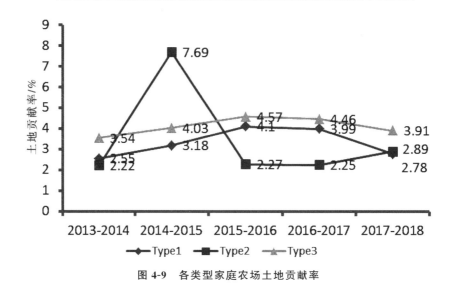

图 4-9　各类型家庭农场土地贡献率

(三)物质费用投入贡献率比较

样本中三类家庭农场的物质费用贡献折线图(图 4-10)非常直观地显示,从总体趋势来看,Type1 型与 Type2 型家庭农场,其物质费用贡献率均呈现出先降后增的趋势,而 Type3 型家庭农场则呈现出递增趋势。Type2 型家庭农场的物质费用贡献率显著高于其他两种类型(2016 年除外),而 Type1 型家庭农场的物质费用贡献率最低,这主要是因为 Type2 型作为养殖型家庭农场,需要投入大量的饲料与兽药等物质费用。而 Type1 型作为种植型家庭农场,其种子、化肥、农药等物质费用贡献率则相对在其投入中所占比例并不高,这表明,在农业种植行为(无论是粮食作物还是蔬菜水果作物)中,家庭农场这一经营主体已经摆脱了传统的依靠物质费用的投入来增加产出这一现实。而作为养殖型的 Type2 型家庭农场,作为饲料、生产用固定资产的物质费用为其生产经营的最主要投入,物质费用以及物质费用贡献率较高应不难理解。

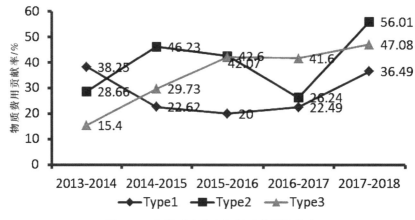

图 4-10　各类型家庭农场物质费用贡献率

(四)固定资产投资贡献率比较

在固定资产投资贡献率方面,由图 4-11 不难发现,除 2013—2014 年度 Type2 型家庭农场作出正的贡献外,其余各个年度,都为负。负贡献的出现,主要原因是多方面的,原因之一可能在于物质费用投入过多或物质费用价格上涨过快导致需要多投入,从而对固定资产的贡献率形成挤出效应;原因之二可能在于固定资产相对较为耐用,折旧与更新速度较慢,无须过多的追加投入,因此,导致其净投资下降;还有可能的原因在于家庭农场通过农业社会化服务机构来实现生产过程中的某些环节,无须通过自己购买设施设备增加固定资产来进行生产等等。如果是后两种原因,固定资产的贡献率为负对于家庭农场与整个农业发展来说,是一种良性发展的表现,在减轻家庭农场主负担的同时,又能提升技术进步贡献率。

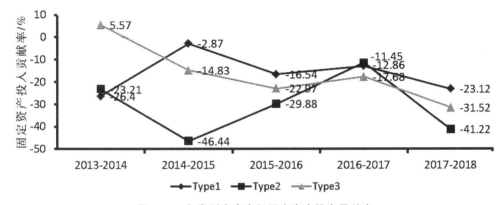

图 4-11　各类型家庭农场固定资产投资贡献率

(五)技术进步贡献率比较

图 4-12 显示,三种类型的家庭农场,其技术进步贡献率都较高,基本上都在 80% 以上。但三种类型的家庭农场的技术进步贡献率又分别呈现出不同的特征:Type1 型的技术进步贡献率达到高点之后,有一定的下降,之后保持稳态水平,可能是随着土地

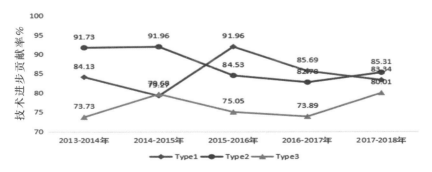

图 4-12　各类型家庭农场技术进步贡献率

经营面积的扩大,管理能力与配套要素得到了同步提升;Type2 型呈现出先升后降,主要是随着规模的扩大,物质费用的投入增加,而固定资产投资与规模不相匹配,出现边际效益递减,但总体仍然保持较高水平;Type3 型则呈现出逐步下降的趋势,一直到 2018 年,才有一个翘尾效应,对于蔬果型家庭农场来说,技术的掌握与应用还有提升空间。

这充分表明,科技进步对家庭农场经济增长所起到的重要作用,也表明家庭农场的经营管理者的经营管理能力在不断提高。同时,这一现象也充分说明,小农家庭经营向现代家庭农场等新型农业经营主体与现代经营方式转变,最为重要的是其所掌握的知识以及不断学习先进技术与管理经验的能力。

第五章

家庭农场静态效率、影响因素及其作用机制

从投入产出比或成本收益比来认识效率显然是不够全面的。新古典经济学认为,效率主要是指组织外部的市场效率,即帕累托效率。然而,Farrell 等(1957)却提出,如果组织内部管理不善,效率是难以实现的。效率研究的重点应由外部市场效率转为组织效率,并将组织效率分为技术效率和配置效率。由于技术效率能较好指出投入或产出的改进,成为效率研究的主要方面。在实证分析中,研究者更多的是针对技术效率而非配置效率(Rawson,2001)。本书的效率,也是指技术效率,具体包括静态技术效率与动态技术效率。本章主要对静态技术效率进行测算,之后在其基础上,分析影响家庭农场静态效率的因素以及主要因素是通过哪些途径来影响效率的(即作用机制)。

第一节 家庭农场静态效率测算

一、研究方法选择

(一)效率估计方法选择

基于前沿理论,本书拟把每个家庭农场(或生产经营主体)看作一个生产决策单位,设 p 为投入向量(记 $x \in R_+^p$),q 为产出向量(记 $y \in R_+^q$),产出 y 由投入 x 决定,(x,y) 可由生产集 $\psi = [(x,y) \in R_+^{p+q}]$ 得到描述。根据 Simar、Wilson(2000)的假设,即 ψ 是凸的,可构造生产可行性集 $\hat{\psi}$ 替代 ψ,有:

$$\hat{\psi}(x_n) = [(x,y) \in R_+^{p+q} \mid y \leqslant \sum_{i=1}^n \gamma_i y_i, x \geqslant \sum_{i=1}^n \gamma_i x_i] \quad (5\text{-}1)$$

(5-1)式中,x_n 为可观测的家庭农场样本,且有:

$$x_n = [(x_i, y_i), i=1, \cdots, n], (x_i, y_i) \in \psi$$

γ_i 表示第 i 个样本家庭农场投入或产出的比重,有 $\sum_{i=1}^n \gamma_i \leqslant 1, \gamma_i \geqslant 0$。对于给定家庭农场的投入-产出组合 (x_k, y_k),可得到使用 DEA 方法的效率值 $\hat{TE}(x_k, y_k)$。用已知的 Bootstrap 分布模拟未知的原始分布,有:

$$[\hat{TE}^*(x,y) - \hat{TE}(x,y)] \mid \hat{d} \sim [\hat{TE}(x,y) - TE(x,y)] \mid d \quad (5\text{-}2)$$

(5-2)式中，d 是 $\Phi=[(x_i,y_i)|i=1,\cdots,n]$ 的数据生成过程，$\hat{d}$ 是 d 的一个一致估计量，$TE(x,y)$ 是真实的效率测度值，$\hat{TE}^*(x,y)$ 是 $\hat{d}$ 由 Bootstrap 方法生成的伪样本 $\Phi^*=[(x_i^*,y_i^*)|i=1,\cdots,n]$ 的效率值。可以计算原始估计值 $\hat{\theta}(x,y)$ 的 Bootstrap 偏差估计：

$$bias_B[\hat{TE}(x,y)]=B^{-1}\sum_{b=1}^{B}\hat{TE}_b^*(x,y) \tag{5-3}$$

(5-3)式中，B 是重复抽样得到的样本数。进一步可求 $TE(x,y)$ 的纠偏估计值为：

$$\hat{\hat{TE}}(x,y)=\hat{TE}(x,y)-bias_B[\hat{TE}(x,y)]$$
$$=2\hat{TE}(x,y)-B^{-1}\sum_{b=1}^{B}\hat{TE}_b^*(x,y) \tag{5-4}$$

(二)效率影响因素方法选择

对影响效率的因素，本书拟运用单侧截断 Bootstrap 方法，建立如下模型：

$$TE_i=\alpha+\beta X_i+\varepsilon_i,i=1,2,\cdots,n \tag{5-5}$$

ε_i 的分布是被截断的，未知方差与一处截断点由 $\varepsilon_i\geqslant 1-\alpha-\beta X_i$ 决定。据此，本书用 DEA 的估计值替代所不能观测到的真实值 TE_i，则(5-5)式可调整为：

$$\hat{TE}_i\approx\alpha+\beta X_i+\varepsilon_i,i=1,2,\cdots,n \tag{5-6}$$

若 $\varepsilon_i\geqslant 1-\alpha-\beta X_i,i=1,2,\cdots,n$，则有 $\varepsilon_i\sim N(\beta,\sigma_\beta^2)$，$(\beta,\sigma_\beta^2)$ 可运用最大似然函数估计求得，并运用参数 Bootstrap 回归方法构造 (β,σ_β^2) 估计值的置信区间，则家庭农场技术效率影响因素具体模型可设计为：

$$\hat{TE}_i=\alpha+\beta_1\ln X_1+\beta_2\ln X_3+\beta_3\ln X_3+\beta_4\ln X_4+\beta_5 X_5+\beta_6 X_6+$$
$$\beta_7 X_7+\beta_8 X_8+\beta_9 X_9+\varepsilon_i \tag{5-7}$$

同理可得纯技术效率和规模效率影响因素模型：

$$\hat{PTE}_i=\alpha+\beta_1\ln X_1+\beta_2\ln X_3+\beta_3\ln X_3+\beta_4\ln X_4+\beta_5 X_5+\beta_6 X_6+$$
$$\beta_7 X_7+\beta_8 X_8+\beta_9 X_9+\varepsilon_i \tag{5-8}$$

$$\hat{SE}_i=\alpha+\beta_1\ln X_1+\beta_2\ln X_3+\beta_3\ln X_3+\beta_4\ln X_4+\beta_5 X_5+\beta_6 X_6+\beta_7 X_7+$$
$$\beta_8 X_8+\beta_9 X_9+\varepsilon_i \tag{5-9}$$

(三)数据处理

对效率进行测量，其中一个最为研究者所关注的问题就是投入、产出指标如何选择。在参照已有文献的基础上，本书拟对家庭农场的投入与产出变量进行如下规定和处理：

1.家庭农场投入指标

土地、劳动力、物质费用、固定资产是进行农业生产所需要的主要投入。①土地投入。由于本书的家庭农场包含粮食型、养殖型与蔬果型三类，对于粮食型家庭农场，由于耕地存在着复种指数的差别，一年内种植 2 次，即在种植粮食作物后再种植经济作物,因此,本书以其经营的土地面积的 2 倍作为土地投入变量。而对于蔬果型家庭农场,由于蔬菜具有季节性,在同一块土地上,农户可以按季节不同栽培不同品种的蔬菜,但为了保持土壤肥力,一般选择复种 3 次,故本书以 3 倍土地面积作为投入变量。②劳动力投入变量。以家庭农场自有劳动力以及雇工的数量进行测算。③固定资产投入。包括用于耕种作业的耕地机、插秧机、脱粒机、粮食加工机械、农业运输机械、抽水排水机械以及用于植保的机械等,以年末农业机械总动力计算。④物质费用投入。主要是生产资料的投入,包括种子、有机肥投入与化肥、农药投入以及其他农用薄膜等农业生产中间消耗品等。

2.产出变量

以 2018 年各家庭农场农业总收入以及政府各种财政补贴与奖励进行测算。

二、家庭农场效率估计值测算与分析

(一)DEA 方法与 Bootstrap-DEA 方法测算结果的差异

本书的两样本 t 检验主要是在假设方差不一致的条件下,观察不分类型的所有家庭农场作为一个整体样本,与分类型的三类家庭农场样本,分别运用 DEA 分析方法与 Bootstrap-DEA 分析方法,估计在规模报酬不变下的技术效率值与规模报酬可变下的纯技术效率值是否具有不同。家庭农场平均效率的两样本 t 检验见表 5-1。

表 5-1　家庭农场平均效率的两样本 t 检验

类型		TE_{crs}^{dea}	TE_{crs}^{b-dea}	PTE_{vrs}^{dea}	PTE_{vrs}^{b-dea}
均值	所有类型	0.5182	0.4436	0.6841	0.6014
	Type1	0.7335	0.6482	0.8146	0.7181
	Type2	0.6108	0.5394	0.7042	0.6158
	Type3	0.6031	0.4957	0.7441	0.6210
方差	所有类型	0.1855	0.1546	0.1737	0.1516
	Type1	0.2564	0.1845	0.2175	0.1758
	Type2	0.2148	0.1642	0.2005	0.1549
	Type3	0.1983	0.1475	0.1882	0.1362
原假设均值差	类型	0		0	
	Type1			0	
	Type2	0		0	
	Type3	0		0	

续表

类型		TE_{crs}^{dea}	TE_{crs}^{b-dea}	PTE_{vrs}^{dea}	PTE_{vrs}^{b-dea}
实际 均值差	所有类型	0.0746		0.0827	
	Type1	0.0853		0.0965	
	Type2	0.0714		0.884	
	Type3	0.1074		0.1231	
t 值	所有类型	7.1552		12.5138	
	Type1	5.0447		6.8752	
	Type2	5.5736		7.8419	
	Type3	6.4157		6.8356	
Sig.	所有类型	0.0000		0.0000	
	Type1	0.0000		0.0000	
	Type2	0.0000		0.0000	
	Type3	0.0000		0.0000	

注：（1）TE_{crs}^{dea}、PTE_{vrs}^{dea}分别表示用 DEA 方法所估计的规模报酬不变下的技术效率与规模报酬可变下的纯技术效率；（2）TE_{crs}^{b-dea}、PTE_{vrs}^{b-dea}分别表示用 Bootstrap-DEA 方法所估计的规模报酬不变下的技术效率与规模报酬可变下的纯技术效率。

（2）Type1 表示粮食型、Type2 表示养殖型、Type3 表示蔬果型。

研究结果显示，运用 DEA 方法与 Bootstrap-DEA 方法估计的规模报酬不变下的技术效率和规模报酬可变下的纯技术效率，其 Sig.＝0.0000 小于显著性水平 0.05，估计值都拒绝原假设，说明由于测算方法不同，效率值亦具有相应的差异。其中，运用 Bootstrap-DEA 方法估计的效率值，无论是规模报酬不变下的技术效率还是规模报酬可变下的纯技术效率，均显著低于运用 DEA 方法估计的效率值。在样本量较少的情形下，DEA 方法估计的效率值只是一个近似值，而 Bootstrap-DEA 方法估计的效率值更为真实（Simar、Wilson，2000）。可见，对小样本分析，运用 Bootstrap-DEA 分析方法具有更突出的优势。

（二）家庭农场整体效率均值与各类型家庭农场效率均值测算结果

为比较各类型家庭农场效率水平的高低，需确保样本具有等同的前沿面，因此本书首先将所有家庭农场作为一个整体，运用 Bootstrap-DEA 分析法来测算其整体效率。之后，再比较各类型家庭农场内部效率差距大小，要求样本具有不同的前沿面，因此将三类家庭农场分别作为样本，对其内部效率进行测算，结果见表 5-2。同时，为检验估计的整体效率值与内部效率值之间是否存在显著差异，还需对三类家庭农场的 TE 与 PTE 两两进行独立样本的 t 检验，结果列于表 5-2 中。

表 5-2　家庭农场整体效率均值与各家庭农场内部效率均值

类型	所有类型 （整体效率）	Type1		Type2		Type3	
		整体效率	内部效率	整体效率	内部效率	整体效率	内部效率
TE	0.4699	0.4300	0.5572	0.4563	0.4627	0.4411	0.4702
PTE	0.5448	0.4735	0.5856	0.5472	0.5285	0.5264	0.5774
SE	0.8625	0.9082	0.9515	0.8338	0.8144	0.8379	0.8756

　　表 5-2 对 TE 与 PTE 两两进行独立样本的 t 检验表明，Sig.＜显著性水平 0.05，估计值都拒绝原有假设，说明由于前沿面不同，三种类型家庭农场的整体效率与内部效率其估计值存在显著差异。为便于比较，本书将效率值按照效率水平分为"严重无效率"（≤0.29）、"比较无效率"（0.30～0.49）、"轻微有效率"（0.50～0.69）、"比较有效率"（0.70～0.89）以及"有效率"（0.90～1.00）五个区间。研究结果表明，如果将所有家庭农场作为一个整体样本进行考察，其技术效率水平处于"比较无效率"（0.4300）。调查发现，现阶段我国家庭农场发展由于面临注册动机存在偏差、农业社会化服务体系建设滞后、融资困难、人员培训严重不足、品牌意识和营销能力不强、环境污染、财政补贴难落实及基础设施不健全等关键问题，家庭农场整体效率难以提高。

　　对于技术效率而言，存在 TE＝PTE×SE。由表 5-2 可知，在 VRS 情况下，整体样本的家庭农场的 PTE 值为 0.5448，小于 SE 值（0.8625），说明整体样本家庭农场"比较无效率"，主要是由于纯技术效率低下。而导致纯技术效率低下的原因，有可能是农业机械、生产设施设备等固定资产投资收益率过低，管理粗放，技术水平还存在较大提高空间所产生的。比较粮食型、养殖型与蔬果型三类家庭农场的整体效率，可以发现，对于 TE 与 PTE 而言，养殖型家庭农场最高，处于"轻微有效率"区间，但在 SE 方面却最低；而与此相反，粮食型家庭农场的 TE 与 PTE 却最低，但 SE 却最高并处于"有效率"区间；蔬果型家庭农场无论是 TE、PTE 还是 SE，都处在中间状态。相比整体效率，在内部效率方面，粮食型家庭农场的 TE、PTE 与 SE 分别为 0.5572、0.5856 与 0.9515，分布于"轻微有效率"区间与"有效率"区间，在三类家庭农场中均处于最高，效率差异程度最小，这说明相较于养殖型与蔬果型家庭农场，各粮食型家庭农场相互之间在内部管理、对外经营、技术采用程度、生产规模的合理利用等方面的能力较为接近。可能的原因在于相对于其他两类的家庭农场，农户在经营管理上的丰富经验对其效率有着重要的影响；受农户在养殖方面的投入、经验、技术或者社会化服务程度不同以及地理位置的局限等因素的影响，在各养殖型家庭农场内部，其规模经济所发生的效应存在比较大的区别，故而其 SE 仅为 0.8144，在三类当中最低。

　　比较整体效率与内部效率测算值可以发现，对于整体效率，虽然粮食型家庭农场无论是 TE 还是 PTE，均低于养殖型与蔬果型，但其内部效率却高于其他两类型，说明粮食型各家庭农场之间的 TE、PTE 与 SE 呈现出最小的差距。而与此相反的是，养殖型家庭农场的整体效率，无论是 TE 还是 PTE，均高于粮食型与蔬果型家庭农场，但其内部效率却低于其他两类，说明养殖型各家庭农场之间的 TE、PTE 与 SE 有着较大的差距,表明各养殖型家庭农场由于管理、经营方式、养殖技术与经验(即人力资本)等不同,对于利用最小化的资源投入实现最大化的利润方面的能力存在一定的差异。由此可以得出两个基本结论:①整体效率与内部效率之间存在着一定差异,而各家庭农场的人力资本这一要素则有可能是形成这种内部差异的原因;②各家庭农场普遍有着较高的规模效率,但纯技术效率低下导致其技术效率并不高。各类型家庭农场平均效率的两样本 t 检验见表5-3。

表5-3　各类型家庭农场平均效率的两样本 t 检验

类型		TE_{crs}^{all}	TE_{crs}^{type}	PTE_{vrs}^{all}	PTE_{vrs}^{type}
均值	Type1	0.4300	0.5396	0.4735	0.5856
	Type2	0.4763	0.4899	0.5864	0.6182
	Type3	0.4606	0.4726	0.5385	0.5472
方差	Type1	0.1675	0.1778	0.1584	0.1632
	Type2	0.1573	0.1618	0.1542	0.1725
	Type3	0.1604	0.1412	0.1638	0.1676
原假设均值差	Type1	0		0	
	Type2	0		0	
	Type 3	0		0	
均值差	Type1	−0.1096		−0.1121	
	Type2	−0.0136		−0.0318	
	Type3	−0.0120		−0.0087	
t 值	Type1	−7.5462		−11.2158	
	Type2	−3.0673		−5.1454	
	Type3	−2.1561		−4.4582	
Sig.	Type1	0.0000		0.0000	
	Type2	0.0213		0.0090	
	Type3	0.0436		0.0002	

注:(1)TE_{crs}^{all}、TE_{crs}^{type} 分别表示在规模报酬不变条件下用 Bootstrap-DEA 法所估计的所有家庭农场整体与各类型家庭农场内部的技术效率;PTE_{vrs}^{all}、PTE_{vrs}^{type} 分别表示在规模报酬可变条件下用 Bootstrap-DEA 法所估计的所有家庭农场整体与各类型家庭农场内部的纯技术效率。

(三)各类型家庭农场内部效率值分布

为了更清晰地分析各产品类型家庭农场内部的 TE、PTE 与 SE 的分布状态,本书按照前文将效率值按照效率水平所作的区间划分,在对估计值进行分类整理的基础上,将其分布状态列于表5-4中。

表 5-4　各类型家庭农场内部效率值的分布

效率值区间		TE		PTE		SE	
		均值	占比	均值	占比	均值	占比
严重无效率(≤0.29)	Type1	0.1874	6.75	0.2152	5.68	0	0
	Type2	0.2315	8.12	0.1954	3.04	0.2481	0.62
	Type3	0.2021	8.84	0.1748	4.36	0.	0
比较无效率(0.30~0.49)	Type1	0.3735	40.12	0.3906	36.04	0.4354	6.82
	Type2	0.4062	30.51	0.3855	31.80	0.4469	5.65
	Type3	0.3925	42.18	0.4162	25.53	0.4582	5.78
轻微有效率(0.50~0.69)	Type1	0.5718	35.48	0.5480	41.35	0.6429	13.23
	Type2	0.6015	53.44	0.5623	51.68	0.6334	23.70
	Type3	0.6132	40.02	0.5822	56.55	0.6357	18.15
比较有效率(0.70~0.89)	Type1	0.8215	15.36	0.8021	13.68	0.8450	25.31
	Type2	0.7842	7.21	0.8235	11.92	0.8441	26.72
	Type3	0.7918	6.35	0.8454	10.46	0.8336	24.66
有效率(0.90~1.00)	Type1	0.9506	2.29	0.9636	3.25	0.9822	54.64
	Type2	0.9312	0.72	0.9578	1.56	0.9779	43.31
	Type3	0.9254	2.71	0.9445	3.10	0.9692	51.41
效率均值	Type1	0.5396		0.5856		0.9215	
	Type2	0.4899		0.6182		0.7926	
	Type3	0.4726		0.5472		0.8638	

表 5-4 表明,对于粮食型,超过 75％的家庭农场的 TE、PTE 介于"比较无效率"与"轻微有效率"之间,而"有效率"的非常低,均在 3.5％以下;但在 SE 方面,近 80％的家庭农场处于"比较有效率"与"有效率"之间,均高于养殖型与蔬果型,"比较无效率"的仅占 6.82％,"严重无效率"的则没有。对于养殖型,超过 83％的家庭农场的 TE、PTE 介于"比较无效率"与"轻微有效率"之间,而"有效率"的则比种植型更低,仅占 0.72％与 1.56％;在 SE 方面,"有效率"的家庭农场不仅低于粮食型,而且也低于蔬果型。对于蔬果型,"严重无效率"的没有,介于"比较无效率"与"轻微有效率"之间的家庭农场也超过了 80％,"有效率"的也较低,仅占 3％左右;在 SE 方面,处于"比较有效率"与"有效率"之间的家庭农场占 76.07％,略低于粮食型但高于养殖型。

综合以上分析,可以得出家庭农场的静态效率具有以下特征:①样本具有等同的前沿面下估计的家庭农场整体效率与样本具有不同前沿面下估计的内部效率具有差异,粮食型与养殖型家庭农场的内部效率均高于其整体效率,而蔬果型家庭农场却是整体效率高于内部效率。②对于三种类型的家庭农场的内部效率,其 TE、PTE 均不高,基本介于"比较无效率"与"轻微有效率"之间;而 SE 则相对较高,基本处于"比较有效率"与"有效率"之间,这充分表明 PTE 缺乏是导致 TE 低下的主因。比较不同类型家庭农场内部的 TE、PTE 与 SE 的高低可以发现,在 TE、PTE 方面,呈现出"养殖型>粮食型>蔬果型",而在 SE 方面,则呈现出"粮食型>蔬果型>养殖型"这一特征。

第二节 影响家庭农场静态效率的因素

对于组织绩效,新制度经济学利用制度因素来进行解释。North(1990c)认为,制度是决定长期经济绩效的根本因素。Williamson(1979)也指出,规则结构或制度安排在决定一个经济单位的行为和效率中起着关键的作用。组织结构对组织的功能与绩效起着决定作用,只有相对稳定的结构才能使经营主体产生稳定的绩效预期。而制度安排总是嵌在制度结构中,其功效取决于其他制度安排的完善与协调程度,某项制度安排不均衡意味着整个制度结构失衡(阮文彪、杨名远,1998)。作为一种制度,家庭农场的发展必然受制于特定的制度环境。

一、制度对家庭农场效率的影响依据

(一)产权制度

在微观组织的制度结构中,产权制度是最为重要的制度。产权对于个人权益的详细规定决定了成本和报酬将怎样在组织的参与者中间分配(Jenson、Willianm,1976)。在家庭农场的产权制度中,农地产权制度是根本。而在现行的土地制度下,家庭农场获得的土地使用权却面临着交易成本普遍过高,且不容易集中、连片的问题。上海松江区家庭农场发展模式的经验告诉我们,基层政府与组织参与土地流转并对土地进行整理后再转租,在转出户可以获得稳定的租金收入的同时,承租户则可以获得集中联片的农田,土地的流转成本和生产效率都得到了提高。

(二)交易制度

任何交易都涉及契约关系,并受契约约束。有研究者认为,家庭农场的交易可以分为与政府的交易、与家庭成员之间的交易、与市场的交易及与农民自组织等的交易(阮文彪,2005)。与政府的交易,涉及农业专项资金的发放与使用、农业项目的立项与实施、各种财政惠农资金的使用等,这些交易带有明显的公益性和强制性,但农场经营者并不知道获取这些优惠的途径和条件。家庭农场的组织交易,是指农民家庭与其所在的中间体组织内部不同利益主体之间由权威规制的交易关系或合约安排,如"家庭农场+合作社""家庭农场+家庭农场"即联户农场、"家庭农场+科研机构、农技部门等""家庭农场+村级服务组织"等多种契约联结模式(何郑涛、彭钰,2015)。他们之间力量的制衡与博弈有助于形成稳定的契约关系,有利于家庭农场的发展壮大。市场交易制度是指家庭农场与法律上平等的市场竞争主体之间的合约安排,家庭农场可通过商品契约、要素契约、中间契约、资本契约为纽带建立家庭农场与农业企业之间较紧密的产业关系。家庭农场的内部交易制度主要是指家庭成员间的交易关系或交易制度,如财产继承、分家析产、家庭成员私有财产的内部界定保护、生产经营中的内部分工等方面的习惯等,这类交易一般交易成本很低,但当涉及财产的继承与分割等问题时,契约达成的成本仍要付出很大的代价,从而对家庭农场的经营产生重要影响。

(三)管理制度

家庭农场的管理,就是以家庭成员为主体,对农场的经济活动进行计划、组织、协调、指挥和控制的过程,目的是把劳动者、劳动手段和劳动对象科学地组织起来进行生产,追求利润的最大化。管理制度包括内部管理制度和外部管理制度,内部管理制度包括财务管理制度、人员管理制度、营销制度、奖惩制度、收益分配制度及其他相关制度;外部管理制度,主要是指政府对家庭农场的监管。实现家庭农场管理的制度化,具有节约交易成本的作用,从而提高家庭农场的效率。

二、因变量与自变量的描述性统计分析

根据制度对家庭农场效率影响的作用机制,本书拟采用以下自变量作为解释影响家庭农场效率的因素:①土地规模与固定资产总额。有研究指出,从耕地面积和产出类型来看,现代家庭农场的规模在不断扩大,但从农场营运所涉及的人力来看,家庭农场从未规模化(韩朝华,2017),因此,本书不将家庭农场规模作为自变量,而是将其分解成"土地规模"以及"固定资产总额"三因素。②单位土地租赁成本。高雪萍等(2015)认为,如果土地流转成本太高,有损家庭农场主体的生产积极性,从而导致经营效率有所降低。③人力资本。农场主的受教育水平和生产效率之间存在正关联(Kumbhakar Subal C、Basudeb Biswas、DeeVon Bailey,1989),大多数无效率的家庭农场或是没能力跟上该部门中技术领先者所采用的技术,或是在管理上变得无效率,或两者兼而有之(Mugera,Amin W、Michael R.Langemeier,2011),本书拟将家庭农场劳动力的数量、受教育程度以及管理才能、种养经验按照一定方法处理后形成人力资本。④负债率。有研究认为,较高的负债率将增加监督、契约与激励所形成的委托-代理成本(Jensen、Meckling,1976),若债务压力下农场主投入的要素配置不合理,则会进一步导致效率低水平(Featherstone、Al-Kheraiji,1995);较高的债务率也有可能对家庭农场主形成较大心理压力,从而妨碍家庭农场效率提高。⑤当地经济发展水平。诺斯指出,"环境因素影响着组织效率的发挥",家庭农场的发展,与当地的经济发展水平有着密切联系,只有经过磨合并融入当地经济发展过程中的家庭农场才能得以成长与壮大。⑥政治身份。政治身份有利于组织融资、个人获取银行贷款(Infante L、Piazza M,2014)及乡村社会借贷(Chen、Shen、Lin,2014),从而有可能对家庭农场的效率形成影响,本书将农户家庭"是否有村干部"这一政治身份作为虚拟变量。⑦是否是示范性家庭农场。"示范性家庭农场"因年收入高,经营规范、效益较好,有较强的发展后劲,对实现农业集约化生产、发展适度规模经营有着积极的推动作用而受到政府

政策的支持较多,因而也可能对效率形成影响。但 Baležentis(2010),Kriščiukaitientèand zentis(2014)的研究却指出,生产补贴对家庭农场效率具有负向影响(Tomas Baležentis、Irena Kriščiukaitieneè、Alvvdas Balĕzentis,2014)。⑧农业社会化服务完善程度。家庭农场的出现导致了专业化分工的加深,使得经营的内外部环境发生显著变化,农业社会化服务的重要性彰显。有研究表明,农机使用、农技培训等社会化服务能有效减少水稻生产效率的缺失(周宏等,2014);杨彩艳等的研究也提出,农业生产效率受到金融服务、农技服务及机械服务的显著正向影响,若农户周围存在金融服务及农技服务且机械服务的水平较高,则农户生产效率也较高(杨彩艳等,2018)。

对以上影响家庭农场效率的各因素,本书将其含义进行了明确,并对各自变量的描述性统计结果进行了归纳,结果列于表 5-5 中。

表 5-5　自变量的含义及其描述性统计结果

自变量	含义	类型	最大值	最小值	均值	标准差
金融资本 LnFC	对家庭农场所拥有现金与银行存款(含借款与贷款)、有价证券等流动性强的资产的价值取自然对数	Type1	6.3438	2.3471	4.4597	0.8436
		Type2	6.5267	2.3494	4.8217	0.6254
		Type3	6.2243	2.1993	4.6670	0.8018
$\ln X_1$ 土地规模 (hm²)	土地(山地)、耕地面积的对数	Type1	3.1484	0.2386	0.6935	1.1850
		Type2	0.4768	0.0596	0.1145	0.2425
		Type3	0.8247	0.1749	0.3196	0.3674
$\ln X_2$ 单位土地租赁成本(hm²/万元)	取租赁每公顷土地成本的自然对数	Type1	4.5433	3.2581	3.9703	0.7376
		Type2	4.0943	2.5645	3.4012	0.5572
		Type3	4.3820	3.5263	3.6889	0.3748
$\ln X_3$ 固定资产总额 (万元)	农用机械、设施设备、厂房库房等固定资产总额的对数	Type1	6.3279	1.0943	3.6052	1.0742
		Type2	8.8861	1.1957	4.3820	1.7337
		Type3	6.6846	1.3120	3.4428	0.6008
$\ln X_4$ 当地经济发展水平	当年当地农民年人均纯收入(元)的对数	Type1	9.7231	9.0863	9.4492	0.2542
		Type2	9.7017	9.0285	9.3926	0.2738
		Type3	9.6826	9.2697	9.4989	0.1062
X_5 人力资本*	综合考虑劳动力数量、受教育年限、生产经验、近 2 年接受农业技能培训的次数	Type1	4.1744	1.6094	2.7081	0.6227
		Type2	3.6889	1.9459	2.8332	0.2371
		Type3	4.3820	2.3979	2.9957	0.1587

续表

自变量	含义	类型	最大值	最小值	均值	标准差
X_6 负债率	贷款、借款本息总额占资产的比率	Type1	6.0246	0.5362	1.2351	1.2126
		Type2	8.4002	1.4316	1.8735	1.4523
		Type3	7.3374	0.8542	1.5436	1.4044
X_7 政治身份	是否村干部,虚拟变量, "是"=1,"否"=0	Type1	1.0000	0.0000	0.0753	0.0351
		Type2	1.0000	0.0000	0.0642	0.0467
		Type3	1.0000	0.0000	0.1254	0.0775
X_8 示范性农场	是否是,虚拟变量, "是"=1,"否"=0	Type1	1.0000	0.0000	0.1038	0.0742
		Type2	1.0000	0.0000	0.0897	0.0632
		Type3	1.0000	0.0000	0.0765	0.0609
X_9 社会化服务完善程度	"不完善"=0 "基本完善"=1	Type1	1.0000	0.0000	0.2645	0.0067
		Type2	1.0000	0.0000	0.3528	0.0052
		Type3	1.0000	0.0000	0.2471	0.0058

注:＊人力资本＝劳动力数量/3＋劳动力受教育年限/3＋劳动力在该部门生产年限/3＋劳动力近2年接受农业技能培训的次数/3。

由表5-5可知,对于"土地规模"因素,各粮食型家庭农场所经营的土地面积存在较大差异,而养殖型与蔬果型家庭农场其均值与标准差均较小,进行生产所用的土地相互之间的差异并不大。取自然对数后的"单位土地租赁成本"因素存在一定的差异,粮食型家庭农场的差异大于养殖型与蔬果型。取"自然对数后的固定资产总额"因素,粮食型与养殖型两类型的家庭农场存在较大差异,而蔬果型家庭农场的差异则相对较小。"人力资本"因素,各类型家庭农场在本产品类型中所投入的人力资本差异较为接近。取自然对数后的"当地经济发展水平"因素,样本所处的三地农民人均年收入较为接近。"负债率"因素,每一类型家庭农场在其类型内表现出较大差异。而"社会身份""示范性家庭农场"以及"社会化服务完善程度"这些虚拟变量,其标准差均较小,没有表现出明显差异。

三、多重共线性检验

一般地,在进行回归分析之前,为避免各自变量相互之间存在自相关与多重共线性,Singbo等(2010)认为,需要对各自变量进行Pearson相关性检验。影响各类型家庭农场效率的各自变量的相关性矩阵见表5-6。

表 5-6　各类型家庭农场效率的各自变量的相关性矩阵

		$\ln X_1$	$\ln X_2$	$\ln X_3$	$\ln X_4$	X_5	X_6	X_7	X_8	X_9
Type1	$\ln X_1$	1.0000								
	$\ln X_2$	0.0214	1.000							
	$\ln X_3$	0.0542	0.0451	1.0000						
	$\ln X_4$	−0.0354	0.0813	0.0535	1.0000					
	X_5	0.0638	0.0236	−0.0274	0.0362	1.0000				
	X_6	0.0811	0.0644	0.0562	−0.0046	−0.0038	1.0000			
	X_7	0.0167	0.0517	0.0049	0.0024	0.0005	−0.0962	1.0000		
	X_8	0.3561	0.0326	0.3016	0.0852	0.3183	−0.0527	0.0972	1.0000	
	X_9	0.0172	0.0258	−0.0573	−0.0462	0.0014	0.0002	0.0010	0.0148	1.0000
Type2	$\ln X_1$	1.0000								
	$\ln X_2$	0.0243	1.000							
	$\ln X_3$	0.0231	0.0412	1.0000						
	$\ln X_4$	0.0413	0.0769	0.0847	1.0000					
	X_5	0.0812	0.0215	0.0165	0.0224	1.0000				
	X_6	0.0052	0.0682	0.0371	−0.0130	−0.0029	1.0000			
	X_7	0.0045	0.0527	0.0121	0.0068	0.0052	0.0631	1.0000		
	X_8	0.2142	0.0369	0.3915	0.0663	0.3237	−0.0802	0.0136	1.0000	
	X_9	0.0772	0.0302	−0.0735	−0.0624	0.0326	0.0015	0.0004	0.0435	1.0000
Type3	$\ln X_1$	1.0000								
	$\ln X_2$	0.0206	1.000							
	$\ln X_3$	0.0383	0.0374	1.0000						
	$\ln X_4$	−0.0264	0.0778	0.0473	1.0000					
	X_5	0.0349	0.0192	−0.0741	0.0392	1.0000				
	X_6	0.0517	0.0727	0.0302	−0.0029	−0.0025	1.0000			
	X_7	0.0171	0.0604	0.0034	0.0016	0.0011	−0.0728	1.0000		
	X_8	0.3146	0.0286	0.3357	0.0639	0.3361	−0.0410	0.0214	1.0000	
	X_9	0.0232	0.0197	−0.0461	−0.084	0.0141	0.0013	0.0458	0.0732	1.0000

　　不难发现，X_8 与 $\ln X_1$、$\ln X_3$ 以及 X_5 相互之间的相关系数较高，也即"是否是示范性家庭农场"与"土地面积""固定资产总额""负债率"之间存在共线性的问题。一般而言，由于示范性家庭农场可以获取相应的政府补贴等政策红利，当地政府对示范性家庭农场的经营土地面积、农场的固定资产总额以及负债率有相应的标准与要求，不符合条件的不得批准为示范性家庭农场。除此之外，其他各自变量相互之间的相关性系数均较低，说明各影响因素之间不存在多重共线性问题，可以将除 X_8 外所有自变量引入回归方程进行回归分析。

四、回归结果与分析

　　运用单侧截断 Bootstrap 程序对各类型家庭农场的 TE、PTE 与 SE 的影响因素进行回归分析，结果列于表 5-7 中。

表 5-7　单侧截断 Bootstrap 回归结果

自变量		TE	置信区间	PTE	置信区间	SE	置信区间
Type 1	$\ln X_1$	0.1632***	[0.0533,0.1824]	0.0457***	[0.0185,0.0509]	0.2412***	[0.0243,0.2687]
	$\ln X_2$	−0.1352***	[−0.1540,0.1198]	−0.0746	[−0.1407,0.0850]	−0.1681***	[−0.1874,0.0191]
	$\ln X_3$	0.0813**	[−0.0720,0.0906]	0.0269	[−0.0238,0.0299]	0.0575**	[−0.0510,0.0640]
	$\ln X_4$	0.0168	[−0.0149,0.1871]	0.0082	[−0.0073,0.0091]	0.0164	[−0.0145,0.0183]
	X_5	0.2010***	[−0.0781,0.2239]	0.1004***	[−0.0978,0.1118]	0.0908	[−0.0804,0.1011]
	X_6	−0.0687**	[−0.1365,0.0609]	0.0030	[−0.0026,0.0342]	−0.0815**	[−0.1162,0.0908]
	X_7	0.0063	[−0.0558,0.0718]	0.0047	[−0.0042,0.0052]	0.0005	[−0.0041,0.0016]
	X_9	0.1306***	[−0.0733,0.1539]	0.0755***	[−0.0418,0.1275]	0.0583**	[−0.0094,0.0872]
	常数	−0.4721	[−0.5258,0.4183]	−0.1758	[−0.1958,0.1558]	0.8258***	[0.0732,0.9198]
Type 2	$\ln X_1$	0.0458	[−0.0402,0.0559]	0.0309	[−0.0271,0.1240]	0.0511	[−0.0449,0.1360]
	$\ln X_2$	−0.0246	[−0.1105,0.0216]	−0.0103	[−0.1246,0.0093]	−0.0642	[−0.1991,0.0564]
	$\ln X_3$	0.1746***	[−0.1533,0.3095]	0.1249***	[−0.1096,0.2598]	0.0944	[−0.0829,0.2293]
	$\ln X_4$	0.1362**	[−0.1196,0.2711]	0.0819*	[−0.0719,0.2168]	0.0713*	[−0.0626,0.2062]
	X_5	0.1258***	[−0.1104,0.2607]	0.0861**	[−0.0756,0.2210]	0.0083	[−0.0007,0.1432]
	X_6	−0.0754**	[−0.2103,0.0595]	0.0042	[−0.0005,0.1391]	0.0675*	[−0.0824,0.0674]
	X_7	0.0847**	[−0.0744,0.2196]	0.0682	[−0.0599,0.2031]	0.0256	[−0.0225,0.1605]
	X_9	0.1116***	[−0.0979,0.2465]	0.0863**	[−0.0758,0.2212]	0.0464*	[−0.0408,0.1813]
	常数	−0.7128***	[−1.1435,0.3143]	−0.1367	[−0.6435,0.3527]	0.2678	[−0.3753,0.7344]
Type 3	$\ln X_1$	0.0759**	[−0.0626,0.2299]	0.0357	[−0.0299,0.1897]	0.0912**	[−0.0764,0.2452]
	$\ln X_2$	−0.0726**	[−0.0844,0.0814]	−0.0259	[−0.0301,0.1281]	−0.1148***	[−0.1334,0.0392]
	$\ln X_3$	0.1231***	[−0.1032,0.2771]	0.0972**	[−0.0814,0.2512]	0.0756	[−0.0635,0.2296]
	$\ln X_4$	0.1127***	[−0.0944,0.2667]	0.0785	[−0.0658,0.2325]	0.0585**	[−0.0490,0.0212]
	X_5	0.1544***	[−0.1294,0.3084]	0.0937**	[−0.0785,0.2477]	0.0071	[−0.0059,0.1611]
	X_6	−0.0842***	[−0.2382,0.0698]	−0.0105	[−0.1435,0.0088]	0.0662*	[−0.0554,0.2202]
	X_7	0.0636**	[−0.0533,0.2176]	0.0248	[−0.0208,0.1788]	0.0085	[−0.0071,0.1625]
	X_9	0.1472***	[−0.1234,0.3012]	0.1159**	[−0.0971,0.2699]	0.0885**	[−0.0742,0.2425]
	常数	−0.2477***	[−1.3682,0.3765]	−0.1744	[−0.8521,0.2757]	0.4882	[−0.0875,0.2662]

备注：***、**和**分别表示在 0.01、0.05 与 0.1 水平上的显著性，置信区间值为 0.95 水平上。

表 5-7 回归分析的结果表明，对于粮食型家庭农场，在 0.01 的显著性水平上，耕种的"土地规模"显著正向影响其 TE、PTE 与 SE，但由于 0 不在置信区间内，各参数估计值的大小意义不大，只是表明耕种的土地规模越大其效率越大。"单位土地租赁成本"在 0.01 显著性水平上，与 TE、SE 显著负相关，说明每单位土地租赁成本若较高，将降低 TE、SE；在 0.05 显著性水平上，与 PTE 负相关，但不显著。"固定资产总额"与 TE、SE 在 0.05 显著性水平上显著正相关，说明在农业社会化服务还不完善的情况下，若家庭农场的固定资产规模较低，则对家庭农场的 TE、SE 形成了约束。"当地经济发展水平"与 TE、PTE 与 SE 具有正相关关系，但均不显著，可能的原因在于，粮食消费更多的并不是为了满足当地消费的需要，当地经济发展水平的高低并不能对

粮食生产形成阻力。"人力资本"在 0.01 显著性水平上显著正向影响 TE、PTE,但对 SE 的影响并不显著,说明教育程度、生产经验等对家庭农场的经营与管理效果明显。"负债率"在 0.05 显著性水平上显著负向影响 TE、PTE,在 0.01 显著性水平上正向影响 SE,说明过高的负债虽然有利于经济主体扩大规模,但也给其带来较重的心理压力,对 TE、PTE 形成了约束。"农业社会化服务完善程度"在 0.01 显著性水平上显著正向影响 TE、PTE 与 SE,农业社会化服务对于农户在劳动力、资本、技术以及金融等方面的不足是一种有利的补充,其完善程度将显著促进效率的提升与改进。

对于养殖型家庭农场,"土地规模""每单位土地租赁成本"与效率之间分别存在正向、负向影响,但均不显著,可能的原因在于对于养殖型家庭农场来说,通过规模经济提升效率不在于流转更多土地,而更多地在于集约化生产,由于土地流转面积并不多,家庭农场对土地流转的价格并不显得过于在意。而在 0.01 显著性水平上,"固定资产总额"却显著影响 TE、PTE 与 SE,这表明对于养殖型家庭农场的规模,更多的应该体现在其拥有的"固定资产总额"方面,两者之间存在显著的正向关系。"当地的经济发展水平"显著地正向影响 TE(0.05 水平上显著)、PTE 与 SE(0.1 水平上显著),也可能的原因在于,对于家禽家畜,更多的适合在本地消费,如果当地经济发展水平较高,则可促进养殖型家庭农场的经营。"人力资本"显著地正向影响其 TE(0.01 水平上显著)、PTE(0.05 水平上显著),对 SE 有影响但不显著。"负债率"在 0.05 显著性水平上对 TE 有显著的负向影响,但对 SE 在 0.1 显著性水平上有正向影响,说明负债率越高有利于农户扩大养殖规模,提高效率。"政治身份"在 0.05 显著性水平上对 TE 有显著正向影响,但对 PTE 与 SE 影响不显著。"农业社会化服务完善程度"分别在 0.01、0.05、0.1 显著性水平上正向影响 TE、PTE 与 SE。

对于蔬果型家庭农场,可以发现,"土地规模"正向影响其 TE(0.05 显著性水平)、SE(0.01 显著性水平);而"单位土地租赁成本"负向影响其 TE(0.05 显著性水平)、SE(0.01 显著性水平);"固定资产总额"在 0.01 与 0.05 显著性水平上分别正向影响其 TE、PTE;"当地经济发展水平"在 0.01 与 0.05 显著性水平上分别正向影响其 TE、SE,可能的原因在于对于蔬菜水果而言,由于在短时间内较易腐烂,储藏成本高,更适合在当地销售,其生产和经营与当地经济发展水平密切相关;"人力资本"在 0.01 显著性水平上显著正向影响 TE、PTE,但对 SE 的影响也不显著;"负债率"在 0.05 显著性水平上显著负向影响 TE、在 0.1 显著性水平上正向影响其 SE;与养殖型一样,"政治身份"在 0.05 显著性水平上对 TE 有显著正向影响,但对 PTE 与 SE 影响不显著;"农业社会化服务完善程度"分别在 0.01、0.05 显著性水平上正向影响 TE、PTE 与 SE。

第三节 家庭农场静态效率影响因素的作用机制

对上一节不同类型家庭农场静态技术效率(TE)的影响因素进行归纳,列于表 5-8 中。

表 5-8　影响家庭农场技术效率的因素及影响方向

影响因素	影响方向		
	Type1	Type2	Type3
土地规模	正向显著	正向但不显著	正向显著
单位土地租赁成本	负向显著	负向但不显著	负向显著
固定资产投资总额	正向显著	正向显著	正向显著
人力资本	正向显著	正向显著	正向显著
负债率	负向显著	负向显著	正向显著
当地的经济发展水平	正向但不显著	正向显著	正向显著
农业社会化服务完善程度	正向显著	正向显著	正向显著
政治身份	—	正向显著	正向显著

为进一步探讨这些因素是如何影响家庭农场效率的，本书拟以"土地规模"与"人力资本"这两个因素为例，对影响因素的作用机制进行分析。

一、影响因素的作用机理分析

(一)土地规模影响家庭农场效率的作用机理

由表 5-8 可知，土地规模对 Type1 型(粮食型)、Type3 型(蔬果型)家庭农场的 TE(技术效率)呈现出显著正向影响，而对 Type2 型(养殖型)虽呈现正向但影响不显著。上一节的回归分析已表明，土地规模对 Type1 型、Type3 型家庭农场的 TE(技术效率)呈现出显著的正向影响，主要是因为其 SE(规模效率)呈现出显著正向影响，说明样本中的 Type1 型、Type3 型家庭农场在种植规模上较为适度、合理，还有提高的空间。增加土地规模，技术效率还有可能继续提高。

种植规模的提高，可以通过以下几种形式来实现：①通过土地流转，进一步增加耕作与经营的土地面积；②在耕作与经营面积保持不变的条件下，通过套作、间作与复种等耕作制度的变革，以期实现存量土地耕种面积的增加；③对存量土地进行整理，将分散的小块土地连成片，减少土地的碎片化与井田化，实现内涵式规模化扩展。第①、②种方式的规模化的前提，无疑需要增加家庭农场的人力资本、物质消耗以及农机设备等固定资产的投入，而这些投入能否增加，则主要取决于家庭农场的金融资本(自有资金、融资能力与融资量)。第③种通过内部土地的整理减少地块数量，为规模化连片耕作创造更为便利的条件，在需要增加金融资本的同时，还得与土地流出户有良好的契约关系。上述作用机理如图 5-1 所示。

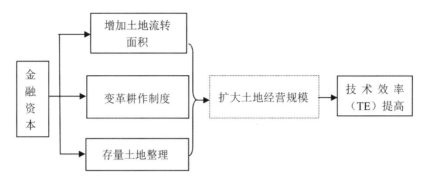

图 5-1 通过金融资本扩大土地经营规模、提高技术效率的作用机理

（二）人力资本影响家庭农场技术效率的作用机理

由表 5-8 可知，人力资本对三类家庭农场的技术效率有着显著的正向影响，表明样本中的三类家庭农场人力资本还有较大提升空间，人力资本的增加有利于提高各类型家庭农场的技术效率。

而要提高人力资本，可以通过以下几种途径（图 5-2）：①增加家庭农场自有劳动力或雇佣劳动力的数量，在自有劳动力增加受约束的情况下，增加雇佣劳动力的数量是有可能实现的；②通过邀请专业师资力量或参加政府、行业协会组织的培训、参观、考察与学习，增加对现有劳动力的培训力度，提升现有劳动力的技能与生产、经营管理能力；③雇佣受教育程度更高，能更快掌握新知识、新技能的劳动力或生产经营管理经验更丰富的劳动力；④雇佣年富力强、身体更为健康的劳动力；⑤制定更富有激励性的员工奖惩制度或薪酬工资体系，激发现有员工的潜在能力。这五种途径的实现，都有一个共同的前提，那就是家庭农场具有较为丰富的金融资本。

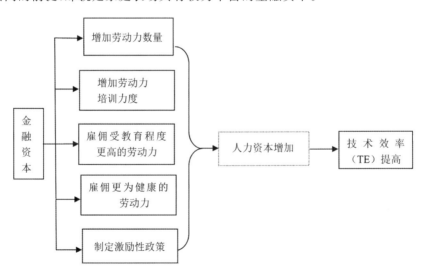

图 5-2 通过金融资本增加人力资本、提高技术效率的作用机理

二、影响因素的作用机制检验

从上述影响因素的作用机理中不难发现，金融资本在扩大土地经营规模、增加人力资本从而提高技术效率中发挥着至关重要的功能。那么，家庭农场借助金融资本是通过哪种途径来实现土地经营规模的扩大与人力资本的增加呢？这还有待通过实证分析来进行检验。

(一)模型的选取

无论是扩大土地经营规模，还是增加人力资本，对于家庭农场的农场主而言，无非是对上述途径作出选择行为，是一种意愿或决策表达，则可设定虚拟自变量为 0 时，家庭农场主采取不愿意意愿，虚拟自变量为 1 时，家庭农场主采取愿意意愿，则模型可设为：

$$\ln X_i = \alpha_0 + \beta_i \sum_{i=1}^{n} Z_i + \varepsilon_i$$
$$\ln X_i = \alpha_1 + \beta_i \sum_{i=1}^{n} Z_i + \alpha_2 \ln FC + \varepsilon_i \tag{5-10}$$

(5-10)式中，X_i 为分别为解释变量"土地经营规模""人力资本"，Z_i 为自变量，FC（金融资本）为中介变量，α_0、α_1 为截距，α_2、β_1 为系数，ε_1 为随机扰动项。

(二)借助金融资本实现土地经营规模扩大的意愿分析

1.变量选取[①]

解释变量为"土地经营规模"，根据扩大土地经营规模的三种途径，自变量分别有核心变量"增加土地流转面积意愿"（YW_1）、"变革耕作制度意愿"（YW_2）、"存量土地整理意愿"（YW_3）以及"单位土地租赁成本"（$\ln X_2$）、"固定资产总额"（$\ln X_3$）、"人力资本"（X_5）、"负债率"（X_6）；同时，将"当地经济发展水平"（$\ln X_4$）、"农业社会化服务完善程度"（X_9）作为控制变量，"金融资本"（$\ln FC$）为中介变量，各变量的含义与描述性统计见表 5-5。

2.回归结果及分析

回归的结果见表 5-9。

表 5-9　Type1 型家庭农场金融资本对扩大土地经营规模意愿的作用机制检验

变量名称	Type1		Type3	
LnFC	0.154*** (0.0241)		0.146*** (0.0417)	
YW_1	0.0664*** (0.0135)	0.0621** (0.0142)	0.0831*** (0.0215)	0.0438* (0.0211)

---

① 为与前一节的符号相一致，在此各变量的符号顺序并非按数字顺序进行编排。

续表

变量名称	Type1		Type3	
YW_2	0.3491*** (0.0561)	0.1252** (0.1021)	0.5291*** (0.0942)	0.1335** (0.0624)
YW_3	0.0342** (0.0367)	0.0126* (0.0394)	0.0338** (0.0371)	0.0163** (0.0385)
$\ln X_2$	−0.0152*** (0.0152)	−0.0624** (0.0162)	−0.0107*** (0.0089)	−0.1072** (0.0157)
$\ln X_3$	0.3142*** (0.0586)	0.2581** (0.5612)	0.1956*** (0.0473)	0.1673** (0.0455)
$\ln X_4$	0.0683** (0.0242)	0.0455** (0.0264)	0.0484** (0.0281)	0.0318 (0.0287)
X_5	0.0423 (0.0173)	0.0237 (0.0191)	0.0812 (0.0212)	0.0438 (0.0271)
X_6	0.0118*** (0.097)	−0.0108* (0.0152)	−0.0207*** (0.0435)	−0.0374 (0.0479)
X_9	0.1593*** (0.0271)	0.1475*** (0.0357)	0.1951*** (0.0475)	0.1719** (0.0453)
α_0	7.6781*** (0.3001)	9.2540*** (0.2142)	7.1562*** (0.4815)	10.0724*** (0.3623)
R^2	0.6392	0.6825	0.6517	0.6952
N	139		162	

备注：(1)括号中的数字为标准误；(2)*** 表示 $p<0.01$，** 表示 $p<0.05$，* 表示 $p<0.1$

由表 5-9 可知，无论是 Type1 型(粮食型)还是 Type3 型(蔬果型)家庭农场，加入中介变量金融资本后，YW_2(变革耕作制度意愿)、$\ln X_3$(固定资产总额)、X_9(农业社会化服务完善程度)呈显著的正相关关系，且关联程度也较大且增加，说明随着金融资本的增加，家庭农场主更愿意采取间作、套作与复种等改变种植制度的方式来增加对土地的规模经营以提高技术效率；同时，金融资本的增加能促进家庭农场主增加对固定资产的投资，以期与增加的土地规模相匹配；此外，金融资本的增加还有利于家庭农场主加大对农业社会化服务的购买，在家庭农场主不通过增加固定资产投资以促进土地规模经营之时，借助于完善的农业社会化服务以实现土地规模经营的扩大。

加入金融资本中介变量后，土地经营规模 YW_3(增加土地流转面积意愿)、$\ln X_4$(存量土地整理意愿)、X_6(当地经济发展水平)、X_6(负债率)虽也呈显著的正相关关系,但关联程度不大。原因在于,金融资本的增加虽然也能增加土地流转面积,对存量的土地进行整理以实现连片经营,但家庭农场主可能认为,土地流转面积的增加,需要对各项要素的投入同时增加,在增加的金融资本有限的情况下,这种愿望难以实现;而对存量土地整理,减少地块数量使之连成一片以方便农业机械规模化作业,则受到土地转让农户担心流转合同到期后难以恢复原貌的限制的约束,而不敢随意对流转的土地进行整理。而依据金融资本与负债率的关系,若增加的金融资本不是家庭农场主自身经营业绩提高所得,而是通过信贷或亲朋之间的借贷发生,则会进一步提高家庭农场主的负债率,故家庭农场主对其保持较谨慎的态度。

总之,金融资本通过变革农业种植制度、扩大固定资产投资、购买完善的农业社会化服务以期实现土地经营规模的扩大,从而扩大规模效率,进一步引致技术效率的提高,而不是通过随意增加土地经营面积或对存量土地进行整理来实现对土地经营规模的扩大,从而实现技术效率的提高。

(三)借助金融资本实现人力资本增加的意愿分析

1.变量选取

解释变量为"人力资本",根据增加人力资本的五种途径,因此自变量分别有核心变量"增加劳动力数量"(LYW_1)、"增加劳动力培训力度"(LW_2)、"雇佣受教育程度更高的劳动力意愿"(LYW_5)、"雇佣更为健康的劳动力的意愿"(LYW_4)和"制定激励性政策的意愿"(LYW_5);而自变量主要考虑"土地规模"($\ln X_1$)、"固定资产总额"($\ln X_3$)、"负债率"(X_6);同时,将"当地经济发展水平"($\ln X_4$)、"农业社会化服务完善程度"(X_9)作为控制变量,"金融资本"($LnFC$)作为中介变量,各变量的含义与描述性统计见表5-5。

2.回归结果及分析

回归的结果见表5-10。

表5-10 家庭农场金融资本对增加人力资本意愿的作用机制检验

变量名称	Type1		Type2		Type3	
LnFC	0.1406*** (0.0231)		0.1503*** (0.0226)		0.1432*** (0.0215)	
LYW_1	0.1280*** (0.0251)	0.0543*** (0.0694)	0.0779* (0.0304)	0.0615** (0.0343)	0.1516*** (0.0305)	0.0829*** (0.0273)
LW_2	0.0653*** (0.0316)	0.0531** (0.0448)	0.1583*** (0.0364)	0.1094*** (0.0649)	0.0879*** (0.0251)	0.0834** (0.0263)
LYW_3	0.1944*** (0.0478)	0.1282*** (0.0493)	0.3347*** (0.0175)	0.0825*** (0.0357)	0.3125*** (0.0586)	0.1210*** (0.0252)
LYW_5	0.2136*** (0.0537)	0.1371*** (0.0554)	0.1342** (0.0591)	0.0085 (0.0643)	0.1268*** (0.0147)	0.0735** (0.0192)

续表

变量名称	Type1		Type2		Type3	
$\ln X_1$	0.0651**	0.0497*	0.0807***	0.0447*	0.0583***	0.0467
	(0.0135)	(0.0141)	(0.0226)	(0.0205)	(0.0245)	(0.0251)
$\ln X_3$	0.0427**	0.0235**	0.0129**	0.0118**	0.0801**	0.0429**
	(0.0169)	(0.0187)	(0.0087)	(0.0161)	(0.0152)	(0.0165)
$\ln X_4$	0.0643***	0.0469**	0.0681***	0.0423**	0.0346***	0.0265***
	0.0141	0.0155	(0.0193)	0.0214	(0.0191)	(0.0204)
X_6	0.0149**	0.0102**	0.0127**	0.0119**	0.0154**	0.0129*
	(0.0081)	(0.0087)	(0.0096)	(0.0161)	(0.0094)	(0.0153)
X_9	−0.1471***	−0.0172***	−0.0362***	−0.0207***	−0.0334***	−0.0261**
	(0.0163)	(0.0154)	(0.0475)	(0.0435)	(0.0192)	(0.0214)
α	−0.0364***	−0.0217**	−0.0567**	−0.0457**	−0.0146**	−0.0102**
	(0.0479)	(0.0445)	(0.0242)	(0.0254)	(0.0091)	(0.0087)
R^2	9.2541***	7.6964***	10.2650***	7.2565***	9.2152***	9.4028***
	(0.2147)	(0.3012)	(0.3462)	(0.4819)	(0.2647)	(0.3661)
N	0.7354	0.7642	0.7531	0.7708	0.7452	0.7853
N	139		213		162	

备注:(1)括号中的数字为标准误;(2)*** 表示 $p<0.01$,** 表示 $p<0.05$,* 表示 $p<0.1$

由表 5-10 可知,金融资本在提升人力资本方面有着重要的功能。在加入金融资本这一中介变量后,各自变量与因变量的显著性与关联程度都得到了加强。

分类型来观察,对于 Type1 型(粮食型)与 Type3 型家庭农场,发现"增加劳动力数量意愿"(LYW₁)、"雇佣受教育程度更高的劳动力的意愿"(LYW₃)、"雇佣更为健康的劳动力的意愿"(LYW₄)具有显著的正相关性,且关联程度提高很大,而"制定激励性政策的意愿"(LYW₅)的显著性虽有所提高,但关联性强度不太大。这充分说明,由于种植业的劳动强度相对较大,对劳动力的身体素质有着更高的要求,金融资本的增加有利于 Type1 型、Type3 型家庭农场选择通过增加劳动力数量、雇佣受教育程度更高的劳动力与更为健康的劳动力来提高人力资本,从而促进家庭农场技术效率的提高。而之所以不愿意选择通过增加劳动力培训强度,而是通过雇佣受教育程度更高的劳动力,可能在于培训的边际成本高于雇佣受教育程度更高的劳动力的边际成本。同时,传统的农业种植依赖于生产者的经验,虽然家庭农场采用现代化的农业生产方式,但经验仍然有着重要的作用。而农业机械的操作,相对较容易掌握,无需花费更多的培训资金;不采用激励性奖惩政策,主要在于家庭农场主本身缺乏现代企业经营管理经验,很少能运用激励性奖励制度来对人力资源进行开发。

　　而对于 Type2 型(养殖型)家庭农场,在加入中介变量金融资本后,"增加劳动力培训力度"(LYW_2)、"雇佣受教育程度更高的劳动力意愿"(LYW_3)、"雇佣更为健康的劳动力的意愿"(LYW_4)和"制定激励性奖惩政策的意愿"(LYW_5)与家庭农场的人力资本的提高有着显著正向影响,关联程度得到了明显提高,而"增加劳动力数量"(LYW_1)变量虽然影响也显著,但关联度不高。与 Type1 型(粮食型)与 Type3 型家庭农场相比,养殖型家庭农场主虽然也选择通过雇佣受教育程度更高的劳动力与更为健康的劳动力来提升人力资本,但不同的是,却不选择通过增加劳动力数量这一方式,而是选择增加对劳动力的培训强度与采用激励性奖惩制度来促进人力资本的提升,从而提升技术效率。之所以呈现出这样的差异,主要在于现代养殖业的生产在精细化与科学化的程度方面不断革新,需要对雇员不断地进行培训以掌握新的养殖技能,传统的养殖经验只适合于家庭庭院养殖,而不适应现代规模化生产;同时,养殖型家庭农场更接近于企业化经营,对家庭农场主的企业管理经验有着更高要求,他们也更愿意采用现代企业管理方式来管理农场,因此,在提升人力资本方面,通过采用激励性奖惩政策来开发人力资源,更符合他们的意愿。

　　总而言之,金融资本在促进人力资本提升从而提高家庭农场效率方面,不管是哪种类型的家庭农场,都愿意通过雇佣受教育程度更高的劳动力与雇佣更为健康的劳动力这两种途径来发挥作用。不同在于,Type1 型与 Type3 型家庭农场还选择通过增加劳动力数量这一方式,而 Type2 型家庭农场选择增加对劳动力的培训强度与采用激励性奖惩制度这两种途径。

第四节　资源禀赋、经营类别与家庭农场信贷获得
——以养殖型与蔬果型为例

　　家庭农场作为法人主体,与专业大户和合作社相比,能够通过资产抵押、信用贷款等方式获得金融机构的资金支持,从而通过扩大规模,获得竞争优势,通过纵向一体化经营获得范围经济(高强、刘同山、孔祥智,2013)。纵观世界各国的农业经营模式,大多以家庭经营为主(郭熙保,2013)。截至 2014 年底,全国在工商部门登记注册的家庭农场有 10.6 万户,平均经营规模达 200.2 亩,平均每个家庭农场有劳动力 6.01 人,其中家庭成员 4.33 人,长期雇工 1.68 人,普遍使用现代农业机械和生产技术,表现出较高的专业化和规模化水平。

　　但在当前,过高的土地流转价格(据农业部典型监测,2014 年家庭农场流转土地每亩租金 501.1 元,较 2013 年上涨了 5.3%[①])以及土地整理投入(据农业部统计,平均每个家庭农场累计投入的土地整理资金为 24.97 万元)、急剧上涨的雇工工资直接增

---

　　①　农业部农村经济体制与经营管理司.中国家庭农场发展报告(2015 年)[M].北京:中国社会科学出版社,2015.

加了家庭农场的生产成本。同时,进行农业现代化经营,农户必须增加固定资产投资力度,购买现代农业生产、加工、包装与运输机械。农业部对 2696 个有效样本的调查显示,每个家庭农场平均拥有农机具 4.69 台(套),平均拥有农机具价值 17.09 万元,单台农机平均价值 3.64 万元。此外,改善现有的农业基础设施,进行场、库、棚等建筑物修建,购买良种与农业生产资料等,这些都需要农户大量的资金投入。而现有小农人均年收入 11787 元,人均固定资产为 29362 元的资产规模,很显然,小农若要转型为家庭农场的经营与生产,现有的收入与资产可谓杯水车薪。

基于此,向商业银行、农村信用社等金融机构以及亲朋好友等社会资源进行借贷,成为家庭农场主的必然选择。农业部调查所得的 2826 户有效样本中,超过 83.2% 的家庭农场有信贷需求。但资源禀赋不同,农户对家庭农场经营类型的选择有别,致使在资产的配置类型与价值上也存在着较大差异。这些差异会影响不同类型的家庭农场的信贷获得能力与信贷获得数量吗?

一、文献综述

张杰(2004),Guirkinger、Boucher(2008)以及 Ciaian(2012)均指出,由于传统农业的低效和弱质,商业性的农贷安排无法支撑,制约着小农难以获得信贷支持。同时,农村地理位置偏僻、基础设施缺失(Egyir、Akudugu,2009),金融信贷机构难以形成规模效应,单笔业务成本较高(Zeller,2003),致使金融机构远离农村,小农难以获得金融信贷(Barslunda、Tarp,2008),导致小农长期处于"生产效率低—收入水平低—储蓄能力低—储蓄投资转化率低—资本短缺—生产效率低"的恶性循环。Stigliz(1988)也强调,由于生产性固定资金、金融资产等标准信息禀赋普遍缺乏,小农与金融机构之间存在着严重的信息不对称,为防范小农的逆向选择和道德风险,金融机构往往采取高利率为特征的信贷配给行为(Stigliz,1981)。在农村缺乏保险市场的情况下(Mushinski,1999),金融机构通常会要求小农提供较高的抵押物以规避风险,进一步将财产和收入较少的小农挡在了金融机构的门槛之外(Turvey,2013)。

较之一般小农,新型农业经营主体由于根据边际报酬规律组织生产,有相对雄厚的物质资本、金融资本、人力与社会资本,往往更容易获取金融信贷资金(徐璋勇、杨贺,2014),他们逐渐走出"被制度化了的过密型农业"所导致在生产上"内卷化"的桎梏。同时,农贷资金进入乡村需要寻求内部化交易成本低的主体与其对接,也进一步巩固了新型农业经营主体获取金融信贷的优势地位。然而,尽管比较优势明显,但鉴于新型农业经营主体尚处于成长初期,并未完全摆脱低效性和弱质性的桎梏,再加之农地经营权抵押办理程序繁复难以实现(汪发元,2014)以及政府缺少风险分担与补偿机制(林乐芬、法宁,2015),其发展仍然受到较强的金融信贷约束(张照新、赵海,2013)。从社会渠道借贷虽然能够缓解新型农业经营主体的季节性资金缺口,对资产性投资起到了间接的支撑作用,但借贷供给能力有限、交易费用过高而迫使借款人实施"自我数量配给",决定了社会渠道融资的替代作用有限,无法长期、持续促进家庭农场的发展(陈雨露,2010)。

以上文献对小农与新型农业经营主体在信贷的获得能力以及制约其获得能力的

因素进行了较为详尽的研究,这些研究为本书提供了思路与借鉴。但现有文献往往局限于单独就一般农户或新型农业经营主体的金融信贷获得能力进行分析,鲜有文献针对资源禀赋不同从而在经营类型的选择上有别,致使在资产的配置类型与价值上也存在着较大差异的不同类型的家庭农场的信贷获取能力以及获得数量及其影响因素上进行对比研究。

二、理论模型

借鉴已有研究成果,本书拟构建家庭农场与金融机构信贷契约达成的局部均衡模型,对其信贷获得条件及影响因素进行理论推导。

假设 P 为家庭农场生产性投资,K_p 为生产性信贷需求,需求量大且具有较长期限。家庭农场主将信贷资金 L 用于生产性投资项目。项目利润率 R 处于一种随机状态,项目成功的概率为 $\rho(r,\theta)$,其中,r 为借款利率,θ 为项目风险。当项目成功时,家庭农场的收益率为 $R=\bar{R}$,$\bar{R}\in[1+r,\bar{\omega})$,利润为:$\bar{R}\cdot L-L\cdot(1+r)$,金融机构获得 $r\cdot L$ 的利润;项目失败概率为 $1-\rho(r,\theta)$,当项目失败时,家庭农场收益率为 $R=\underline{R}$,$\underline{R}\in[0,1+r)$,金融机构获得项目剩余资产 $\underline{R}\cdot L$,金融机构的利润为 $(\underline{R}-1)\cdot L$。

若金融机构同时存在其他投资机会(如投资非农产业),并可以确定地获得 λ 的无风险收益率,即信贷资金的机会成本为 $\lambda\cdot L$。家庭农场主在不借款的情况下存在着获得稳定收益 W 的机会。设借贷双方为了完成信贷契约的交易成本分别为 C_B(金融机构)与 C_H(家庭农场)。

基于上述分析,则信贷契约的达成需要依赖以下条件:

$$\pi=r\cdot L\cdot\rho(r,\theta)+(\underline{R}-1)\cdot L[1-\rho(r,\theta)]\geqslant\lambda\cdot L+C_B \tag{5-11}$$

$$Y=\rho(r,\theta)\cdot[\bar{R}\cdot L-(1+r)\cdot L]\geqslant W+C_H \tag{5-12}$$

其中,π 为金融机构的预期收益率,Y 为家庭农场的预期收益率,即金融机构和家庭农场的期望收益应大于二者所需付出的机会成本与交易成本。因此,双方要达成一个信贷契约,则需要满足以下三个条件:

$$\max\pi(r,L)=r\cdot L\cdot\rho(r,\theta)+(\underline{R}-1)\cdot L\cdot[1-\rho(r,\theta)] \tag{5-13}$$

$$r\cdot L\cdot\rho(r,\theta)+(\underline{R}-1)\cdot L\cdot[1-\rho(r,\theta)]\geqslant\lambda\cdot L+C_B \tag{5-14}$$

$$Y=\rho(r,\theta)\cdot[\bar{R}\cdot L-(1+r)\cdot L]\geqslant W+C_H \tag{5-15}$$

由(5-13)—(5-15)式可知,信贷契约达成的约束条件为,在金融机构利润最大化的同时,家庭农场和金融机构的预期收益需大于其机会成本与交易成本之和。假设以上最优条件有解,其形式为 (r^*,L^*),那么 (r^*,L^*) 则必须满足(5-14)式和(5-15)式两个约束条件,则将 (r^*,L^*) 代入(5-14)式,可得:

$$\rho(r^*,\theta)\cdot r^*\leqslant\rho(r^*,\theta)\cdot(\bar{R}-1)-\frac{W+C_B}{L^*} \tag{5-16}$$

进一步可得(5-17)式,这也是家庭农场能够承受利率的上限:

$$r^*\leqslant(\bar{R}-1)-\frac{W+C_B}{L^*\cdot\rho(r^*,\theta)} \tag{5-17}$$

同理,将 (r^*,L^*) 代入(5-15)式,可得

$$\rho(r^*,\theta) \cdot r^* \geqslant \lambda - (\underline{R}-1) \cdot [1-\rho(r,\theta)] + \frac{C_H}{L^*} \tag{5-18}$$

进一步可得(5-19)式,这也是金融机构所能接受的利率下限:

$$r^* \geqslant \frac{\lambda - (\underline{R}-1) \cdot [1-\rho(r,\theta)]}{\rho(r^*,\theta)} + \frac{C_H}{\rho(r^*,\theta) \cdot L^*} \tag{5-19}$$

由(5-17)和(5-19)式可知,若要满足解(r^*,L^*)存在,那么r^*的存在区间应为:

$$(\overline{R}-1) - \frac{W+C_B}{L^* \cdot \rho(r^*,\theta)} \geqslant r^* \geqslant \frac{\lambda - (\underline{R}-1) \cdot [1-\rho(r^*,\theta)]}{\rho(r^*,\theta)} + \frac{C_H}{\rho(r^*,\theta) \cdot L^*} \tag{5-20}$$

简化式(5-20)式可得:

$$\rho(r^*,\theta) \cdot (\overline{R}-1) \cdot L^* + [1-\rho(r^*,\theta)] \cdot (\underline{R}-1) \cdot L^* \geqslant \lambda \cdot L^* + W + C_H + C_B \tag{5-21}$$

显然,$\rho(r^*,\theta) \cdot (\overline{R}-1) \cdot L^* + [1-\rho(r,\theta)] \cdot (\underline{R}-1) \cdot L^*$是既定利率$r$条件下的期望:

$$E(R-1) = E[(R-1)|r^*,\theta] = \rho(r^*,\theta) \cdot (\overline{R}-1) + [1-\rho(r,\theta)] \cdot (\underline{R}-1) \tag{5-22}$$

则(5-21)式可以进一步表示为:

$$L^* \cdot E(R-1) \geqslant \lambda.L^* + W + C_H + C_B \tag{5-23}$$

由条件(5-23)式可知,在无须抵押物的情况下,信贷契约局部均衡解存在的一个必要条件应当是,贷款所投入的实际经营活动的平均收益应不小于信贷双方的机会成本与交易成本之和。而在实际的信贷契约中,金融机构为避免逆向选择和道德风险,通常会要求家庭农场提供抵押物,以保证家庭农场在无法足额偿还贷款本息时,用抵押物偿清债务。

假定抵押物实体价值为M,那么对金融机构而言,在家庭农场投资项目成功的情况下,收回足额的本息$L \cdot (1+r)$,而在家庭农场投资项目失败无法偿还贷款本息时,信贷机构可获得抵押资产M。如此一来,金融机构则可以锁定其在任何情况下的收益。考虑到中国农村资产普遍存在产权不明晰,极大地降低了资产的抵押价值,本书在抵押物实体价值M前添加一个系数β,$\beta \in (0,1)$,以期更为准确地衡量其实际抵押能力。则金融机构与家庭农场的收益期望函数表达式分别变为:

$$\pi = r \cdot L \cdot \rho(r,\theta) + (\beta M - L) \cdot [1-\rho(r,\theta)] \tag{5-24}$$

$$Y = \rho(r,\theta) \cdot [\overline{R} \cdot L - (1+r) \cdot L] + [1-\rho(r,\theta)](\underline{R} \cdot L - \beta M) \tag{5-25}$$

若交易达成,不仅需要金融机构实现利润最大化及二者的预期收益大于二者的机会成本与交易成本之和,还需要满足抵押物价值大于金融机构在既定利率r下的本息之和。即:

$$\max\pi = r \cdot L \cdot \rho(r,\theta) + (\beta M - L) \cdot [1-\rho(r,\theta)] \tag{5-26}$$

$$\rho(r,\theta) \cdot [\overline{R} \cdot L - (1+r) \cdot L] + [1-\rho(r,\theta)](\underline{R} \cdot L - \beta M) \geqslant W + C_H \tag{5-27}$$

$$r \cdot L \cdot \rho(r,\theta) + (\beta M_i - L) \cdot [1 - \rho(r,\theta)] \geqslant \lambda \cdot L + C_B \qquad (5\text{-}28)$$

$$\beta M \geqslant L \cdot (1+r) \qquad (5\text{-}29)$$

综上,基于金融机构与家庭农场行为分析,本书推导了家庭农场与金融机构在加入抵押物前后的信贷契约达成的局部均衡条件。加入抵押物之前,信贷契约达成需满足局部均衡条件(5-23)式;加入抵押物之后,除了满足条件式(5-23),还需保证抵押物金融价值大于信贷资金的本息之和,即条件式(5-29)。

根据以上推导,本书提出以下假设:在各类家庭农场中,如果哪一类家庭农场固定资产价值更大、收益更高而风险更低,则抵押能力更强,进而更容易获得金融机构的青睐。但无论是哪一类家庭农场,鉴于其尚未完全摆脱农业生产的低效性和弱质性,以及农村资产产权不明晰的影响,家庭农场经营主体也很难提供符合金融机构要求的抵押物,即 $\bar{R}$、$\rho(r,\theta)$ 以及 βM 绝对值仍然较小,难以满足金融信贷局部均衡条件,仍然受到较强的约束。

三、数据来源、变量选取与描述性统计

(一)样本类型选取的原因

样本中,之所以用家禽养殖型与蔬果种植型这两类家庭农场来分析,主要有以下两方面原因:①受地形特征与地理位置的影响。在地形上,广东清远阳山属典型的山区,山地面积占整个国土面积的近90%,湖南武冈境区的地形地貌也主要以山地、丘陵为主,这为家禽养殖与水果种植提供了极其便利的条件。从地理位置上看,清远清新距离广州城区不到80公里,而湖北仙桃则距离武汉城区也仅有108公里,这为蔬菜种植提供了区位优势。②受当地农业龙头企业的影响。调研过程中,广东清远的家庭农场主反映,之所以选择家禽养殖,主要是由于温氏集团能提供养殖技术与种苗,对家禽按标准进行回收,可以避免家庭农场经营过程中的技术风险与产品销售风险。鉴于水产养殖型与粮食种植型家庭农场数量过少不具代表性,故本书主要选取家禽养殖型与蔬果种植型这两类家庭农场进行分析。

(二)变量选择

1.因变量

理论上,是否可获得信贷是供需共同作用下均衡的结果。因此,对家庭农场信贷可得性研究,有必要将信贷需求与信贷可得性均作为因变量,以确保结果的可靠性程度。本书的信贷需求与获得特指从商业银行、农村信用社、村镇银行、农村资金互助社或小额贷款公司申请贷款以及所获得的贷款,不含民间借贷。

2.自变量

由于本书对象为家禽养殖型与蔬果种植型家庭农场,故自变量拟定为家庭农场主自身特征变量与家庭农场经营特征变量。根据"可持续性生计资产"的相关理论,具体变量确定为自然资本、人力资本、物质资本、金融资本、社会资本。主要变量的含义及测算见表5-11。

表 5-11　变量的含义与测算标准

变量	定义	标准
自然资本（NC）	土地经营面积（承包地与流转地）	家庭实际经营土地（含林地）经营面积（亩）的价值（按土地流转价格计算价值），取对数
人力资本（HC）	根据家庭农场所拥有的劳动力数（成年劳动力）、劳动力受教育程度、劳动力性别以及接受过经营、管理与技术培训的次数综合测定	男性成年劳动力＝1；女性成年劳动力＝0.7
		大专及以上＝1；高中或中专＝0.75；初中＝0.5；初中及以下＝0.25
		培训 5 次以上＝1；培训 4 次＝0.75；培训 3 次＝0.5；培训 1～2 次＝0.25；培训 0 次＝0
		单位人力资本＝0.5×性别值＋0.25×学历值＋0.25×培训次数值
物质资本（PC）	根据家庭农场所拥有的生产性工具折旧后的余值进行测定	对生产性工具的价值余值取对数
金融资本（FC）	以家庭农场所拥有住房及生产性房屋等固定资产的现值以及现金、银行存款、有价证券等流动性强的资产的价值进行测定	对住房及生产性房屋等固定资产（AC）的现值取对数；对现金、银行存款、有价证券等流动性强的资产（AI）的价值取对数
社会资本（SC）	直系亲属中是否有乡镇层以及以上的公职人员（PO）	有＝1；无＝0
	能否在亲朋中借到款（BC）	能借到＝1；不能接到＝0
类别变量（TY）	家庭农场的类别	家禽养殖型＝1；蔬果种植型＝2
识别变量（FFC）	家庭农场信贷需求	是否加入农民专业合作社（FPC）
	家庭农场信贷获得	是否为村委成员（VM）

　　家庭农场的自然资本主要来源于家庭自身承包地与通过土地流转所获得的土地，流转土地的面积表明了家庭农场自然资本的价值。考虑到机会成本，本书将家庭承包地与流转土地统一按照流转的价格来进行价值测算。家庭农场是以家庭成员为主要劳动力，在生产繁忙季节，可以临时雇佣雇工。同时，家庭农场实行企业化经营，家庭农场劳动力的性别、受教育程度、接受经营管理与技术方面的培训对家庭农场的经营有着重要影响。因此，对家庭农场人力资本的测算，需要考虑以上因素。物质资本主要是指现代化的农机具与生产性工具折旧后的价值余额，其价值的多少可反映家庭农场的实力，对其金融信贷有一定影响。金融资本中设置了住房与生产性用房等固定资产这一变量以及流动性较强的资产变量。在农村，家庭中是否有公职人员表明了家庭的社会地位，而能否从亲朋中进行民间借贷则反映了这一家庭的信用。因此，在社会

资本中,本书主要考虑这两个因素。在进行信贷可获得性分析时,还需要选择恰当的识别变量来保证联立方程可识别,考虑到农民专业合作社是一个以成员互助为目的的经济组织,如果某家庭农场加入了农民专业合作社,其信贷需求有可能源自合作社成员的需要而非家庭农场这一经济主体,对此,本书对家庭农场的信贷需求,以"是否加入农民专业合作社"作为识别变量;同时,如果家庭农场主或家庭农场中有成员是村委会干部,在乡村这一熟人社会,其对信贷的获得能力显然高于普通家庭农场,因此,对家庭农场的信贷获得,本书以"是否是村委会成员"作为识别变量。

(三)描述性统计

1.家禽养殖型家庭农场与蔬果种植型家庭农场的经营特征

从表 5-12 可看到,从土地经营面积上看,蔬果种植型家庭农场显著地高于家禽养殖型家庭农场,但由于家禽养殖型所需的生产工具较多且价值较大,如供暖设备、通风设备、供水设备与喂料设备等,因此场均固定资产较蔬果种植型家庭农场要高出较多。又由于家禽养殖所需的仔禽以及部分饲料基本来源于当地的农业龙头企业,因此在生产性投资上也高于蔬果种植型家庭农场。而蔬果种植型家庭农场所需设备主要为大棚种植所需的卷帘机、喷灌系统电机以及空气调节器电机等,所需的设备并不多,且在生产过程中中间消耗多为物料,因此生产性投资与场均固定资产相对而言较低。

表 5-12　家禽养殖型与蔬果种植型家庭农场经营特征对比

经营特征	农场类型	
	家禽养殖型	蔬果种植型
场均土地(山地或林地)面积(亩)	57.62	123.38
生产工具与技术	供暖设备、通风设备、供水设备喂料设备等	大棚卷帘机、喷灌系统电机、空气调节器电机等
生产性投资(万元)	25.23	14.02
场均固定资产(万元)	19.36	10.31

2.家禽养殖型与蔬果种植型家庭农场金融信贷需求状况

表 5-13 表明,对金融信贷有需求的家禽养殖型家庭农场为 157 户,占 74.40%;对信贷有需求的蔬果种植型家庭农场为 132 户,占 81.48%。获得信贷的家禽养殖型家庭农场为 75 户,信贷获得率为 47.77%;获得信贷的蔬果种植型家庭农场为 46 户,信贷获得率为 34.85%;从信贷需求的额度来看,家禽养殖型家庭农场对信贷需求的额度与获得的额度比蔬果种植型家庭农场均高,但信贷获得的额度占需求额度的比例却较之比蔬果种植型家庭农场要低。总的说来,两类家庭农场经营主体都表现出了较强的信贷需求,但信贷获得率较低,家禽养殖型家庭农场的信贷获得率较之蔬果种植型家庭农场高出近 13%,但获得的额度占需求的额度的比例却要低 6% 以上。原因可能在

于家禽养殖型家庭农场所需的生产工具与设备更多、生产性投资大（表5-12），由于其固定资产较多，在信贷过程中可抵押物以及抵押物的价值更高，因而更容易获得信贷。但也正是因为其信贷需求家数较多，需求的额度高，信贷机构在放贷时，给予批复的额度所占比例相对较低。

表5-13　家禽养殖型与蔬果种植型家庭农场信贷需求状况

家禽养殖型				蔬果种植型			
需求数	占比	获得家数	占需比	需求数	占比	获得家数	占需比
157	74.40%	75	47.77%	132	81.48%	46	34.85%
需求的额度（万元）	获得额度（万元）	占比		需求的额度（万元）	获得额度（万元）	占比	
36.58	10.37	28.35%		19.74	6.82	34.55%	

四、实证模型、结果及分析

（一）实证模型

在对家庭农场的信贷可获得性进行计量时，本书设置如下模型：

$$\text{loan} = \alpha + \sum_{i=1}^{2} \alpha_i T_i + \text{capi} + \text{id} + \varepsilon \tag{5-30}$$

其中，loan 表示家庭农场的信贷获得；T_i 分别表示家庭农场的类型变量；capi 表示家庭农场的资产变量；id 表示获得方程的识别变量；α 是方程的常数项；ε 是方程的随机扰动项。

而对家庭农场的信贷获得数量进行计量时，本书设定基本的模型如下：

$$\log(\text{amount} + 1) = \beta + \sum_{i=1}^{2} \beta_i T_i + \text{capi} + \varepsilon \tag{5-31}$$

其中，$\log(\text{amount} + 1)$ 表示信贷数量加上 1 取对数；T_i 表示家庭农场的类型变量；capi 表示家庭农场资产变量；β 是方程的常数项；ε 是方程的随机扰动项。

（二）估计方法

1.信贷获得数量估计方法

本书对于家禽养殖型与蔬果种植型家庭农场的信贷获得数量所进行的对比主要采用 OLS 方法。

2.信贷可获得性估计方法

由于本书涉及信贷供求，故采用双变量 Probit 模型建立如下联立方程：

$$\begin{cases} y_D^* = x_D' T_D + \varepsilon_D \\ y_S^* = x_S' T_S + \varepsilon_S \end{cases} \tag{5-32}$$

其中，y_D^* 与 y_S^* 为不可观测的潜变量，分别代表着信贷需求和信贷获得，x_D' 与 x_S' 分别代表影响家庭农场信贷需求和获得的各类影响因素，扰动项（ε_D, ε_S）服从二维联合正态分布，期望为 0，方差为 1，而相关系数为 ρ，即：

$$\begin{pmatrix} \varepsilon_D \\ \varepsilon_S \end{pmatrix} \sim N \left\{ \begin{pmatrix} 0 \\ 0 \end{pmatrix}, \begin{bmatrix} 1 & \rho \\ \rho & 1 \end{bmatrix} \right\} \tag{5-33}$$

家庭农场的信贷需求 y_D 和供给 y_S 由以下方程决定：

$$y_D = \begin{cases} 1, y_D^* > 0 \\ 0, y_D^* \leqslant 0 \end{cases} \qquad y_S = \begin{cases} 1, y_S^* > 0 \\ 0, y_S^* \leqslant 0 \end{cases} \tag{5-34}$$

由于 y_D^* 与 y_S^* 之间存在着相关关系，故 $\rho \neq 0$。当 $\rho \neq 0$ 时，可利用 (y_D, y_S) 的取值概率进行最大似然估计：

$$\begin{aligned} \rho &\equiv P(y_D = 1, y_S = 1) = P(y_D^* > 0, y_S^* > 0) = P(\varepsilon_D > -x_D' T_D, \varepsilon_S > -x_S' T_S) \\ &= P(\varepsilon_D < x_D' T_D, \varepsilon_S < x_S' T_S) = \int_{-\infty}^{x_D' T_1} \int_{-\infty}^{x_S' T_2} \varphi(z_1, z_2, \rho) dz_1 dz_2 \\ &= \Phi(x_D' T_1, x_S' T_2, \rho) \end{aligned} \tag{5-35}$$

其中，$\varphi(z_1, z_2, \rho)$ 与 $\Phi(x_D' T_1, x_S' T_2, \rho)$ 分别为标准化的二维正态分布的概率密度函数与累积分布函数，期望为 0，方差为 1，相关系数为 ρ。对这些概率进行加总即可得如下对数似然函数：

$$\begin{aligned} \ln L(T_D, T_S; \rho) = \sum_{i=1}^{2} P \ln F(X_D T_D, X_S T_S; \rho) + (1-P) \\ \ln[1 - F(X_D T_D, X_S T_S; \rho)] \end{aligned} \tag{5-36}$$

在此基础上进行以上分析的一个必要前提就是需要对原假设"$H_0 : \rho_{ij} = 0$"进行检验以判断有无必要使用双变量 Probit 模型。若结果拒绝原假设，则必要。

（三）实证结果及分析

1.信贷获得能力估计

表 5-14 显示了两类家庭农场信贷方程供求关系的计量结果。从两个模型的极大似然值来看，模型是稳定的。同时两者的 Chi2(1) 值均强烈地拒绝了"$H_0 : \rho_{ij} = 0$"的原假设，故意愿方程和行为方程之间存在相关性，有必要使用双变量 Probit 模型。

表 5-14　家庭农场信贷获得能力估计

变量名称	变量简称	养殖型家庭农场		蔬果种植型家庭农场	
		信贷需求	信贷获得	信贷需求	信贷获得
家庭农场类别	FFC	0.2784**	0.1765**	0.2114**	0.0921*
自然资本	NC	0.0102	−0.0014***	0.0083	0.0213**
人力资本	HC	0.0587	0.0045	0.0387	0.0537
物质资本	PC	−0.0814	0.1013***	−0.0870	0.0599
金融资本	AC	0.0478	0.3856***	0.0177	0.1121**
	AI	−0.0146	0.2947**	−0.0031	0.2618***
社会资本	PO	0.0032	0.3169**	0.0647	0.2632***
	BC	−0.0013	0.0008	−0.0022	0.0121

续表

变量名称	变量简称	养殖型家庭农场		蔬果种植型家庭农场	
		信贷需求	信贷获得	信贷需求	信贷获得
设别变量	FPC	0.2251		0.1326	
	VM		0.3105		0.1728
统计特征	常数项	−2.7250	−3.1835 *	−1.4647	−2.5436
	Chi(2)	Chi2(1)＝107.323 Prob＞Chi2＝0.0000		Chi2(1)＝112.591 Prob＞Chi2＝0.0000	
	极大似然值	−723.6415		−815.1524	

注:各变量所对应的数值为变量系数,* 表示在 10% 水平下显著,** 表示在 5% 的水平下显著,*** 表示在 1% 的水平下显著,下同

计量结果表明:无论是家禽养殖型还是蔬果种植型家庭农场,家庭农场类别与信贷需求产生之间均存在显著的正效应;但在信贷获得方面,家禽养殖型家庭农场这一类别与信贷可获得性之间存在显著的正效应,蔬果种植型家庭农场的家庭农场类别对信贷可获得性效应为正,但不显著。这说明两类家庭农场对信贷均拥有旺盛的需求,但蔬果种植型家庭农场受到了一定程度的信贷约束,在信贷获得性方面有一定的差距。主要原因在于,家庭农场是近几年才兴起的一种新型农业经营形式,调研地区样本家庭农场,基本上成立于 2015—2016 年之间,处于发展的初创阶段,需要大量生产性投资,对信贷需求强烈。但从内部管理与外部环境看,样本家庭农场由于自身财务管理非常不规范,基本没有专职或兼职财务人员,与工商资本也缺乏有效联系,不能提供有效担保,在自身资产不足与农地抵押贷款尚不成熟的条件下,一定程度上制约了信贷获得,特别是对于蔬果种植型家庭农场来说更是这样。

自然资本对家禽养殖型与蔬果种植型家庭农场的信贷可获得性作用均不显著,这说明无论是土地经营面积、土壤的灌溉便利与肥沃程度,还是经营面积是否细碎化,对家庭农场的信贷可获得性并没有促进作用。原因在于虽然家庭农场主具有强烈的土地抵押意愿,但是农地经营权抵押处于推行初期尚不成熟,权证缺乏、办理程序复杂,加之缺乏权威资产评估机构,严重地制约了家庭农场主通过农地经营权抵押获得信贷,这与 Khantachavana、Ghiu、Turvey(2014)的研究结论一致。即便土地可以作为抵押物,但由于通过土地流转租赁经营获得的承租地不能进行抵押,家庭农场自身承保经营的土地面积有限,其抵押价值十分有限,难以有效地满足其资金需求。

人力资本对两类家庭农场的信贷获得影响均为正,但均不显著。原因在于家庭农场的物质资本与金融资本相对较高,而人力资本对获取信贷的边际效用相对较小,对信贷的获取作用不突出。

物质资本对家禽养殖型与蔬果种植型家庭农场的信贷可获得性效应为正,但均不显著。这是因为物质资本大多为家庭农场所拥有的生产工具,属家庭农场的生产性投资。若高,信贷机构对家庭农场未来收益能力的预期相对也较高,较易获得信贷支持。

但物质资本通常不能作为有效担保物,信贷机构不愿意提供贷款。

金融资本中的固定资产对家禽养殖型家庭农场的信贷获得性均产生显著的正效应;对蔬果种植型家庭农场的信贷获得产生正效应,但不显著。有研究指出,固定资产多是"家境殷实"的象征,因而能够明显获得信贷(刘西川等,2014)。家禽养殖型家庭农场在经营过程中,由于固定资产相对较多,为减少物流成本,往往选择地理位置较好,交通更为方便的村镇,故而抵押价值更高,更容易获得正规信贷支持。金融资本中的流动性强的资产对两类家庭农场的信贷获得均有显著的正效应,促进作用较大,信贷供给的收入导向明显。其原因在于农贷机构与以新型农业经营主体为主的少部分生产规模大、具有稳定收入和身份特征的农户建立起的重复放贷机制没有发生较大的改变,农贷市场的"精英俘获"特征依旧十分明显(朱喜等,2006)。

社会资本中是否有公职人员对两类家庭农场的信贷获得均有显著的正效应。有研究者认为,农贷资金进入乡村,需要寻求内部化节约交易成本的主体与其对接,而这一角色通常由以村干部为首的乡村精英担任,对信贷资金有着先天性的优势(Jia、Heidhues、Zeller,2010)。而社会资本中的是否能在亲戚朋友中借到款对两类家庭农场的信贷获得有正的效应,但影响甚微。

2.信贷获得量估计

为更全面地分析两类家庭农场的信贷获取现状,需进一步就其信贷获得数量进行分析,结果见表 5-15。

表 5-15　家庭农场信贷获得量估计

变量名称	变量简称	养殖型家庭农场	蔬果种植型家庭农场
家庭农场类别	FFC	0.3274***	0.0268***
自然资本	NC	0.0087	0.0543
人力资本	HC	0.2754***	0.1857***
物质资本	PC	0.0895	0.0678***
金融资本	FC	0.5647***	0.4362***
	AI	0.0186	0.0097
社会资本	PO	0.2927***	0.3124***
	BC	0.0185	0.0276
统计特征	常数项	−1.6372	−1.8517
	调整后的 R^2	0.54	0.72

对于家禽养殖型家庭农场,家庭农场类别与信贷获得数量之间具有正相关,且显著;而对于蔬果种植型家庭农场,虽然家庭农场类别也与信贷获得数量之间存在正相关,但不显著。这说明蔬果种植型家庭农场在信贷获得数量上造成了一定程度的约束。土地经营面积对两类家庭农场的信贷获得数量均无明显提升作用;人力资本对两类家庭农场信贷获得数量均有促进作用,且对家禽养殖型家庭农场的边际效用大于蔬

果种植型家庭农场。物质资本中生产性投资对于两类家庭农场的信贷获得数量无明显提升作用;金融资本中固定资产对两类家庭农场信贷获得数量改善明显,而农业收入对于两类家庭农场的信贷获得数量无明显提升作用;社会资本中,家庭成员是否有公职人员以及能否从亲戚朋友当中借到款项,对于两类家庭农场的作用并没有明显区别。

第六章

家庭农场动态效率及其收敛

对于以追求经济利润最大化而进行企业化经营的家庭农场而言,其目标当然不能仅仅停留在某一年或某一时间范围内其效率得到提高,而是更为看重在其经营的整个存续期间,其效率具有可持续性,这种随时间变化而相应发生变化的效率,通常称为动态效率。家庭农场所要追求的就是要使得动态效率达到帕累托最优。本章在对家庭农场动态效率进行测算的基础上,进一步分析其动态效率收敛及其影响因素。

第一节　家庭农场动态效率测算与分析

一、引言

由于家庭农场的进入与退出门槛较低,这一行业基本处于完全竞争状态,在一段较长时间内对家庭农场进行观察,会发现有一些农户会退出家庭农场经营,其原因主要有:①由于经营管理缺乏经验导致效率低下;②当初进行家庭农场经营的目的只是获取政策性补贴,而事实上由于达不到示范性家庭农场而难以获取补贴,只能选择退出;③土地流转租赁合同到期,原土地转出户希望合同到期后大幅增加单位租金,导致转入户经营成本增加;④雇工的人力成本与其他农业生产资料成本激增,家庭农场的净利润大幅下降;⑤非农劳动的机会成本大幅增加。但同时,也会不断有新的农户在乡村振兴战略与乡村振兴规划的激励下从小农经营转变为家庭农场经营,也有部分青年农户在城市通过非农工作,积累了管理经验、社会资本与资金,重新回到农村以家庭农场经营形式进行创业。

家庭农场所具有的完全竞争性性质,给学界研究家庭农场的动态效率带来了不少困难,自 2013 年中央"一号文件"正式确立家庭农场这一新型农业经营主体以来,很难找到持续经营时间在 5 年以上的家庭农场。另一方面,由于家庭农场的动态效率需要考虑时间因素,必须要考虑到,随着时间的变化,家庭农场投入的要素的价格与产出的农产品的价格在不断地变化,随时间的变化对价格作出调整就成为动态效率研究过程中的必然。因此,较之静态效率,家庭农场的动态效率的考察将变得较为复杂与困难。由于数据难以获得,目前关于家庭农场动态效率的文献并不多见。王丽霞、常伟(2017)基于 1647 份家庭农场微观调查数据,运用随机前沿生产函数法系统评估粮食型、非粮食型和混合型 3 种类别家庭农场效率及其差异分布,但该方法存在一个最大的缺陷,即对随机因素缺乏细致考虑,仅依靠几个最高样本获取生产前沿面,很显然,这种测算方法所得到的测定结果很容易受到前沿面上异常值的影响从而导致估计结果的不准确。除此之外,现有的研究者鲜有对家庭农场的动态效率展开详细研究。因此,本书对不同类型的家庭农场动态效率进行考察,不仅可以弥补现有研究的不足,而且可以说明家庭农场这一新型农业经营主体得到中央正式以文件形式确立以来,不同类别的家庭农场动态效率的演化特征以及形成这一特征的因素。为此,本书余下内容由以下四个部分组成:第二部分,为避免个别年份某家庭农场投入产出的异质性以及经营过程中缺乏可持续性,确保动态效率的稳健,本书运用倾向得分匹配法,对2015年后缺乏可持续性经营的家禽家畜养殖型与蔬果种植型家庭农场进行匹配,根据匹配的效果将其作为2015—2018年期间持续经营家庭农场在2014年的投入产出,从而形成从2013—2018年具有持续5年以上经营的家庭农场样本;第三部分,采用Malmquist指数方法,运用Bootstrap程序对初始的Malmquist指数估计值进行纠偏,并在构建估计值的置信区间的基础上,对粮食种植型(以下简称Type1型)、家禽家畜养殖型(以下简称Type2型)与蔬果种植型(以下简称Type3型)家庭农场[①]2013—2018年期间的动态效率(即全要素生产率)进行测算,考察其动态效率演化的特征与收敛规律;第四部分,利用截面数据,通过建立模型,对影响家庭农场动态效率收敛的因素进行探索,找出影响其特征的主要因素;第五部分,根据第三部分、第四部分所得到的结论,形成相关政策建议以供参考。

二、养殖型与蔬果型家庭农场可持续经营样本的匹配

随时间变化对要素价格与农产品价格进行调整,借助价格指数可以较容易解决。对于家庭农场动态效率的研究,学界通常认为,经营主体的投入至少在5年以上方可探寻其效率演化规律。如此,本书的难点之一主要就落在如何获取到具有5年以上经营且样本数量足够多的家庭农场这一问题上。而对于这一问题的解决,在学术界,普遍采用占有绝对统治地位的倾向得分匹配法。对此,本书试图采用倾向得分匹配法(PSM),对资源禀赋相同或较为接近而在进入与退出的时间上具有耦合性的家庭农场进行匹配。若匹配效果较好,则可将其视为同一家庭农场的可持续性经营行为,从而准确考察其动态效率演化特征。

倾向得分匹配法认为,倾向值是研究个体在一定可观测到的协变量(混杂)存在的情况下,接受某种干预的可能性。但研究者认为,只有将实验组和对照组的所有情况都尽可能接近,即让实验组和对照组之前的特征尽可能匹配,才能考虑将两组间的差异是否归于处理因素。而倾向得分匹配分析,就是利用倾向值从对照组中为处理组中的每个个体寻找一个或多个背景特征相同或相似的个体作为对照,使两组的混杂因素的分布也趋于均衡,实现类似于随机化设计中的随机分配干预的目的。

[①] 对家庭农场的分类,本书以某一类农产品在其农业经营收入中占据80%以上来进行确定。

(一)匹配过程

调查发现,粮食型家庭农场经营持续性最强,没有退出户,大多在2013年就已经开始经营,虽有少部分在2015年后才正式注册。但注册之前,一直是以粮食种植大户的身份进行经营,注册与否并没有改变其经营的实质。因此,本书将2015年前没有注册家庭农场但以粮食种植大户身份进行经营的仍视为其家庭农场性质的经营,不需要对其进行样本匹配。

而受到疫情(特别是非洲猪疫情)的影响,家禽家畜养殖型家庭农场退出比例较多,仍然在经营的仍有147家,但退出比例超过30%,以养猪场为主。蔬果型家庭农场虽有退出,但不多,仍然在经营的有158家。由于在2015年之前,这些农户开始进行家庭农场经营的时间不一,有的在2013年甚至更早,而有的在2014年或2015年,为便于统一比较,本书以2015—2018年之间具有可持续性经营的家庭农场作为对照组,而将2015年之前所调查到的样本作为实验组进行匹配。若在2015年之前,实验组家庭农场在土地、劳动力、物质费用、固定资产等要素方面与对照组2015年具有相同或相接近的投入,而只是家庭农业净收入有着明显差异,则可将2015年之前实验组的投入产出视为对照组分别在2014年、2013年的投入产出,而家庭总资产的显著差异则是可持续性经营所导致的结果,这样,就可得到可持续性经营6年的家庭农场投入产出数据,而这对于动态效率的考察是非常有必要的。

为了对家庭农场的动态效率进行精确评估,需把家禽家畜养殖型与蔬果种植型等经营类别从其他影响家庭农场效率的社会经济因素中独立出来的前提下,找到一组和类型相同、正在经营的具有相似特征的已退出的家庭农场进行特征值的比较。基于此,本书引入非参数的倾向得分匹配法(PSM)来进行考察,其模型如下:

$$\tau \frac{PSM}{ANI} = E_{P(X)|CG=1}\{E[Y(1)|CG,P(X)] - E[Y(0)|EXG=0,P(X)]\}$$

$$(6\text{-}1)$$

其中,ANI表示平均净收入效应;$E[Y(1)|CG,P(X)]$表示对照组的农业净收入效应;$E[Y(0)|EXG=0,P(X)]$表示实验组的农业净收入效应。

上述模型基于两个假设而存在:①条件独立分布假设。即假设在一组不受时间影响的可观测的协变量X下,潜在的农业净收入独立于时间选择,在给定协变量X的条件下,家庭农场可持续经营的条件概率为:$P(CG=1|X)=P(X)$。意味着有相同倾向得分的家庭农场有同样的协变量X分布。②共同支撑假设。假设倾向得分在0和1之间,用公式可表示为:$0<P(CG=1|X)<1$,即具有同样X值的家庭农场,具有选择2016年继续经营或退出的正向概率,排除了在倾向得分尾部分布的家庭农场,从而提高匹配质量。

对于倾向得分的估算,本书选取Probit模型进行。由于匹配建立在条件独立分布假设与共同支撑假设的前提下,模型中变量的选择应该满足平衡性要求,即只有那些同时影响可持续性经营与农业净收入效应的变量才能包含在模型中,本书利用差异显著性检验法来选择模型中的变量,用$Pseudo\text{-}R^2$法衡量所选变量对模型的解释力。差异显著性检验用于检验对照组和实验组的平均倾向得分的差异,如果没有显著差异则说明所选择变量满足平衡性要求。

通过具体模型估算倾向得分后,再根据得分将 2015 年经营的家庭农场和与其有相似投入在 2015 年之前经营的家庭农场进行匹配,本书采用 Kernel 法①估算可持续性经营对家庭农场 2015 年之前农业净收入所产生的效应,再应用 Bootstrapping 法来估算标准误差。

(二)匹配结果及其分析

根据上述理论,用于最终倾向得分估算的变量组合和 Probit 模型估算的结果列于表 6-1 中。

表 6-1　基于倾向得分的 Probit 模型估算

匹配变量	Type2		Type3	
	系数	Z 值	系数	Z 值
户主年龄	0.031	0.073	0.073	1.214[**]
劳动力平均受教育年限	0.269	0.147	0.147	1.083
劳动力投入	0.058	0.469	0.469	2.113[***]
资本投入	0.479	0.275	0.275	1.293[**]
土地投入	0.093	0.217	0.217	1.852[***]
湖北荆州地区	3.644	2.632	2.632	6.205[**]
湖南邵阳地区	1.793	1.579	1.579	5.912
广东清远地区	2.025	3.844	3.844	10.673[***]
常数项	4.671	10.815[***]	4.068	9.771[***]
平衡性	满意		满意	
观测值	147		158	
Pseudo-R^2	0.715		0.736	

注:[***] 表示 99% 显著,[**] 表示 95% 显著

Probit 模型估算的 Pseudo-R^2 值,Type2 型为 0.715,Type3 型为 0.736。从经营类别看,Type2 型家庭农场的劳动力平均受教育年限、资本投入与家庭农场农业净收入具有较显著的正相关关系,而 Type3 型家庭农场的户主年龄、劳动力投入、资本投入、土地投入与家庭农场农业净收入具有较显著的正相关关系。从地区观察,Type2、Type3 型家庭农场在湖北荆州、广东清远两地区具有显著性。

_____

① Kernel 匹配法是利用实验组中所有家庭农场的加权平均来构造对照组的反事实总资产,权重依赖于实验组与对照组的距离。这种方法的优势是可用信息多,变异小,但是可能会增加偏误,因此,要再应用 Bootstrapping 法来估算标准误差。

可持续性经营对实验组家庭农场 2015 年之前农业净收入所产生的效应,结果列于表 6-2 中。表 6-2 显示,进行 50 次 Bootstrapping 法检测技术效应的统计显著性和标准误差表明,在 2 个匹配年份里,可持续性经营对家庭农场的农业净收入效应都表现出显著的、正向效应。由于农业净收入采用对数形式,通过转换成非对数形式,结果同样列于表 6-2 中。可以发现,随着时间的推移,可持续性经营对于农业净收入的效应逐渐增强。对于 Type2 型,对照组家庭农场的农业净收入是实验组家庭农场的1.15 倍,对于 Type3 型,对照组是实验组家庭农场的 1.11 倍。

表 6-2 对照组家庭农场农业净收入对数效应与农业净收入效应

统计值	Type2		Type3	
	对数效应	效应	对数效应	效应
效应	0.14		0.104	
误差	0.051	1.15	0.039	1.11
Z 值	4.352***		6.247**	

注:*** 表示 99% 显著,** 表示 95% 显著

(三)匹配质量检测

倾向得分匹配法的一个重要假设是对照组家庭农场和实验组家庭农场得分分布存在重叠的区域,即共同支撑区域,该区域会导致实验组家庭农场数量的损失,如果实验组家庭农场损失的数量较多,估算结果的代表性将减弱。

由于匹配只能调整倾向得分,而不能调整所有协变量,因此必须检查匹配程序是否能平衡相关变量在实验组和对照组中的分布。匹配质量如何,可用 T 检验和 Pseudo-R^2 进行检测。表 6-3 显示,2014 与 2015 年,实验组 Type2 型家庭农场损失率在 8.46%,实验组 Type3 型家庭农场损失率在 6.64%,损失率并不高,估算结果具有代表性。匹配后与匹配前相比,Pseudo-R^2 值与 t 检验均有大幅度下降,说明匹配的质量与效果较好。

表 6-3 匹配导致的实验组家庭农场损失率与匹配质量

质量指标	Type2	Type3
损失率	8.46%	6.64%
匹配前 Pseudo-R^2	0.635	0.587
匹配后 Pseudo-R^2	0.057	0.039
匹配前 t 检验	61.52	60.41
匹配后 t 检验	15.45	15.16

匹配结果是否满足要求还需要进行平衡性检验。其结果见表 6-4。

表 6-4　最近邻匹配匹配变量平衡性检验结果检测

变量名称	Type2				Type3			
	样本	实验组	对照组	P 值	样本	实验组	对照组	P 值
户主年龄	匹配后	0.072	0.061	0.373	匹配后	0.121	0.110	0.446
劳动力平均受教育年限	匹配后	0.172	0.170	0.864	匹配后	0.306	0.300	0.789
劳动力投入	匹配后	0.193	0.194	0.952	匹配后	0.216	0.222	0.741
资本投入	匹配后	2.891	2.898	0.832	匹配后	2.040	2.056	0.785
土地投入面积	匹配后	36.715	36.780	0.878	匹配后	35.420	35.569	0.877
湖北荆州地区	匹配后	0.956	0.923	0.632	匹配后	0.575	0.554	0.826
湖南邵阳地区	匹配后	0.913	0.918	0.618	匹配后	0.735	0.716	0.421
广东清远地区	匹配后	0.895	0.903	0.436	匹配后	0.756	0.766	0.524

通过观察表 6-4 各匹配变量的 P 值可以发现，Type2 与 Type3 的实验组和对照组的农户在匹配后各匹配变量全部不存在显著性差异。由于不存在统计上的显著差异，所以可以认为匹配效果满足平衡性假设要求，选取的匹配变量适合，匹配方法选择恰当，自选择偏误已被控制，估计结果可以信赖。

三、不同类别家庭农场的动态效率及其收敛

对各类家庭农场的动态效率进行测评，首先需要确定投入产出指标以及各类型家庭农场的投入与产出。学界一致认为，土地、劳动力、物质费用、固定资产是进行农业生产所需要的主要投入。①土地投入。指家庭农场实际生产经营用土地，包括自有土地和流转入的土地，由于家庭农场经营土地多为流转而得，因此其投入包括流转入土地的租金以及自有土地按每亩租金计算的价值。②人力投入变量。即投入的劳动力支付，以家庭农场自有劳动力以及雇工的数量进行统计，其中雇佣劳动力价格以实际支付价格计算，而家庭自有劳动力以雇佣劳动力的平均价格计算。③固定资产投入。包括用于耕种作业的耕地机、插秧机、脱粒机、粮食加工机械、农业运输机械、抽水排水机械以及用于植保的机械等，以年初农业机械新增价值危标准进行核算。④物质费用投入。对于粮食型与蔬果型家庭农场主要是生产资料的投入，包括种子、有机肥投入与化肥、农药投入以及其他农用薄膜等农业生产中间消耗品等；而对于养殖型家庭农场，为统一核算口径，本书主要将饲料投入、能源投入、医疗防疫投入等视为物质费用投入。而产出变量则以各年各家庭农场农业总资产新增价值（含政府各种财政补贴与奖励）进行测算。产出变量为当年农业总收入减去当年农业物质投入、人力投入、土地投入与新增固定资产投入后的农业净收入，包含各类补贴收入。对各类型家庭农场的投入产出进行描述性统计，其结果列于表 6-5 中。

表 6-5　各类型家庭农场 2013—2018 年期间投入产出的描述性统计

年份	变量	均值			标准差		
		Type1	Type2	Type3	Type1	Type2	Type3
2013	农业净收入	16.11	13.24	14.30	10.14	9.11	9.81
	物质投入	10.98	15.95	7.42	7.61	10.84	3.98
	人力投入	7.76	5.76	6.98	4.87	3.12	3.93
	土地投入	10.89	7.74	10.46	6.61	4.28	6.09
	固定资产	22.40	22.21	25.81	15.09	14.74	13.76
2014	农业净收入	24.06	17.33	19.04	12.21	10.43	11.03
	物质投入	12.13	17.09	7.94	9.14	10.74	3.37
	人力投入	7.82	5.79	7.07	3.69	2.63	1.93
	土地投入	10.99	7.85	10.64	6.57	4.097	6.62
	固定资产	21.34	20.91	26.09	13.19	12.75	14.50
2015	农业净收入	28.80	22.37	25.04	14.99	13.18	13.91
	物质投入	13.12	19.16	9.23	7.08	10.79	4.63
	人力投入	7.72	5.82	7.14	4.02	2.89	3.79
	土地投入	11.14	8.25	10.84	6.44	4.76	6.80
	固定资产	21.21	18.34	25.34	12.89	10.96	13.93
2016	农业净收入	33.89	29.79	30.06	17.71	16.29	16.84
	物质投入	13.93	21.02	10.78	7.92	11.80	5.57
	人力投入	7.74	5.85	7.20	4.01	3.20	3.67
	土地投入	11.31	8.39	11.05	6.11	4.05	6.08
	固定资产	20.54	16.07	24.23	11.89	9.48	13.28
2017	农业净收入	40.78	37.57	36.45	20.19	19.29	18.49
	物质投入	14.88	22.07	12.28	8.73	10.98	7.16
	人力投入	7.77	5.86	7.24	4.59	3.21	3.18
	土地投入	11.46	8.51	11.23	7.65	5.42	7.41
	固定资产	20.01	15.38	23.50	11.07	8.87	13.06
2018	农业净收入	46.85	44.86	42.00	24.38	23.70	21.88
	物质投入	16.24	23.99	13.81	9.76	11.58	6.91
	人力投入	7.79	5.71	7.26	4.11	3.12	3.71
	土地投入	11.58	8.62	11.38	6.01	4.59	7.24
	固定资产	20.91	12.77	22.21	11.36	7.87	12.14

表 6-5 显示,对于粮食种植型家庭农场(Type1 型)与蔬果型家庭农场(Type3 型),2013—2018 年期间,人力投入虽然也在不断增加,但总量并不大,与之相比,固定资产投入显著高于人力投入,这说明,随着技术的不断发展,农用机械等固定资产对劳动力的有效替代使得家庭农场生产机械化程度不断提高,技术进步成为家庭农场规模不断扩大的有效手段(郭熙保、冯玲玲,2015)。基于全国种植业家庭农场监测数据,采用 OLS 回归模型和广义倾向得分匹配法(GPS)对雇工成本与农场耕地转入规模的影响的研究结果显示,雇工成本对农场规模扩张决策的影响效应呈先下降再上升的趋势,具有典型的"U"形曲线特征,随着雇工成本上涨,当其超过一定阈值之后,将彻底扭转农业生产中机械投入较之于劳动投入的比价劣势,从而提高家庭农场的规模扩张激励(钱龙等,2019)。随着种植规模的扩大,要素投入不断增加,平均净收入也不断递增,但在 2018 年之后,其边际收入呈现出明显的递减趋势。以上海松江粮食型家庭农场综合效益为视角的研究表明,家庭农场的适度规模为 8.14～8.30 hm² (即 122.1～124.5 亩)(孔令成,2016)。在安徽,粮食种植型家庭农场最优规模可得到进一步具体化,即水稻为 110～130 亩,小麦为 400～500 亩(李静,2016)。当然,也有研究者(蔡瑞林、陈万明,2015)根据各地区种粮收益、外出务工机会收益、城镇在岗职工工资水平、城乡公共服务水平等指标,构建出粮食生产型家庭农场适度规模经营的低适度规模、中等适度规模、高适度规模的 3 个临界点。以上虽然对粮食型家庭农场的具体经营规模存在争论,但必须在适度规模内进行经营却是不争的事实。而家庭农场蔬菜种植最适宜规模为劳均 11.71 亩,若以两人家庭劳动力计算,户均最适宜经营规模为 23.42 亩(陈艳艳、黄义忠,2019),超过此规模,其边际收入将逐渐递减。

而与之不同的是,对于家禽家畜养殖型家庭(Type2 型),在 2013—2018 年期间,物质投入与固定资产投入增加的幅度基本趋同,但由于土地投入增加有限,随着物质投入与固定资产投入的不断增加,其边际收入也呈现出递减趋势。对于养殖型家庭农场,固定资产投入的增加对于其规模化经营具有显著的促进作用,而在固定资产增加的同时,需要相应具有一定技术的劳动力投入与之相匹配,以避免要素配置不均而导致效率损失。侯国庆、马骥(2016)对劳动力投入与养殖规模的关系的研究表明,更多家庭成员加入蛋鸡养殖有利于养殖规模的扩大,养殖用地面积也对存栏规模具有显著的正向效应。

对于家庭农场动态效率的考察,本书采用 Malmquist 指数方法,运用 Bootstrap 程序对初始 Malmquist 指数估计值进行纠偏,并构建估计值的置信区间。

设第 i 个家庭农场的 Malmquist 指数估计值为:$\hat{m}_i(s,t)$;Bootstrap Malmquist 指数的估计值为:$[\hat{m}_i^*(s,t)(b)]_{b=1}^B$,其中 B 表示 Bootstrap 重复抽样的次数;不能被直接测得的真实值为 $m_i(s,t)$。因此,对某个小的 δ 值,如 0.1 或 0.05,可以估计置信水平为 $(1-\delta)\%$ 的置信区间

$$[\hat{m}_i^*(s,t)(b)]_{b=1}^B + c_\delta^* \leqslant m_i(s,t) \leqslant [\hat{m}_i^*(s,t)(b)]_{b=1}^B + d_\delta^* \tag{6-2}$$

其中,c_δ^* 和 d_δ^* 为确定置信区间 Bootstrap 估计值,通过纠偏方法可以进一步提高置信区间。Bootstrap 的偏差估计值为:

$$\hat{\varphi}_B\left[\hat{m}_i(s,t)\right]=B^{-1}\sum_{b=1}^{B}\hat{m}_i^*(s,t)(b)-\hat{m}_i(s,t) \qquad (6\text{-}3)$$

由于该估计值仅仅是 Bootstrap 的经验估计，即 $E\left[\hat{m}_i(s,t)\right]-m_i(s,t)$，因此，$m_i(s,t)$ 的一个偏差修正的估计量为：

$$\hat{m}_i(s,t)-\hat{\varphi}_B\left[\hat{m}_i(s,t)\right]=2\hat{m}_i(s,t)-B^{-1}\sum_{b=1}^{B}\hat{m}_i^*(s,t)(b) \qquad (6\text{-}4)$$

类似地，可以计算技术进步和技术效率变化的 Bootstrap 置信区间。各类型家庭农场 2013—2018 年期间的全要素生产率及其分解见表 6-6。

表 6-6　各类型家庭农场 2013—2018 年期间 TFP 及 TE(技术效率)分解

类别	年份	TFP	TC	EC	PEC	SEC
粮食型	2013—2014	0.986	1.012	0.974(0.0063)	0.991(0.0049)	0.983(0.0055)
	2014—2015	1.005 **	1.017	0.988(0.0051)	0.959(0.0077)	1.015 ** (0.0033)
	2015—2016	1.019	1.025	0.994(0.0042)	0.968(0.0067)	1.027(0.0028)
	2016—2017	1.045 **	1.061	0.985(0.0047)	0.954(0.0080)	1.032(0.0024)
	2017—2018	1.083 **	1.075 **	1.007 ** (0.0039)	1.011(0.0036)	0.996 ** (0.0046)
	2013—2018	1.016 [0.995,1.042]	1.029 [1.008,1.053]	0.987 [0.936,1.014]	0.981	1.006
养殖型	2013—2014	1.211 ***	1.084 **	1.117 ** (0.0005)	1.078 ** (0.0010)	1.036 ** (0.0021)
	2014—2015	1.158 ***	1.068 **	1.084 ** (0.0009)	1.042(0.0016)	1.040 ** (0.0017)
	2015—2016	1.119 ***	1.075 **	1.041(0.0014)	1.026(0.0027)	1.015(0.0033)
	2016—2017	1.064	1.025	1.038(0.0019)	1.015(0.0033)	1.023(0.0026)
	2017—2018	1.016	1.011	1.005(0.0043)	1.002(0.0045)	1.003(0.0044)
	2013—2018	1.090 [1.047,1.112]	1.046 [1.023,1.067]	1.042 [1.020,1.071]	1.024	1.018
蔬果型	2013—2014	1.016 **	1.011	1.0005(0.0040)	0.998(0.0045)	1.007 ** (0.0039)
	2014—2015	1.013 **	1.007	1.006(0.0039)	1.002(0.0042)	1.004 ** (0.0040)
	2015—2016	1.005 **	1.006	0.999 ** (0.0044)	1.006(0.0039)	0.993(0.0042)
	2016—2017	0.984	1.018	0.979(0.0060)	0.988(0.0067)	0.991(0.0046)
	2017—2018	0.965	1.003	0.962(0.0082)	0.979(0.0076)	0.983(0.0058)
	2013—2018	0.997 [0.946,1.004]	1.010 [0.984,1.023]	0.987 [0.932,1.002]	0.992	0.995

从表 6-6 不难发现，对于粮食型家庭农场的动态效率，2013—2018 年期间，其 TFP 值逐年递增，且在 2015—2016 年、2016—2017 年与 2017—2018 年呈现出显著性，整个测评期达到了 1.016，即平均每年效率增长为 1.6%。效率的增长主要来源于

技术进步,而技术效率却较为缺乏,而导致技术效率缺乏的直接因素在于纯技术效率低下。从规模效率看,不难看出,2013—2014 年以及 2017—2018 年期间规模效率缺乏,2014—2015 年期间产生规模效率却表现出显著性,2015—2016 年、2016—2017 年期间规模效率在不断提高,但到 2017—2018 年,却缺乏规模效率,说明随着种植面积的逐渐扩大,规模效率逐渐得以显现,但一旦超出了适度规模,规模效率就开始下降。

与粮食型家庭农场相比,对于养殖型家庭农场的动态效率,虽然 2013—2018 年期间,其 TFP 值达到 1.090,即平均每年效率增长在 9% 左右,但明显呈现出逐年下降的趋势。从对 TFP 值、EC 值的分解来看,2013—2018 年期间,养殖型家庭农场既存在技术进步,也存在技术效率、纯技术效率与规模效率。但不管是技术进步率、技术效率以及分解的纯技术效率与规模效率,均呈现出逐年下降的趋势。从表 6-5 的要素投入看,有可能的原因是,随着固定资产投入的不断增加,在边际报酬递减的同时,由于环境规制的约束,土地投入与人力投入并没有同步递增,因要素配置不均从而导致效率的损失。

对于蔬果型家庭农场的动态效率,从 2013—2018 年整期观察,其 TFP、TC、EC 以及分解的 PEC、SEC 值均小于 1,说明各种效率均不存在。对于 TFP 以及 TE,存在增长逐年降低的过程。在纯技术效率不断下降的同时,规模效率也一直在不断地下降,从表 6-5 的要素投入看,对于蔬果型家庭农场来说,在经营规模不断扩大的同时,如果人力投入与固定资产投入不能得到相应增加,则有可能导致难以发挥规模效应。

第二节　家庭农场动态效率演化特征及其影响因素

20 世纪 60 年代中期,以 Solow 和 Swan 为代表的新古典经济增长理论开始运用收敛方法关注经济体经济增长差距及动态变化趋势,认为在封闭条件下与有效的经济范围内,不同经济体经济增长速度与初始水平相比,有的会呈现出一种负相关关系,即落后经济体的增长率高于发达经济体,由此使得各经济体初期的静态指标差异逐步消失(石慧等,2008)。收敛性体现了落后经济体向发达经济体追赶的过程(李谷成,2009)。Barro 等认为,经济增长的收敛主要有 σ 收敛、β 收敛两种类型。Sala-i-Martin (1996)认为,σ 收敛是指随着时间的变化,不同国家或地区的人均国内生产总值的标准差逐渐缩小,人均国内生产总值表现出趋同。而 β 收敛则意味着落后国家或地区的经济增长速度快于发达国家或地区。而 β 收敛则可进一步细分为绝对 β 收敛与条件 β 收敛。绝对 β 收敛指不同经济体间的人均产出或生产率等的增长速度与初始水平呈负相关关系,但最终不同经济体将达到完全相同的稳态增长速度和增长水平。条件 β 收敛指基于经济体的不同特征和条件,落后经济体和发达经济体的差距不会缩小,均在各自的均衡水平运动,最终收敛于自身稳态水平(潘丹,2013)。

由于 σ 收敛、绝对 β 收敛反映的是不同地区之间人均产出或生产率等差距随着时间的推移而趋于减小,侧重于横向角度比较,而本书侧重于考察粮食型、养殖型与蔬果型这三类家庭农场自身动态效率的变化,不进行地区以及家庭农场相互之间的比较。

也有研究将此种收敛称之为俱乐部收敛,即各组内部存在收敛(Galor,1996)。当然,俱乐部收敛的前提条件是样本具有条件 β 收敛特征。因此,本书对 σ 收敛与绝对 β 收敛不予以分析。对于家庭农场动态效率的条件 β 收敛,可利用截面数据的方法建立如下模型进行分析:

$$\frac{1}{T}\ln\frac{A_{it}}{A_{i0}}=\alpha+\lambda_j D_{ij}+b\ln A_{i0}+e_{i0,t} \tag{6-5}$$

其中,A 为全要素生产率,0 代表基期,t 代表报告期,i 代表不同类别或地区的家庭农场;T 是检验所跨的年份数,从而使得模型左边的经济含义为全要素生产率的年均增长率;$e_{i0,t}$ 为随机干扰项;D_{ij} 是地区或家庭农场类别哑变量,$j=1,2,3$。

收敛系数 β 可由如下公式获得:

$$\hat{\beta}=-\ln\frac{1+\hat{b}T}{T} \tag{6-6}$$

根据(6-6)式的估计结果,就可对是否存在条件收敛作出判断,若 $\hat{b}$ 显著,则可获得显著的 $\hat{\beta}$。若 β 收敛系数为正且显著,则接受收敛假设。当收敛系数 β 显著为负,全要素生产率存在着向自身稳定状态发展的趋势,则视为条件 β 收敛。对 2013—2018 年三类型家庭农场动态效率的条件 β 收敛进行检验,结果列于表 6-7 中。

表 6-7　2013—2018 年粮食型、养殖型与蔬果型家庭农场动态效率收敛检验

项目	Type1			Type2			Type3		
	系数	标准差	T	系数	标准差	T	系数	标准差	T
截距项	0.025	0.015	1.701	0.051	0.016	3.068	−0.008	0.023	−0.338
b	−0.018*	0.010	−1.78	−0.052***	0.011	−4.676	0.037*	0.025	1.622
湖北荆州	0.037**	0.016	2.368	0.050***	0.018	2.728	0.027	0.024	1.146
湖南邵阳	0.003	0.014	0.137	0.007	0.017	0.521	0.006	0.023	0.311
广东清远	−0.016**	0.015	−1.975	−0.046**	0.019	2.12	0.004	0.024	0.174
R^2		0.752			0.843			0.366	
F 统计量		12.848			22.125			4.554	
收敛系数		0.018			0.058			−0.020	

注:*** 表示 99% 显著,** 表示 95% 显著,* 表示 90% 显著。

表 6-7 表明,粮食型家庭农场动态效率收敛系数为 −0.018,且在 90% 水平上显著,因此,可以判断在此期间存在条件 β 收敛,其增长的差异显著地受湖北荆州、广东清远两个不同地区的影响,湖北荆州地区哑变量的 T 统计值为 2.368 且在 95% 水平上显著,广东清远地区的哑变量虽然在 95% 水平上显著但却为负值。因此可以推断,在粮食生产中,湖北荆州地区与广东清远地区的经济社会环境之间的差异导致了动态效率增长率的差异,而广东清远地区的粮食生产条件则有可能是造成粮食型家庭农场

全要素生产率增长缓慢的重要原因。

养殖型家庭农场动态效率收敛系数为 -0.052,且在 99% 水平上显著,出现了更为明显的条件 β 收敛,左永彦、冯兰刚的研究也发现,中国规模生猪养殖全要素生产率增长存在显著的绝对 β 收敛和条件 β 收敛特征[1]。收敛系数为 0.058 还说明,相对于粮食型家庭农场,其收敛速度更快,有可能是湖北荆州与广东清远这两地区经济条件的差异对养殖型家庭农场动态效率差异的解释力降低或同时出现了新的趋异力量。

蔬果型家庭农场动态效率收敛系数为 0.037,虽然在 90% 水平上显著,但可以判断在此期间不存在收敛,说明初始的全要素生产率是导致这一时期动态效率增长率差异的原因,虽然三地之间经济条件的差异也是动态效率增长的显著解释变量,但却不是决定性因素,在其背后可能有更加重要的因素在发挥作用。

那么,是哪些因素影响粮食型与养殖型家庭农场的动态效率,从而使得其呈现出上述演化规律呢?家庭农场动态效率及其演化是农业技术水平发挥带来的资源利用效率的准确体现,要考察家庭农场动态效率演化的影响因素,必须要从影响农业技术采用和农业技术效率的因素出发。

对于粮食动态效率的演化,有研究发现,发达国家与发展中国家稻谷生产率的不同在于彼此间基础设施建设的差异(Rakotoarisoa M A,2011),农业基础设施,尤其是水利和交通基础设施对粮食生产效率的提高贡献巨大(Teruel R G 等,2005)。卓乐、曾福生(2018)的研究也表明,农田水利基础设施对粮食全要素生产率有显著正向影响,而农村交通基础设施对当期没有显著影响,农业电力基础设施的影响并不显著。粮食全要素生产率进步明显,主要源于农资综合直补和粮食直补政策所导致的技术进步及规模效率的提高(高玉强、贺伊琦,2010),但普遍缺乏技术效率(盛逖,2013),技术效率的缺乏抑制了全要素生产率的上升,具有挤出效应(焦晋鹏、宋晓洪,2015)。另外,采用随机前沿函数模型所进行的实证分析也表明,小麦最低收购价政策实施并未导致小麦全要素生产率出现特别明显的提升(贾娟琪,2019)。

对养殖动态效率的演化,研究者更多的将关注焦点集中于绿色生产率的变化,认为风险偏好、养殖经验、养猪培训和低碳关注对其有显著正向影响(郑微微、胡浩、周力,2013),同时,比较优势、地方政府对本地生猪规模养殖的重视程度等差异也是导致区域和省份间绿色全要素生产率差异的重要原因(杜红梅、王明春、胡梅梅,2019),完善生猪养殖社会化服务体系对提高生猪生产全要素生产率非常重要(梁剑宏、刘清泉,2014)。还有研究认为,技术效率主要受养殖年数、养殖规模、技术培训、冻精补贴、保险等因素的正向影响,而户主年龄、养殖规模和是否有补贴政策对养殖户生产技术效率有显著的负向效应(尹春洋等,2016)。此外,产业优势、养殖密度、资本、机械化对养殖技术效率有显著正影响,疫病风险、饲料结构对其有显著负影响(石自忠等,2017)。

基于上述文献的贡献,按照巴罗回归分析框架,本书将影响家庭农场动态效率的自变量分为状态变量和控制变量,状态变量主要是家庭农场主的个体特征(人力资本

---

① 左永彦、冯兰刚:中国规模生猪养殖全要素生产率的时空分异及收敛性—基于环境约束的视角[J],经济地理,2017,37(7):166-174+215.

存量、种养经验)，控制变量含当地基础设施环境(交通、水利、电力)、社会环境(当地的经济发展程度、农业社会化服务体系完善程度)、政府政策(政府重视程度、生产补贴政策)，将地区变量作为哑变量，各变量的测量与取值方法列于表 6-8 中。

表 6-8　家庭农场动态效率各影响因素的测量

变量	测量
人力资本存量	按照"0.6 受教育年限＋0.4 培训次数"计算人力资本存量
种养经验	以种养该农产品的年限为依据
交通设施	公路总里程占当地国土面积比值
电力设施	采用农村用电总量替代
水利设施	采用有效灌溉面积替代
当地经济发展程度	采用人均地区生产总值(GDP)替代
农村市场化程度	农村总收入中来源于市场的部分①
社会化服务完善程度	购社会化服务花费占生产总投入比重②
政府重视程度	采用财政支农所占比重替代
生产补贴政策	家庭农场实际获得的补贴金额(万元)

张焕明(2004)认为，考察一段时间内经济增长的地区性差异必然包括截面数据和时序数据，通常采用对时序数据求平均值这样一种简单的处理方法，使得模型中只包含截面数据，这一点在 Mankiw、Romer D 和 Weil(1992)以及巴罗的研究中都得到了例证。因此，对于影响动态效率各因素的取值，本书拟采取这一方法。

计量模型如下：

$$\ln \frac{A_{i,t}}{A_{i,t-1}}=\alpha+\beta_1\ln A_{i,0}+\beta_2\ln HK+\sum \varphi_k\chi_{i,k}+\sum_{j=1}^{3}\lambda_j D_{i,j}+\varepsilon \qquad (6-7)$$

其中，A 代表全要素生产率，0 为基期，t 为报告期，i 为不同类别的家庭农场；HK为人力资本存量，通过计算家庭农场主受教育年限为受专业培训次数来反映人力资本存量的差异；T 是检验所跨的年份数，模型左边为全要素生产率的年均增长率；$e_{i0,t}$ 为随机干扰项；D_{ij} 是地区或家庭农场类别哑变量，$j=1,2,3$。

由表 6-9 可见，粮食型家庭农场、养殖型家庭农场的回归方程的拟合优度系数较高，分别达到 0.834 与 0.926，解释变量的 t 检验值均较为显著。在控制了一些解释变量之后，两种类型的家庭农场的回归结果中，初始的全要素生产率与全要素生产率的增长率之间呈现反向关系，说明全要素生产率起点比较低的家庭农场类型可以实现较高的增长率，这与前文得出的存在条件收敛的检验结果完全一致。

比较 Type1 与 Type2 两类家庭农场，可以发现一些共同的影响因素：家庭农场的

---

① (农村工农业产品销售收入＋农村服务业收入)/农村经济总收入
② 参照陈超等(2012)改进 Geishecker 等(2002)的方法

人力资本存量、农村水利设施与电力设施对两类家庭农场的条件 β 收敛影响较大且非常显著,进一步可以观察到,家庭农场的人力资本存量的系数较之农村水利设施与电力设施的系数更大,即影响更大。作为基础设施的农村水利与电力,对粮食生产与家禽家畜养殖的全要素生产率的提高具有显著的作用,这可以得到普遍的理解。但如果仅靠改善农业基础设施条件,并不能连续不断地提高全要素生产率,这里面既有边际报酬递减规律的原因,但更为重要的是,基础设施的改善仅仅是必要条件之一,且其作用的发挥还受到技术投入、人力资本水平和制度安排等其他因素的制约。人力资本投入不仅包括对文化教育的投入,还包括对专业养殖技术培训投入的增加,从而有助于发挥农户教育水平和种养经验对规模化经营逐渐增强的推动作用(侯国庆、马骥,2016)。速水和拉坦也认为,生产率之间的差异,很多是由知识代表性变量的差异引起的,转移知识,提高他们开发本地经济适用的农业技术的能力才是至关重要的。速水和拉坦同时指出:"只有通过栽培和诸如平整土地、排灌这些基础设施的投资来改变自然环境,才有可能获得高水平的土地和劳动生产率。"(速水、拉坦,2002)。

表 6-9　2013—2018 年粮食型、养殖型家庭农场动态效率收敛影响因素

	Type1			Type2		
	系数	T	Sig.	系数	T	Sig.
初始生产率	-0.153	-1.725	0.068	-0.126	-1.023	0.185
人力资本存量	0.535^{***}	4.624	0.023	0.584^{***}	5.168	0.021
农村道路设施	0.314^{***}	2.819	0.032	0.047	0.638	0.102
农村水利设施	0.323^{***}	4.316	0.005	0.327^{***}	3.501	0.041
农村电力设施	0.292^{**}	2.535	0.036	0.254^{**}	2.102	0.011
当地经济发展程度	0.052	0.759	0.065	0.147^{*}	1.834	0.016
农村市场化程度	0.152^{**}	2.025	0.071	0.218	1.631	0.033
社会化服务程度	0.224^{*}	1.746	0.014	0.081	0.755	0.164
政府重视程度	0.131^{*}	1.678	0.055	0.057	0.631	0.058
生产补贴政策	0.143^{**}	1.991	0.027	0.028	0.207	0.136
湖北荆州	0.058	0.514	0.428	0.105	0.871	0.032
广东清远	-0.131^{*}	-1.682	0.095	0.277	1.211	0.026
R^2	0.834			0.926		
F 检验	5.47(0.000)			6.34(0.002)		
D-W 值	2.875			3.054		
样本数	139			147		

备注:*** 表示 99% 显著,** 表示 95% 显著,* 表示 90% 显著。

此外,对于粮食型家庭农场,其动态效率的条件 β 收敛还受到农村道路设施、社会化服务完善程度和生产补贴政策的显著影响。而农村市场化程度与政府重视程度虽

然对其影响也较大,但缺乏显著性。对于粮食生产型家庭农场而言,由于其规模种植面积较为广袤,机械化生产是其必然选择,但如果乡道、村道以及机耕道设施不完善,规模化作业必将大受影响。从地区哑变量看,广东清远地区的系数为负,主要原因可能就在于广东清远地区地处山区,进行粮食规模化生产,无论从土地的连片耕种,还是进行机械化作业,均受到地形条件的制约,而湖南邵阳与湖北荆州地区则相对更为有利。同样,由于受其规模化的制约,家庭农场自有的劳动力与作业机械的有限,要求完善农业社会化服务体系,实现生产上的合理分工。至于市场化程度的作用不显著,主要在于粮食型家庭农场所生产的粮食大多并不是为了满足当地生产生活的需要,与当地的市场化程度并无显著关系。

较之粮食型家庭农场,家禽家畜养殖型家庭农场的动态效率的条件 β 收敛则主要还受到当地经济发展程度与农村市场化程度的影响。经济发展程度较高的地区,一般而言,市场化程度较高,制度安排与政策约束相对较为放松,不断健全的市场机制大大降低了提高家禽家畜养殖型家庭农场全要素生产率的交易成本。但也要注意到,经过几十年的市场化改革,改革的深化已经使得市场机制不断得到健全,与改革初期相比,促进全要素生产率增长的作用也在不断减弱。这一点从地区哑变量也可以得到体现,相较于湖南邵阳这一湘西南交通、经济、市场化不发达、远离都市的丘陵地区而言,湖北荆州与广东清远这两个交通、经济、市场化相对较为发达、近都市的平原与山区,发展家禽家畜养殖家庭农场,对提高全要素生产率增长率具备更为有利的条件。

第七章

制度、社会化服务与家庭农场发展

农业是利用率极低的弱质产业,但农业又是国家根本,确保粮食与食品安全是国家一直坚持的重大战略方针。农业生产如果仅靠自然环境与市场自发调节,是很难确保国家这一重大战略得以顺利实施的,必须在发挥市场自动调节机制的同时,紧紧依靠政府这只看得见的手来实施政府干预与调节才是正确之道。世界各国农业的发展,都充分说明,政府调节在农业发展中发挥着至关重要的作用。

政府作为农业生产发展不可或缺的主体之一,担负起宏观调控和战略路径引导,对农村经营体制进行改革,推进城乡公共服务均等化,构建农村社会保障体系和农村社会管理体制等关键职责,这俨然已成为学界在农业发展中的普遍共识(郁建兴、高翔,2009)。尽管政府在农业发展中扮演重要的角色,但却并非唯一的责任主体,更不能完全取代市场与社会的功能和作用。在中国特色社会主义市场经济的环境下,政府需要与市场、社会进行互动、合作,协调好三者之间的关系(郎玫、张泰恒,2008),才能更为有效地促进生产发展。

家庭农场作为当前农业新兴经营组织形式,其效率的提高需要通过政府调节,建立与之相适应的市场规制、法律环境,同时,又要处理好政府与市场、社会的关系,构建较为完善的社会化服务体系。

第一节 政府制度与家庭农场发展

一、政府制度对农业经营模式变迁的影响

(一)1978—1999年的农业经营模式变迁

在20世纪70年代末,我国部分农村地区开始自发地开展"包产到户"的农业经营模式新尝试,但该经营模式初期并未正式获得政府许可。1978年,党的十一届三中全会明确提出了加快农业发展的指导方针。随后,1982年,党中央和国务院联合发布第一个中央"一号文件",明确认可了"包产到户"和"大包干",这也使家庭联产承包责任制的经营模式正式得到官方认可(吴江、张艳丽,2008)。之后,中央连续发布五个"一号文件",开始了对我国农村农业的第一轮改革。统计资料显示,到1983年底,全国99%的农业生产队以及近95%的农户已经完成了向家庭联产承包责任制的经营模式

转变,以农户为基本单位,自主开展农业生产(陈建成、刘进宝、方少勇,2008)。此后,经过多年的改革实践和制度完善,以家庭联产承包责任制为基础,统分结合双层经营体制得以最终确立。

20世纪90年代中期,由于此前确立的家庭联产承包责任制15年土地承包期面临到期的问题,1995年,党和政府发布了《关于当前农村和农业经济发展的若干改革措施》,正式提出了各地在原有的15年土地承包期到期后,可以再次延长30年,并允许依法进行土地使用权的转让,从而进一步稳定了家庭联产承包责任制经营模式(韩长赋,1998)。除了制度设计和政策安排,国家对农业发展的财政投入也在逐年提高。1978年,国家农业财政支出为150亿元,而到2000年,全年农业财政支出已经达到1231亿元。

随着家庭联产承包责任制经营模式在全国范围内的普及和农业改革的深入,我国农业生产发展取得了十分显著的效果,1978年,全国粮食总产量为3.04亿吨,而到了1984年,全国粮食总产量已增长到4.07亿吨,5年间,全国农业总产值的增长幅度达到了455.40%。同时,农业生产经营的进一步发展亟须实现市场化,市场机制的引入也成为必然趋势。因此,在1985年后,政府也逐渐放松了对农产品的流通管制,城乡农贸市场体系逐渐建立,国家计划管制的农产品品种也逐渐减少,而在市场中进行流通的农产品却在不断增加(徐柏园,2000)。此时,国家也对原有的粮食流通体制进行了改革,"国家粮食统购模式"转变为"合同定购模式"。随着农产品流通机制的改革与完善,我国农村的市场制度正在逐渐形成(郭国荣、李冀,1996)。到1992年,党的"十四大"明确提出建设中国特色社会主义市场经济之后,我国的粮食流通体制更是完全进入了市场化阶段,由市场来决定粮食收购价格。不难发现,在党和政府的主导和制度安排下,经济效益更高的市场经济体制逐渐在农产品流通中取代了原有的计划经济体制(祁春节、蔡荣,2008)。伴随着农村市场经济的不断发展和完善,以及农业产业化的提出与建设,我国农业经济发展成果显著,并逐渐朝着集约化、商品化、专业化的方向发展,农业经营市场化的发展方向对我国的农业生产经营有着显著的促进作用,是提升农业发展效率的必由之路。但是,在20世纪90年代,连年的农业生产大丰收却导致了农产品价格下跌、销售困难等突出问题。因此,政府也通过调整农村产业结构等政策、农产品储备机制以及设立农业风险基金等举措对农业生产经营进行了宏观调控(朱希刚,1998),从而使我国农业生产经营能够在社会主义市场经济条件下保持相对稳定的状态。

在家庭联产承包责任制的农业经营模式下,除了政府进行制度安排和宏观调控,以及市场的基础调节作用之外,社会力量也逐渐成为农业经营发展中不可或缺的一个主体,尤其是农业社会化服务俨然成为当时农业经营模式下农业生产发展迫切需要的基本服务。对此,党和政府也给予了高度重视,1983年,中央"一号文件"中首次提出了"社会化服务"的概念。此后,"社会服务""生产服务社会化"等理念也被逐渐提出(高强、孔祥智,2013)。在这一阶段,国家号召和呼吁社会各方面的力量积极参与到农业社会化服务中来,共同建设农业社会化服务体系,以求能够解决农户对农业生产中资金、技术、营销、物流、信息等层面的需求。同时,政府还通过提出"利益共沾"等激励政策,引导研究机构、高等院校、农业企业等社会主体积极参与其中。

到 20 世纪 90 年代,社会化服务体系及相关政策逐渐走向完善。1990 年,国家正式提出"农业社会化服务体系"的这一理念。之后,又进一步对"农业社会化服务体系"的内涵及框架进行了更为详细的界定和说明。1993 年后,围绕社会化服务的相关政策法规不断完善,《中华人民共和国农业技术推广法》的颁布,更是以法律的形式支持和鼓励农业技术推广、农业技术服务等社会化服务组织的发展(王敏,1994)。在这一阶段,社会力量开始参与到农业社会化服务体系中来。当然,这一阶段的社会化服务也主要为传统型服务,如农业生产技术服务、动植物防疫服务等,且社会化服务的覆盖度相对较低,并以常规性、被动性的服务模式为主,虽对我国农业生产发展具有一定的促进作用和协调作用,但仍未能很好地满足农户的实际需求。

(二)21 世纪以来的农业经营模式变迁

21 世纪以来,党和政府一如既往地高度重视"三农问题",尤其是农业经济的发展。国家在全国范围内通过进行包括取消农业税等举措在内的农村税费改革,大力推进农村基础设施建设以及实行"四补贴"等一系列惠农政策,使我国的农业很快走出了 20 世纪末的发展低谷,并极大地促进了我国农业经济的结构性转变(范宝学,2011)。尽管我国农业发展的形势有所好转,但相较于政府的投入力度,我国农业发展的经济效益仍然不高,其中,社会化大生产与独立而分散的农户经营模式之间的矛盾尤为突出。因此,国家开始进行新的农业经营模式改革,重中之重就是建立在土地流转基础上的,从农户分散经营到适度规模经营的改革。事实上,随着农业税费改革的进行,农业适度规模经营模式就已经进入了加速塑造阶段(曹东勃,2014)。在法律和政策层面上,2003 年 3 月,《农村土地承包法》正式施行,其明确地赋予和保障农民的土地使用权,并强调维护土地承包者的合法权益;2007 年 10 月,《物权法》的颁布更是对我国农村土地承包权的流转以及适度规模经营进行了较为全面的、明确的规定。2008 年 10 月,党的十七届三中全会也提出"进一步提高我国农业经营的集约化水平"的要求;2013 年,中央"一号文件"再次强调要稳定农村土地承包关系,支持和培育多种类型的新型农业经营主体。在财政支出层面,国家在继续提高原有各类财政补贴的基础上,将新增的农业补贴向包括农业合作社、家庭农场等在内的适度规模经营主体进行倾斜。截至 2015 年底,相关的财政补贴类型已经多达几十种(中国农村网,2016)。总体上,在这一阶段,国家通过构建法律和政策体系、增强财政补贴、培育新型主体等有力举措进一步推动了我国农业经营模式的转型。

同时,在这一阶段,我国农业市场化的进程也在进一步提速,市场化的影响逐渐深入到农业规模化经营的产前、产中和产后的多个环节中。一方面,在农业投入上,土地经营权流转、鼓励投资者进行农业投资等改革都提升了我国土地投入、资本投入以及人力资源投入的市场化水平,推动了我国农业适度规模经营的改革(刘莉君,2010)。同时,农业技术成果的商品化供求机制也进一步完善,农业龙头企业等组织也促进了非政府农业技术的推广。此外,基本的农业信息服务和农业经营管理等也在逐渐走向市场化,并对我国农业发展产生着越来越大的促进作用。另一方面,在农业产出上,农产品流通与销售的市场化水平也在逐渐提高(赵晓飞、李崇光,2012),这主要通过农产品的流向以及价格决定机制的市场化来体现。整体上,农业市场化水平的提高在一定程度上促进了我国农业生产的产量与收益的提升,并促进了更多社会资源的流入。但是,现阶段我国农业市场化仍然面临诸多问题,由于农产品市场所存在的的市场失灵、信息滞后等问题,农产品价格机制容易出现波动和混乱;农业信息、管理和技术等层面的市场供求机制仍然很不完善,相关的激励机制和政策体系仍未真正落到实处,这都导致了我国目前农业信息市场化、管理市场化和科技推广市场化整体处于明显滞后的状态;同时,农地的交易价格形成机制不健全、中介服务不完善也制约了土地市场化水平的提高(戴青兰,2010)。因此,我国的农业市场化亟须通过政府的宏观调控与制度创新来实现进一步的发展。

在上一阶段基本确立社会化服务体系框架的基础上,我国的农业社会化服务体系在走向完善,并逐渐过渡到新型的农业社会化服务体系。国家仍然通过各类方针、政策等对社会力量的参与进行积极的引导和扶持。如从2004到2007年,多个中央"一号文件"均明确提出"要进一步深化农业科技推广体系的建设"。而在2008年后,由于我国城乡一体化的力度进一步加大,原有的农业社会化服务体系已经难以满足农业现代化、规模化的深化改革要求。因此,2008年的中央"一号文件"提出推动农业社会化服务迈出新步伐,促使农业竞争力提高的要求。2010年,中央"一号文件"再次强调,农业社会化服务要向多元化、多形式的服务模式进行转变,积极建设各类社会化服务组织,以更好地为农户提供专业化的服务。2013年,围绕着家庭农场、农业合作社等新型农业主体的建设,国家加强了对新型的公益性、经营性农业社会化服务组织的培育和扶持,并提倡和鼓励多元化农业服务体系的建设(孔祥智、楼栋、何安华,2012)。在这一阶段,在党和政府的政策引导下,我国公益性的农业社会化服务组织发展迅猛,服务的覆盖率显著提高,尤其是许多农村地区的集体组织充分使用民间的资金,积极开展农业基础设施建设和机械作业,从而进一步扩大自身的生产。在公益性的服务体系之外,伴随着我国农业市场化水平的不断提升,经营性的农业社会化服务也在加速发展,尤其是农业龙头企业积极参与到农业规模化经营的农资供应、技术服务、机械作业、人员培训、营销渠道等多个环节中来(孙志红、王亚青,2016)。据统计,截至2015年底,全国已有农业龙头企业12.9万家。经营性农业社会化服务组织相较于政府主导的传统农业服务组织,其具有服务种类齐全、成本较低、服务形式灵活等显著优势,并在多元化农业社会化服务体系中发挥着重要作用,有效地推动了我国农业产量的连年增长。

二、主要国家与地区家庭农场发展中的政府规制

(一)制定较为完善的法律法规对家庭农场经营进行规制

在欧洲,家庭农场发展历史悠久,至今已经建立起非常完善的法律法规来保障家庭农场的发展。英国政府于20世纪40年代制定了《农业法》,将家庭农场的经营规模限制在80-100公顷。英国政府会按照农场的种植规模、销售情况和技术投入情况给

农场主进行适当的补贴。而德国政府则是在 1953 年出台《土地整理法》对农业用地的经营和转让作出详细的规定与说明。与德国相邻的法国紧接着在 1955 年左右针对农地的情况出台了一系列对策,设立乡村设施和农业治理协会负责农地整合;设立土地整治与农村安置公司负责购入私有土地并进行整改后低价卖给农场主,以此促进家庭农场主扩大农场规模,形成规模化经营。与西欧农业大国相比,俄罗斯也毫不逊色,其政府于 1990 年通过了《土地法》,于 1991 年颁布了《俄罗斯联邦土地法典》,紧接着又实施了《关于俄罗斯联邦实施土地改革的紧急措施》等一系列法律法规来对农业用地的使用与改革作出相应的说明与指导,以对家庭农场主的生产经营予以政策上的支持。2001 年,俄罗斯政府又颁布了新《俄罗斯联邦土地法典》,明确规定包括农业用地在内的土地可以实行私有化;并于 2002 年通过《农用土地流通法》,允许农用土地买卖,从而使家庭农场的扩张以及规模化经营更加容易,从而促进大型家庭农场的产生与发展。

在亚洲,日本政府于 1948 年前后强制性购买地主土地,并将之转卖给需要土地的农户,同时限制土地规模,要求农户土地规模小于 3 公顷。1952 年,日本政府制定《农地法》将上诉规定法制化。1961 年,日本政府制定《农业基本法》,鼓励农户扩大农业生产,调整农业结构;并于 1962 年修订《农业基本法》解除对只使用本家庭劳动力的农户土地经营规模小于 3 公顷的限制,通过上述促进土地转让的相关政策保证农用土地相对集中。1960 年,日本政府开始将土地改革的重点放在土地的使用制度上,鼓励农民对土地分散占有、集中经营,扩大经营规模,将农地的使用权和所有权分离开。20世纪 70 年代,政府连续出台了几个有关农地改革与调整的法律法规,鼓励农田的租赁等方式,以促进农地所有权和使用权分离,有效地解决农业用地集中的困难,以及农地的分散占有给日本农业发展带来的困难。

在北美,美国政府制定了 30 多个法律法规来促进农业发展,涵盖了税收、信贷、产品运输等农业生产的各个环节。这些法律法规明确了农场主的权利与义务,保障了农场主们的权利,为家庭农场的经营提供了良好的秩序以及环境。除此之外,美国国会每 5 年修改一次农业法,着力保护农场主的权利,以及保障家庭农场能更好地经营发展。

可见,各国政府关于家庭农场的政策支持非常全面,不仅明确了家庭农场的定义与土地规模,还对于家庭农场土地整合和集中经营方面作出相应的规定,同时也给予农产品的生产、运输等各个环节予以保障。西方各国政府制定的这些关于家庭农场的法律法规,充分保护了家庭农场主的权利,为家庭农场的发展营造了公平、秩序感的环境。

根据法律法规,主要国家与地区对家庭农场的市场规制,主要从其资格认定、土地制度、融资支持与市场政策四个方面进行规范。

1.严格的认定标准

《俄罗斯联邦农场法》第一条第一款规定:"农场①是指血缘关系或姻亲关系的公

---

① 此处的农场即家庭农场。

民联合起来,财产共有,在亲自参与的基础上共同进行生产和其他经营活动(生产、加工、储存、运输和农产品销售)的组织。"(林曦,2009)。具体来看,俄罗斯家庭农场的认定有以下几个要求与标准:①家庭农场主要由有血缘或姻亲关系的公民联合组成,尽可能地减少在经营决策上的分歧与利润分配上的纠葛;②成员亲自参与且共同进行生产和经营,各成员与领导者非雇佣关系,也就是说在家庭农场经营上不允许出现工商资本经营形式的雇工经营;③家庭农场财产归成员共同所有,以确保参与者的经营积极性。

与俄罗斯不同,同为农业大国的美国却规定,家庭农场的经营可以是法人,也可以是法人外的合作组织。美国农业部认为,家庭农场是"没有雇佣经理、不含非家庭成员的合作组织或法人的农场"。"主要由主要经营者及与主要经营者有血缘、婚姻关系的人们拥有的农场"为家庭农场,其余为非家庭农场(朱博文,2005)。同时,美国农业部认为,只有每年产值或补贴已达或应达 1000 美元的农业生产单位方可认定为家庭农场。概括起来,美国对家庭农场的认定大致有三个方面:①对家庭农场范围的界定,既可以是合作组织,也可以是工商认定的企业法人组织;②认定文件中的"主要"范畴,即比例问题,只有家庭成员或与家庭成员有血缘关系的个人才对家庭农场具有所有权,在对雇工所占比例进行限制的前提下并不反对雇佣雇工来进行生产;③对家庭农场的收入标准提出了较高的要求,以确保家庭农场真正为具有较高经营管理理念与技术的家庭来进行经营。

2.严谨的土地使用制度

农用土地制度对于家庭农场的经营规模有着决定性作用,对此,世界各农业大国早就有着清醒的认识,也给予了足够的重视与严格的规制。

《俄罗斯联邦土地法典》第 77 条规定,农业用地是指居住区以外且用于农业发展或即将用于农业发展的土地。家庭农场经营所需土地,如必须从国有土地中提供的,应向国家权力机关或者地方自治机关提交申请(马骧冲译,2003)。申请书的内容主要包括:①土地使用目的(创立家庭农场、进行家庭农场经营所需的活动、家庭农场规模的扩大);②对所提供土地的权利请求(所有或租赁);③获得土地所有权的条件(有偿或无偿);④土地的租赁期限;⑤所需土地面积依据(家庭农场人员数目、其所从事经营活动类型);⑥土地暂定地理位置,还需附上创建家庭农场的纸质合同。

同样,美国在独立战争后,施行高度集约化的农业模式,当局取得了全国绝大部分农业土地的所有权,然后通过免费分配、低价转让、馈赠、授地等途径分配农业土地,并通过一连串例律确立农业土地的私有产权。例如 19 世纪 20 年代立法部门制定了关于完善家庭农场发展的农业经济发展制度;1862 年又颁布通过了《宅地法》(张俊峰,2013),确保了土地私有权拥有有偿交易的法律依据,为美国的家庭农场发展打下法律制度堡垒。

3.全面的融资保护

金融支持家庭农场的法律制度,海外发达国家已趋成熟。在美国,20 世纪 30 年代出台了新的《农业信贷法》,促成了全国农村合作银行体系的形成。这些农村合作社银行组织家庭农场,为采购农机、出口农产品等活动提供不同内容的贷款,确保农场的生产经营顺利进行。为了适应全国性的金融改革,到 20 世纪 80 年代,美国政府又一次颁布了新的"农信法",依法将原来的划分进行专业重组,制定农民信贷银行和农信银行两大制度。此外,当家庭农场和债权人之间发生债务争议时,可以凭借 2009 年法律的新变化来解决。可见,在家庭农场与银行的信贷法律关系中,美国政府从立法到司法都进行全面的规范和法律保护。

在加拿大,有一系列法律来规范政策性金融。例如,1960 年的《草原谷物临时支付法》、1993 年的《加拿大农场信用法》、1997 年的《农场借款调解法》等。其中 1959 年的《农场信贷法》,确立了专门的"农场信贷公司",由联邦政府直接垂直管理。当市场将农民排除在财政资源之外时,政府通过控制措施和法律产生了提供金融服务的新机构,从而提高了市场竞争力,形成了加拿大农业金融体系。在政府的干预要求下,所有银行和信贷机构都可以为农村金融服务。

在欧美国家得到迅速发展的家庭农场信贷制度,也在深刻、广泛地影响着亚洲主要国家,其中日本就是其中的典型。20 世纪 40 年代,日本通过了《农业协同组合法》等一系列针对合作金融组织的相关法律,以此为根据成立了农业协同组合(即"农协"),并协同信农联、农林中央金库建立起不同层次的农村合作信用系统(骆乐、史建民,2015)。其中,农业协会由当地农民组织、农业组织组成,不以追求利润为目标,专门协调会员之间的盈余和提供信贷业务。农林中央金库作为最高水平的合作金融机构,主要从事对农业银行资本交易管理的监管,同时引进私人资金,更好地对农村提供长期贷款、债券等金融产品。同时,日本建立起了超长贷款制度、互助制度和农业灾害赔偿制度体系,为家庭农场奠定了法律基础。

4.平等有序的市场制度

在美国,政府对家庭农场一贯都是采取鼓励态度,并在粮食农业法案中,以法律形式确认对全国家庭农场的扶持政策。行政部门制定农业市场体系标准化,对农业市场行为进行规制,对出现的不当垄断行为进行防范制止,为市场创造了平等、有序的竞争条件。联邦政府不仅支持家庭农场的发展规模,还通过法律来规范商业行为,如"农业豁免"反垄断适用除外等,以提高家庭农场在市场中的竞争力,改善农业市场的竞争环境,规范农业市场的竞争秩序,为其农业的健康发展保驾护航。

(二)注重对专业型人才的培训和传承

西方政府对于家庭农场人才的培养非常注重,甚至用人才的培养状况来衡量家庭农场的传承性和发展前景。欧洲方面,欧盟早已形成完整的有关于转让的法律框架,即通过把农场转让给农场的继承人或者从他人手中购买其农场的方式,让年轻一代能够以更为有序的方式接管家庭农场。德国政府主要通过大学教育或者农业职业教育培训农业人才。

在亚洲,日本政府在 1960 年左右积极推广家庭农业生产经营协定,其目标在于将农业作为一种职位来发展。这份协定的意义在于,一是保证了日本农业事业的继承性,增大了继承者农业生产经营方面的培训与学习机会;二是使农业继承者更好地承担起农场发展的重担。

在北美,美国政府在 1862 年制定的《莫里尔赠地法》奠定了美国建立和完善农业教育体系的基石。美国政府主要通过专业的农业大学教育以及各区的社区农业教育两种模式对家庭农场从业人员进行培训,并注重对家庭农场主对于新农业科技产品的使用指导,以促进家庭农场的科技化发展。

西方各国政府主要通过专业化的教育和培训来使家庭农场的从业人员充分掌握农场生产所需的基本技能以及对于科学生产方法的运用。除此之外,西方国家政府还非常注重家庭农场的传承与发展,不少政府都制定了相应的经营协定和转让规定来保障家庭农场能以继承的方式传承下去,保证家庭农场发展的稳定性与长期性。

(三)注重社会化服务水平的提高

农业的社会化服务是指各类市场化主体或公益性组织为农业生产经营的各个环节提供的相关服务。社会化服务能够为农业产前、产中及产后各个环节提供支持,覆盖了物资供应、信息服务、金融服务等方面,对农产品的生产、加工、运输、销售等环节提供相应的服务,以满足农业生产的需要。

在欧洲,德国政府推行家庭农场现代化管理制度,一是要求家庭农场都应建立正规的会计制度,并相应配置传媒工具,以方便农村在采购、销售和产出各个环节进行明细记载和经济核算;二是借助工业 4.0 技术,对温度、湿度等影响农业生产的数据进行对比分析,实现家庭农场的全面自动化,提高家庭农场的生产效率。法国政府设立了各式各样的合作社,其根本目的在于维护家庭农场的利益,为家庭农场提供全方位的服务,使农场主的利益最大化。荷兰政府着力开展各式各样的合作社以全面帮助农场主更好地进行农业生产,主要可概括为购买合作社、销售合作社、加工合作社、信用合作社和服务合作社五种类型。

同样,在北美的美国的社会化服务水平也非常高,其水利、农产品铁路等公共设施齐全,由政府统一投资建立,并只收取甚至不收取运输费用,为农产品物流的发展奠定了稳固的基础。除此之外,美国政府还建立了完善的计算机网络系统方便生产者、运营者和销售者三方及时了解到关于农产品的详细信息。美国有大约 80% 的农产品通过"家庭农场—农业合作组织—连锁超市"这个流通路径最终卖给消费者,使农产品流通高效化,各链条的主体的利益达到最大化。

由此可见,西方各国政府都非常重视农业的社会化服务,除了因社会化服务能为家庭农场的日常经营生产提供相应的物质保障外,还因为社会化服务能促进农产品的生产效率和流通速度。在西方各国政府的引导下,社会化服务体系高度集中,促使了家庭农场的自动化、科学化发展,同时保证了农产品的流通过程中信息传递的平等性和及时性,以此促进农产品的生产和销售。

(四)提供充足的财政支持

西方国家的农业之所以具有很强的国际竞争力,在于政府对农业生产的大量资金投入。农业基础设施的建设、农业研究和技术的推广、农民素质的提高、农产品的价格调控等方面都离不开政府的财政支持和资金投入,而只有这些方面有了提高与保障,才能促进家庭农场的发展，提高农业的国际竞争力。

在欧洲，欧盟各国政府从 2013 年起给小农场主提供 15000 欧元的农场补助资金，给年轻农场主提供价值 7 万欧元的资产投资、培训和咨询服务。德国设立"土地出租奖励"政策，对出租年限达到 12 年以上的长期出租土地，实行每公顷奖励 500 马克的奖励制度。目前，德国有超过一半的农地被用于租赁经营。法国政府则在农产品出售环节提供补助，家庭农场主可凭农产品出售票据申请一定金额的补贴。法国政府设置的"零农业税政策"免除了农场主购买生产资料所需的增值税。俄罗斯政府则为家庭农场主无偿提供一定额度的土地，5 年内不征收土地税，同时农业所需器具可在折后进行分期付款，政府提供低息甚至无息贷款。

日本政府对于有扩大经营规模需求的家庭农场除了提供无息贷款外，还规定家庭农场每扩大 10 公顷发放 2 万日元补贴。同时，日本政府对于出租土地超过 3 年的农户提供每公顷 10 万日元的补贴，给予出租土地超过 6 年的农户 20 万日元/公顷的财政补贴。日本政府通过设立 AFFF 部门(即农业、林业、水产和食物业务部门)负责家庭农场的长期贷款业务，以为有需要的家庭农场提供最贴切的贷款服务，从而促进家庭农场主的经营扩张。

美国政府按经营规模对家庭农场实施分类收税，资源有限的农场免税，大型农场则要以高税率提交所得税，其他农场则只需按 15% 的低税率进行纳税，而这一部分的农场占据农场总数的 1/2 左右。

巴西政府于 2006 年针对农产品的市场价格变化提出价格保障计划，该计划规定当农产品市场价格低于某一临界值时，政府将承担农民的银行还款利息差额。其次，农作物的保险也很大程度上由国家财政提供支持。

可见，西方政府的财政支持不单单是给予家庭农场税收减免、提供补贴，还分别在土地租赁和整合、贷款服务等方面提供了相应的资金支持，促使家庭农场主能更加大胆地进行生产经营、扩大生产规模，而没有后顾之忧。政府通过较为合理的财政支持政策，激发农场主的经营期望，进而促进家庭农场的高效率发展。

三、农业发展中政府、市场与社会关系框架体系的构建

不难发现，在我国农业经营模式变迁中，政府、市场与社会所产生的影响以及彼此之间的关系是较为复杂的。本书尝试构建一个农业经营中政府、市场与社会的关系框架，梳理三者在农业经营中合理的关系安排，以期为促进我国家庭农场的可持续发展提供政府行为的优化路径。

在农业现代化、农业产业化和农业规模化的发展进程中，政府扮演着重要的角色，其作用是不可替代的。首先，农业作为一个弱质性的、基础性产业，要实现可持续的经营发展离不开政府的高度重视和大力扶持(雷俊忠、陈文宽、谭静，2003)。一方面，农业面临着较突出的自然风险，农业的经营发展与包括土地、水源等在内的自然环境要素的联系十分密切，因而更容易遭遇自然灾害的威胁。另一方面，农业往往需要较高的前期投资，但其生产周期长、回报率较低，这也导致其投资风险和市场风险较大。但由于农业始终是我国国民经济的基础，起作用具有不可替代性，因此，政府必须给予农

业经营发展强有力的政策保护和资金扶持。其次,由于市场机制存在与生俱来的"缺陷",其市场失灵、信息滞后性、供需不平衡以及趋利效应等问题都需要政府该出手时就出手,及时地、准确地通过制度安排、政策工具等手段来进行宏观调控。再次,社会力量参与农业经营同样也离不开政府前期的制度设计、积极引导与精心培育(李俏、王建华,2013),政府通过构建合理的、健康的利益分配机制和激励性的政策措施可以有效地引导社会力量进入农业产业,促进农业社会化服务体系的建设健全。最后,政府也需要对农业经营发展中各个主体与环节的关系进行协调,促进农业产业链顺畅运行。

市场在农业经营发展中则占有最为基础的地位,要使市场这双"看不见的手"在我国农业经营发展的产前、产中和产后等各个环节充分发挥其基础性作用(雷俊忠、陈文宽、谭静,2016),农业的生产经营就要以市场的需求为基本导向。同时,市场机制应该对农业经营发展所需要的土地、资金、人力资源、技术、管理等各类农业生产要素和资源进行配置,农产品的价格决定机制、流通机制均要遵循市场的规律与需求。当然,正如前文所论述的,市场存在不可避免的缺陷,会带来一定的市场风险。因此,政府在设计和建立适合农业市场经济发展的运行制度之外,要加强对市场"失灵状态"的重视,及时地进行宏观调控。同时,在我国不断调整公共治理机制、提升整体公共管理能力的今天,社会这一主体更加广泛地、深入地参与到社会发展中来成为必然的趋势(薛冰,2007)。对于我国的农业经营发展来说,社会力量的广泛、深入参与同样也必不可少,只有社会力量的进一步参与,才能促进我国公益性和经营性农业社会化服务组织的发展,从而形成有序的、完整的农业社会化服务链,为农业发展尤其是规模化的农业经营模式的发展提供必要的、基本的服务与支持。毋庸讳言,社会参与也需要政府提供基础性的制度安排,以及积极的引导和有力的扶持。

基于以上理论,本书拟构建一个农业发展中政府、市场与社会的关系框架(图7-1)。在这一框架中,市场在农业经营发展的整个过程中起到基础性的资源配置作用,农业生产的要素调配、价格机制等均决定于市场的需求;社会则主要通过社会化服务的形式参与到农业经营发展中,除了提供服务本身外,对于农村社会组织的培育也具有重要的作用;市场与社会之间也存在相互促进的积极作用。一方面,只有发挥市场的基础性作用,推动农业经营市场机制的发展,才能为社会力量进入农业社会化服务体系提供更为广阔的渠道与路径。另一方面,农业市场化的水平要进一步提高,市场机制要在农业经营发展中充分发挥应有的作用,也离不开农业社会化服务机制的健全;政府要为农业的经营发展提供最基本的政策保护和资金扶持。同时,政府也要承担起制度设计、制度创新的职能,为市场与社会提供良好的、基础的运行环境。对于市场失灵,政府要加强宏观调控、规范监督;对于社会力量参与,政府要积极引导、大力扶持。当然,政府对于市场和社会的所有调整行为都要立足于尊重市场和社会机制的基础之上。

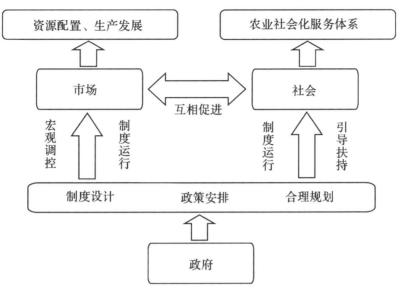

图 7-1　农业经营发展中政府、市场与社会的关系框架图

四、促进家庭农场可持续发展的政府制度优化的路径

基于以上所构建的农业经营发展中政府、市场与社会的关系框架,本书提出以下几点关于促进我国家庭农场可持续发展的政府行为优化路径以供商榷。

(一)打造有利于家庭农场发展的基本制度环境

家庭农场的可持续发展离不开良好的制度环境,但由于我国的家庭农场建设处于起步阶段,整体的制度环境和法律法规仍然很不完善。从理论框架图可知,政府应在家庭农场发展过程中积极地承担起制度设计和制度安排的责任,为我国家庭农场的可持续发展提供健康的、科学的制度基础(何劲、Emmanuel K. Yiridoe、祁春节,2017)。现阶段,由于我国家庭农场的相关概念与认定条件等仍存在模糊性,导致了在实际操作中,家庭农场认定与建设工作的不规范、不合理以及不统一。因此,国家亟须结合各地家庭农场建设的实际情况,制定具有针对性与可操作性的相关家庭农场法律法规,从而进一步推动家庭农场内含定义、法律地位和认定标准的明晰化(肖鹏,2014)。同时,政府要加快我国的农地产权制度改革,尤其是农地所有权、承包权与经营权的分置改革,推动农地流转市场的建立健全,并合理地规范农地流转的流程手续、价格机制与时间限制(何劲、熊学萍,2014),从而促进农地流转内生动力的提高。政府要建立健全支持家庭农场发展的财政补贴制度,现阶段,面向家庭农场的财政补贴项目种类繁多、申请流程繁琐且补贴政策的宣传非常不到位,因此,政府要加强财政补贴项目的整合,形成科学合理的补贴政策体系,建立和完善家庭农场信息收集与共享机制,简化各类补贴的申请流程与批复手续,并深入基层开展相关宣传;政府还应进一步优化针对家庭农场发展的其他配套制度,如当前针对家庭农场等新型农业经营主体的金融服务机制出现了明显的"缺位""失位",其服务机制僵化且效率低下,出现了贷款流程复杂、贷款金额低、贷款周期短等一系列问题,严重影响了我国家庭农场实现可持续发展所需投入资金的可获得性(李善民,2014)。因此,政府应深化农村金融服务体系的改革,完善与创新面向新型农业经营主体的金融服务方式与内容,为家庭农场的可持续发展提供良好的投融资环境。具体如下:

1.完善法律法规

完善相关的法律法规,应对家庭农场的参与主体、土地流转的程序及其操作、各个环节的相关部门等方面都有明确的规定和详细的说明。我国现在虽说已经出具了《土地承包法》和《物权法》来对农业用地的承包以及流转作出明确规定,但专门针对家庭农场经营的法律法规还有欠缺。应借鉴西方家庭农场的发展经验,制定不同的法律法规,对家庭农场的生产、经营、销售、流转等方面进行全方面详细的规定,以使家庭农场的土地流转和经营更正规化、合法化。

2.明确农地产权制度

土地是农业经营最基本的生产资料之一,土地制度的优化对于家庭农场发展具有决定性的影响。稳定且清晰的农地产权,既保证了家庭农场经营者与政府或农地所有者之间土地契约的确定性以及完备性,还能减少土地契约执行过程中的信息不对称、违约等情况的发生,从而降低农地的交易成本,提高家庭农场的生产经营效率。除此之外,明确农地的产权制度,还能使家庭农场经营者产生归属感和责任感,从而促进家庭农场经营过程中的规范化及高效化,甚至促进家庭农场规模的进一步扩大。

借鉴西方国家的经验,要使农地产权更加明确,首先需完善农地产权、土地流转的相关法律体系;其次应建立并完善农地的流转交易平台,使农地流转的过程更加透明化、合法化;最后要强化家庭农场经营者的土地承包权,建立完善的土地承包制度,保证经营者在经营过程中能放心、大胆地进行生产经营。

当前,土地经营权流向家庭农场的途径主要包括转让、转包、出租、互换等。2014年11月,中共中央办公厅、国务院办公厅印发了《关于引导农村土地经营权有序流转发展农业适度规模经营的意见》,"明确土地经营权优先向家庭农场流转,保障了家庭农场获得土地经营权"。在制定有关土地流转制度时,可以研究制定示范合同文本,应该明确土地流转的具体形式、使用期限、解除合同处理办法,避免因以上事宜描述不明所带来的纠纷,导致农户利益损失。市场经济下的信息不对称缺陷,极大地影响家庭农场经营过程中的成本控制,在一定程度上降低了发展效率,阻碍集约化生产。可参考日本土地流转经验,建立起土地流转代理人制度,避免政府包办和自行流转带来的弊端,中介组织的法律地位确定和配套制度完善,为土地流转法律规制注入了新鲜血液。

此外,国务院办公厅印发文件中提出"要不断探索农村土地集体所有制的有效实现形式,落实集体所有权、稳定农户承包权、放活土地经营权"。这就要求,土地经营权和土地承包权的二次分离,必须得到有针对性的专门法律条例进行规制,明确权利范围、主体、法律概念及其现实意义和实际操作指导。更重要的是各地区各级农业主管部门需将已有的政策性文件落到实处,与社会、媒体以及村民自治组织共同构建监督视察小组,形成各级层内部外监管系统,保证在家庭农场发展中土地流转有法可依,有法必依。

3.建立准入和退出机制

针对现存的套取补贴、荒废农地等问题,应设置统一的注册标准,提高家庭农场的准入门槛,以保证家庭农场用地都被充分运用于农业生产。设置家庭农场的准入门槛也同时将非诚心经营的人排除门外,保障了现有家庭农场主的合法权益,也为家庭农场的潜在经营者提供了更多的进入机会。同时,政府应规范家庭农场的经营标准,加强对于家庭农场经营的合法性和规范性监督,设置相应的退出机制,对于现有的没有达到一定生产数量和生产规模的家庭农场予以警示,或是收回其经营权,以排除没有相应经营能力的农场主以及成立目的不纯、非诚心经营家庭农场的人,提高家庭农场经营的公平性和竞争性,保证其他正规经营、有能力的农场主有更多的机会扩大生产经营规模。

(1)登记制度:重质与真实性核查

一般认为,市场主体如果不通过商事登记则不能够从事生产和经营活动,因此家庭农场生产、经营权利应该由法律所赋予。由于家庭农场这一主体在我国农业领域出现时间较短,各地区各组织对其认知参差不齐,在登记审查的过程中,应当着重注意审查家庭农场的质量,如经营主体的经营管理能力、固定资产、年产值以及经营规模等。依据农业部或当地出台的认定规范性文件划分不同类型的家庭农场的准入标准,专人专项负责考察家庭农场登记一系列条件的真实性,避免假家庭农场或"挂羊头卖狗肉"等现象频发。

家庭农场的复杂性决定了在其登记注册过程中牵扯多个行政组织,主管部门应做好协调合作工作,用书面文件明确各部权责,简化登记流程,减少各单位出现推诿扯皮的现象。如工商可以负责收检相关证明材料、核准名称资格;公安负责办理家庭农场公章;税务负责发放家庭农场税务登记证;银行负责金融账户开户及贷款;农业部门据实核查验收。

家庭农场登记制度完善,不仅仅是一个简单的登记在册行为的确定,更是保证家庭农场合法权益的基础条件,不能眼光短浅,要构建起为家庭农场健康发展的长效机制。全国范围内可以建立家庭农场动态名录和信息数据库,地方区域鼓励建立培育示范家庭农场,利用微信、微博等网络平台加大宣传力度,告知登记流程及所需材料提高办理效率。

(2)退出制度

当下,有关家庭农场退出标准、退出程序等相关制度问题,我国并没有专门的法律法规给予规范。农业经营受气候等外部因素影响极大,风险高,政府应该明确自己的定位,坚决为广大农户谋利益,制定家庭农场市场退出制度时,需考虑退出后农户安置以及土地再流转的遗留问题处理。退出市场行为主要分为自愿退出和强制退出两种,法律应有确切规定其退出的程序。自愿退出牵扯清算工作,应保证在退出过程中缴清应纳税款,结算工资以及去工商、税务部门注销家庭农场经营相关登记。强制退出制度方面,要制定具体的准入门槛,对于不符合准入标准的家庭农场直接取缔,在经营过程中严格监管,出现违反相关规定,例如严重破坏生态环境、经营内容与登记不符等情况,可以采取警告、罚款等措施进行规制。家庭农场市场退出制度的完善为其健康发展筑起壁垒,优则进,劣则出,避免出现"僵尸农场""假农场"的蔓延。

家庭农场市场退出,不仅需要完善统一协调的法律法规,还需要针对家庭农场市场退出的特殊性制定专项法律。宏观角度可以完善《反垄断法》《民法》《商法》等来限制家庭农场的不正当竞争行为,保证公平竞争和竞争效率。具体来说,基本法多用于基础概念和一般情况的规制,受之对象广泛,修订间隔长,在一定程度上并不适用于家庭农场这一新兴农业组织。这就要求出台家庭农场市场规制专门法,依据当前实践出现的法理纠纷具体解释和阐述,保护农户利益,维持家庭农场持续发展和进步。

4.加强金融支持规制家庭农场的财政投入

农村金融组织法律制度为家庭农场的发展起到巨大的助推作用。借鉴国外经验,我国对家庭农场的金融规制可以尝试从以下几方面入手:

(1)商业型金融:政府可以采取强制力与激励制度相结合的形式,推动商业银行为家庭农场发展提供创新金融产品服务,为其经营扩张获得金融支持。例如对家庭农场贷款时施行浮动利率,根据实时市场价等因素调整贷款利率,既有利于农业资金集中,保障农户合法权益,同时也能扩展商业银行信贷业务,提高利润收入,从而实现双赢。同时行政部门可以鼓励和农业银行、邮储银行等机构合作开发,定制符合家庭农场需求的信贷产品。银保监会也可以要求保险公司针对家庭农场开发专属产品,为新型农业经营主体提供有效的保障,减少风险。

(2)合作性金融:发达国家合作金融的成功经验,无不得益于其完善的法律制度,例如美国的《联邦信用社法》、德国的《合作银行法》等,出台我国专门的《农村合作金融法》迫在眉睫。其中,应该明确农场合作金融宗旨、机构设立、经营管理程序、纠纷处理指导等,使农村合作金融组织能够依法设立、受法律保护和监管,为家庭农场的规模发展提供金融资本基础。

(3)政策性金融:如今在规范性法律文件中,农发银行业务已不能满足现有需求。此处可以借鉴加拿大政策性金融立法,将家庭农场的作物、生产工具等作为抵押来发放中长期贷款,在一定程度上减轻贷款过程中的抵押难问题。在为家庭农场提供信贷支持时,不仅有法律规定作为支撑,还能通过法律来促进农业发展银行的健康发展,监督其支农、惠农政策的执行状况,引导其在法律框架内拓展金融业务,以便支持家庭农场的快速发展。同时政府也要着眼于农业信贷担保体系建立和运营,重点为适度规模经营的新型经营主体提供信贷担保服务,加快组建各地区农业信贷担保机构,扩宽家庭农场融资渠道,解决"贷款难、融资难"这一大阻碍。

在金融规制支持家庭农场的同时,政府还需加大财政投入力度:

(1)改进农业补贴和信贷税收制度

我国现有的农业补贴机制是普惠式的农业补贴制度,不能完全贴合不同规模家庭农场的发展需求。应根据家庭农场规模和生产需求的不同而设置相应的补贴力度,对于大规模家庭农场,应给予更多的财政补贴,以促进其扩大生产规模、提高生产效率;

而对于小规模家庭农场,则应更多地给予其生产资料上的补贴,减少其购买生产资料时的资金投入,促进其生产的机械化和自动化,促使其扩大经营规模。政府还可借鉴日本的发展经验,鼓励家庭农场主扩大其生产规模,对于每扩大一定生产规模的家庭农场予以相应的财政补贴,以促进家庭农场的规模化和集中化生产。

在税收方面,政府可对于农产品的流通过程中产生的相应税收予以减免,还可借鉴法国的"零农业税政策",减少甚至免除购买生产资料的增值税。同时,应针对不同生产经营规模的家庭农场实行不同的税收政策,对小型家庭农场予以免税,对于大型家庭农场则征收相对于其他家庭农场更高税率的税收,以促使家庭农场之间发展的协调性。

而在信贷方面,现在我国的信贷支持力度仍有待加强。应设置专业化的农业信贷机构,按家庭农场的规模以及生产经营需求,给予不同的贷款金额支持。政府还可借鉴日本的发展经验,对于有扩大规模需求的家庭农场予以无息贷款。

(2)加强政策性保险

农业的生产与天气息息相关,旱涝、雨雪天气都很有可能会使家庭农场主蒙受极大的损失,因此政府应加强对于家庭农场主的政策性保险。因天气恶劣而造成农场主一定面积的农产品损失时,政府应当根据损失的范围和严重程度,给予相应的财政补贴。对于极寒极热天气,给予农场主一定的极端天气劳作补贴。同时,还可借鉴巴西的发展经验,制订农产品的价格保障计划,设置农产品的最低销售价格标准线,当农产品的市场销售价格低于这个标准时,由政府拨款负责其中的差价补偿,以此来保证家庭农场主的最低经济收入。

5.完善农产品的物流链

农产品的物流链主要包括销售、流通和购买三部分。政府应在现有基础上促进各种功能的农业合作社的专业化及成熟化发展。借鉴外国的发展经验,农业合作社的发展能为家庭农场的发展提供全方面的服务,为农产品的生产、销售、流通以及购买等环节提供保障,并为家庭农场主和消费者之间提供公平、开放的信息交流平台,从而促使农场主提高农产品的质量以提高自身竞争力,同时也保障了消费者的权益。在农产品流通环节,政府应当建立并完善基础设施建设,借鉴美国的经验,完善水利、铁路等运输途径,减少甚至减免农产品的运输费用,促进农产品的流通速率,使农产品的流通更为高效。此外,政府应适当促进农产品的购买,例如推进家庭农场与当地学校以及企业之间的合作,既保证了学生以及企业员工餐饮来源的正规性与绿色健康,也为家庭农场提供较为稳定的销售对象以及经济收入。同时,政府也可借鉴德国、美国的发展经验,推行现代化管理,建立完善的计算机网络,为农产品的生产提供全方面的监控,以对温度、湿度等指标进行及时调控,提高农产品的生产效率;同时对其流通提供详细的物流信息,使农场主和消费者能及时掌握农产品的信息和流通情况。

6.注重对家庭农场从业人员的培养

企业化经营是家庭农场的一大特色,是其区分于农业大户的明显特征,但目前我国大部分的家庭农场主还没有企业化经营的理念,仍然停留在只生产农产品而不对其进行加工的阶段,没有建立起自身的品牌,这与寻常的只专注于生产环节的农业大户并没有本质区别。所以政府应当加强对于家庭农场从业人员的教育,使他们培养起企业经营的观念,促使各个家庭农场建立起自己的品牌,差别化生产、销售。针对这一点,政府可在各个社区开设专业的农业企业管理课程,并要求当地的农场主都应积极主动地参与其中。除此之外,加强对高校农业人才的培训,引导他们走向基层,为家庭农场的发展服务,运用他们所学的知识以及所掌握的科学方法,为家庭农场的发展带来新的际遇。

借鉴德国和美国的经验,可分别针对现有从业人员和潜在的农业人才针对性地进行培养。对于家庭农场现有的从业人员,可在各个社区定时开展相应的课程教育,包括开展农业企业管理课程以帮助农户建立企业化管理观念,开展家庭品牌建设课程指导农户如何建立自己的品牌农场,开展农业科学方法和新型农具的使用课程以提高家庭农场的自动化、机械化程度。

在全国各个地区分别建立重点示范性家庭农场,并定期定量地邀请该地区的家庭农场主进行参观学习,让农场主们掌握家庭农场经营的核心要点,促使他们特色化并高效化地进行生产经营。

(二)优化对家庭农场发展的宏观调控机制

正如理论框架中对政府与市场关系所分析的那样,家庭农场的建设过程需要尊重市场的主体地位。但由于市场调节机制的先天性缺陷,因此,要实现家庭农场的可持续发展,就必须由政府的宏观调控机制来加以纠正和调节(杨秋林,2010)。政府要科学地做好家庭农场发展过程中产业结构的战略性安排,借助家庭农场的发展推动地方农业产业结构的优化,要积极引导家庭农场结合地方特色和农业资源,开展地方农产品的生产经营,例如结合地方文化特色对农产品进行加工、包装和营销,打造"一村一品"的发展模式,延长地方农产品的产业链,提升农产品附加值,从而也避免地区性的农产品同质化,并形成独特的差异化竞争优势。同时,政府也要注重种植类、畜牧类、水产养殖类等不同生产类型家庭农场的比例合理性,以实现产业结构与市场需求的契合。政府要协调好家庭农场发展过程中各个经济主体的利益关系(刘欣,2016),尤其是家庭农场与社会化服务组织、农业企业以及村委会等的关系,政府要充分发挥宏观调控的职能,合理安排各个主体间的利益分配机制、风险处理机制等,保证家庭农场发展中的各个相关主体"风险共担、利益共享",实现"多方共赢"的局面。要保证农产品价格的稳定性,同样也需要政府采取一定的干预手段来进行调控,政府应进一步扩大家庭农场农产品直接补贴的种类、范围与数量,并借助农产品的国内生产与进口储备相结合的模式,保证我国农产品供应状况的稳定的同时,也要积极推动农产品分类定价机制的改革,从而有效保障农产品价格的稳定(薛国琴、项辛怡,2015)。此外,包括水电设施、交通设施、卫生设施等在内的农村基础设施由于前期投资数额大、回报周期长等原因,市场主体往往不愿参与投资,因此,政府要在该领域承担必要责任(张朝华,2010),加大基础设施投入力度,创新基础设施的管理模式,从而满足家庭农场实现可持续发展的基本硬件需求。

(三)引导与扶持社会力量参与社会化服务体系建设

正如关系框架中所言,政府除了要为社会力量参与家庭农场建设提供基本的制度安排和宏观的运行环境之外,也要为以家庭农场等新型农业经营主体为主要服务对象的社会化服务体系提供积极的引导措施与强有力的扶持措施。政府要充分尊重和遵循我国社会主义市场经济的竞争机制,一方面,政府要减少对家庭农场社会化服务发展的行政干预;另一方面,要积极引导多元化的社会主体积极参与到新型家庭农场社会化服务体系建设中来,鼓励公益性的社会化服务组织与经营性的社会化服务组织、官方的社会化服务组织与民间的社会化服务组织共同参与、积极合作、相互竞争、互为补充,从而在充分竞争与利益博弈的基础上,实现家庭农场社会化服务效益的最优化(刘向华,2013),并最终形成多元性的、竞争性的、动态性的新型社会化服务格局。目前,我国家庭农场的农业社会化服务体系还存在服务环节不够完整、服务类型不够丰富等问题,导致其难以满足家庭农场实际发展中的个性化、多元化需求,例如现阶段针对家庭农场的农业教育与培训等项目安排的缺乏,导致农技推广服务仍难以与家庭农场经营的实际需求相契合,并制约了家庭农场的可持续发展(张朝华,2013)。因此,政府要有针对性地引导社会力量有序地、科学地参与到社会化服务体系的产前、产中和产后等各个服务环节中,尤其是现阶段仍然较为薄弱的农资供应、农技推广、信息服务与营销服务等环节,使其明确自身的服务定位和服务目标,以提高家庭农场社会化服务链条的完整性、服务结构的合理性和服务层次的丰富性(陈楠、王晓笛,2017)。政府要加强对社会力量参与家庭农场社会化服务建设的资金扶持力度,完善相关的财政补贴项目,对达到一定标准和要求的社会化服务组织可以重点培育,并借助媒体平台加强相关的宣传工作,从而起到积极的示范效应,吸引更多的社会力量参与其中(张朝华、黄扬,2017)。此外,政府还应引导社会力量跨区域地参与家庭农场社会化服务建设,从而实现区域间社会化服务的互为补充和协同合作。

第二节　农业社会化服务与家庭农场发展

农业社会化服务体系是指为满足农业生产的需要,为农业生产的经营主体提供产前、产中、产后服务而形成的社会经济体系。它是运用政府、企业、合作社等社会多方面的力量,使专业性不强、分工不明确、规模较小的农业生产单位,获得大规模生产效益,适应当前农业社会化市场经济的要求。

家庭农场效率提高与农业社会化服务体系建设、完善有着密切的关系,但当前我国农业社会化服务仍然处在一个起步阶段,呈现出规模化小、专业化不足等缺点。要做到农业社会化服务与家庭农场经营需求相适应,需要充分借鉴国外家庭农场的社会化服务的经验,建立基本的农业社会化服务体系,能够符合当地确定的规模经营标准,使得家庭农场达到高效、规模生产,农场主收入水平能与当地城镇居民相当,并且实现较高的资源利用率、土地产出率和劳动生产率。

一、农业社会化服务对家庭农场发展的作用机理

与家庭农场拥有上百年发展历史的美国、德国和日本相比,中国家庭农场还处于初级阶段。本质上,农业社会化服务体系是农业的市场分工。在农业生产力进一步快速发展和农业商品化不断提高的过程中,传统上农业生产环节是由农民直接承担的,现在这个环节逐渐地从农业生产过程中分化出来,发展成为独立的经济部门,这些部门同农业生产部门进行商品交换,形成了在市场机制作用下,以合同或其他组织形式,同农业生产达成较为稳定的依赖关系,形成了农业生产体系。农业社会化服务,说明了商品农业进入了一个更加专业化、市场化的阶段(李俏,2012)。

我国家庭农场发展属于初级阶段,农业社会化服务发展也比较薄弱,但是从国外的经验来看,农业社会化服务的发展对于家庭农场具有重大的作用及意义。首先表现在,家庭农场效率与农业社会化服务体系紧密相关。有研究得出:家庭农场的生产效率要比周边农户高(李敬锁、牟少岩,2016)。在农业社会化服务体系完善的条件下,家庭农场由于具有规模经营效应的优势,同时,不仅可以购买到性价比高的社会化服务,而且还可以在自备农械和购买社会化服务之间作出有更加有效率的选择,反而具有比农户更高的效率。改革开放以来,国内以家庭联产承包为主要农业生产方式的统分结合的经营体制,把土地包产到户,在分散的方面做得比较好,充分地调动起农民生产的主动性和积极性,然而在统筹方面却是欠缺的。农民在当前生产经营中,面临着许多一家一户办不了、办不好、办起来不合算的事,尤其是在城镇快速发展进程中,城市吸收了大量农村青壮年劳动力进城务工,从事农业的人数快速减少,而生产效率仍偏低,造成了大量的土地荒芜、土地资源的浪费(朴晓、叶良均,2015)。农业社会化服务能有效地提高生产效率,通过农业生产分工,家庭农场的生产力分散到了农业社会化组织,解决了家庭农场在生产上的人力短缺、技术压力等问题,专业化、多样化的农业社会化组织为家庭农场提供农产品生产、加工、销售以及信贷、农资供应、咨询等服务,提高了家庭农场的生产效率。

其次,农业社会化服务能促进家庭农场产业的良性发展,目前我国家庭农场还是新兴事物,仍然处在一个发展的起步阶段,家庭农场的各项法律规范仍不健全,技术和人才短缺,管理与经营水平不够,农业社会化服务能为家庭农场提供专业化的金融、生产、销售等服务,对家庭农场的一些环节进行了统筹管理,农业社会化服务体系要与家庭农场生产、发展相适应,解决我国家庭农场生产过程完整而经营规模偏小,不同农场间整体性差、专业性差的问题。在家庭农场生产中,完善的农业社会化服务体系能够减轻家庭农场在生产、销售阶段因自然风险、市场风险等不确定性风险带来的损失,一定程度上提高了家庭农场抗风险的能力(李俏,2012)。同时,正确引导的农业社会化服务发展能有效缓解家庭农场与农业服务合作社、农业服务经济组织之间的矛盾,使得它们之间的关系更加紧密,加强了它们之间的合作与沟通,降低了它们的信息沟通的成本,也符合了家庭农场缺乏劳动力尤其是专业性劳动的需要,对于家庭农场产业化的形成提供了重要的保障,实现了家庭农场产业化经营,增加了农民的收入,提高了家庭农场的竞争力和市场化水平(刘佩,2015)。在法国,农业合作社促进农场主与政

府之间的交流、沟通,在农业生产经营的过程当中积极提供服务,二战前后,由于法国的小型家庭农场经营抵抗风险的能力有限,为了适应现实的需要,很多家庭农场加入了农业合作社(位春苗,2014),促使家庭农场健康发展。

农业社会化服务的发展促进家庭农场政策制度的完善,在农业社会化服务体系逐渐完善的情况下,家庭农场的生产分工更明确,经营管理要更高效,例如,加拿大的家庭农场仅对农场的生产进行管理,而农产品的供应和加工运输等由专业协会来管理,其农业社会化组织有区域性的,也有全国性的,有综合性的,也有专业化的,贯穿经验管理的各个领域(吴夏梦等,2014)。为了保证家庭农场的正常生产和运营,农业社会化服务更适合当下的家庭农场的现实需求,政府部门需要加强对农业社会化服务和家庭农场的规范,减少农业社会服务与家庭农场合作的阻力。政府自发地通过政策鼓励家庭农场的农业社会化服务组织的形成,例如,常见的提供基础设施的服务体系,提供资金投入的服务体系,提供信息和提供政策服务。又如,2013年安徽省出台《意见》明确提出,要加强农业社会化服务的发展,区域性农业科技服务机构、新型农技推广服务单位要把家庭农场作为重要服务对象,指导家庭农场应用优质高产品种和标准化生产技术,开展病虫害统防统治、测土配方和农机化等技术系列服务(王新志,2014)。

二、我国家庭农场发展中农业社会化服务存在的问题

本节主要从制度建设,到农业社会化服务需求与供给现状、组织规模大小、专业化程度、服务水平等多方面分析目前我国农业社会化服务的不足,全面地分析问题所在。

(一)农业社会化服务制度建设滞后,供给能力不足

在我国基层的农业服务机构有多个不同的部门,分属于不同的领导,比如我们农业部门中的经济信息科与农业机械化管理办公室或者其他部门互相之间缺少灵活的协作与合作,并且它们之间缺少统筹管理的部门,不同服务实行起来不统一、难协调,降低了农业服务机构的工作效率,同时导致行动目标难以实现统一,政策和制度难以有效施行,最终导致输出的农业社会化服务数量非常有限,供远小于求。基层政府直接管理过多,而缺乏横向的制约与协调,上级统管下级是目前我国对农业社会化服务的管理所遵循的规则,实现的形式通常为直接的行政指令,这种形式在我国能避免各自为政,提升效率,但它也带来了负面作用,会造成为农业服务的政府部门脱离地方实际的指导工作,造成农业服务手段异化、目标难以达成的问题。官方农业社会化服务的行为通常局限于表面,而涉及农业社会化服务工作的展开以及深层次的农业社会化服务体系的构建问题一直得不到重视。国家对农业社会化服务的扶持政策、补贴制度、金融贷款政策等政策体系不完善,难以对家庭农场有一个持续性的服务,进而增加了家庭农场对农业社会化服务质量和未来发展的担忧。制度上同时也缺乏对农业社会化服务体系主体的监管,造成经营性服务组织没有足够承受风险的能力及其运作混乱的现象,并使得许多经营性服务主体之间为了争夺稀缺的资源或市场而形成不公平竞争、恶性竞争的现象(刘璐,2016)。由于目前中央和地方的各级政府在农业社会化

服务方面的立法欠缺,相关的政策措施制定不到位,难实行,难操作,农业社会化服务体系建设落后于家庭农场对社会化服务的发展需求。

(二)服务组织体系建设不完善,组织规模小,服务水平难以满足需求

在我国,农业社会化服务主要是政府主导的承担公共服务功能的农业服务机构提供的,它是以农村合作组织为主要力量、以民间以及其他社会组织为补充。在快速城镇化发展的今天,基层政府缺乏资金的支持,同时资本的趋利性使得多数基层政府和民间企业等机构缺乏积极的动力参与到农业社会化服务建设中。虽然我国的社会化服务在农业技术推广上起到一定的作用,但是由于现行体制不完善,各类服务组织常常都存在各类问题,诸如服务设施陈旧、缺少专业性人才、服务人员专业技术不对口、专业技术更新不及时、基本服务功能逐渐减弱等现象,再者后备人才资源不足,职业教育培养欠缺,农业院培养的中高端农业人才流失。农业社会化组织有一部分是政府管理的,但缺乏政府的重视和支持,过于松散,同时服务功能偏向单一,不形成规模化。一部分农业社会化服务偏向企业型,而家庭农场难以承担相应的费用,缺乏购买力。很多农业社会化服务经营主体,承担政府购买项目,即便是在政府资金补贴下,也只处于低受益状态,若没有财政补助,这类市场主体将难以在农业社会化服务行业继续生存,因而通过寻找到相关办法来充分调动市场主体参与农业社会化服务并且形成可持续性机制应是下一步需要重点考虑的。又如,家庭农场的金融服务是一大难题,截至2014年底,我国1570个乡镇没有金融机构的,在2011年这项数据是1696个,在这三年时间里数量增长缓慢,金融的支持力度不足,部分地区为了实现农业产业化、规模化而缺少资金的支持(王新志,2014),从而影响家庭农场的发展。以上种种现象说明了社会化服务项目有的过于单一,有的家庭农场的需求是空缺,规模较小,综合实力较弱,与家庭农场的个性化的社会化服务需求不对称,同时难以满足家庭农场的规模化需求,服务水平降低,以及这种现象形成的原因。

(三)农业社会化服务组织与家庭农场的关系不协调

目前,首先农业社会化服务组织与家庭农场存在较大的利益冲突,与农业社会化服务组织定位不清晰有关,农业社会化服务组织在发展中需要投入资金、技术、劳动力、土地等资源,为了弥补较大的成本消耗,农业社会化服务存在职能定位上的错位,超越了自身服务的边界,出现收取高昂费用或本身就带有家庭农场生产经营的功能,在利益上与家庭农场有激烈的竞争,双方缺少良性沟通互动,使得农业合作组织等这些社会化服务组织不能为家庭农场提供高效的服务。其次,村委会等基层组织由于在市场经济条件下,缺少与家庭农场进行合作的利益驱使,不够重视家庭农场的发展,导致村委会难以为家庭农场的发展提供科学合理的农业社会化服务。2005年国家取消了农业税,更大程度上使得县乡等基层农业社会化服务组织缺乏税收资金的支持,同时自发的农业社会化服务力量仍然缺乏动力,难以为家庭农场服务提供大力的服务。

三、国外家庭农场有关农业社会化服务的经验

分析国外家庭农场发展过程当中农业社会化发展的经验,从政府、企业、民间力量

多角度全面地归纳出值得我们学习的地方,对发展农业社会化服务能有一个整体的认识和把握,为后面的经验学习打下基础。

(一)政府加强对农业社会化服务的支持和引导

政府根据国内家庭农场发展的情况,更加适应性地为家庭农场的社会化服务提供制度和政策支持、资金支持,进行组建农业社会化组织,完善家庭农场农业社会化服务体系,解决家庭农场生产、销售过程中所面临的困难,促进家庭农场产业的良性发展。

以农业强国日本为例,国土面积狭小,农地面积更加少且逐年有所减少,在"明治维新"后日本走上了资本主义的道路,然而农业内的封建关系仍然存在,广大无田地农民沦为佃农,地主收高息,严重阻碍了农业的现代化发展,经过一轮土地改革后形成土地私有为主的小规模农业生产经营。1962年修订的《农业基本法》规定允许离开农村进城的农民将在农村的土地委托给当地小规模的农业合作社代理耕种,条件是股份公司不得购买农民的农地,小规模合作社需要跟自耕农家庭农场一样进行农业生产。这项政策的实行逐渐使得农地的所有权和使用权分离,日本工业化快速发展,农业人口减少,日本开始从农业经营方式上进行改革,通过形成大规模的协作企业来帮助小规模家庭农场生产,扩大了服务的经营规模,通过免交所得税和营业税来鼓励农民组建农业协会,并且对农业协会投资农用公共设施的给予80%的财政补贴,形成了以农业协会为主的农业体系,帮助农户与农业合作社达成经营农户出租、委托作业耕地等合作,政府给参与组织的农户在技术和经营上以指导,在技术设备使用、购买土地以及农田基础建设等方面给予低息贷款和资金补助。通过这种方式,扩大了日本家庭农场的经营规模,并且能有条件开展适度规模经营和集约化经营(肖卫东、杜志雄,2015)。

自从1929—1933年的世界经济危机发生后,美国罗斯福政府颁布了《农业调整法》,初步形成了对农业高补贴政策的基本体系。联邦政府成立了隶属于农业部的信贷服务机构,具有政策性金融支持功能,由商品信贷公司、农村电气化管理局和农场主之家管理局组成,该机构资金来源于政府的拨款,不以营利为目的。在美国,1935年后,随着农业社会化服务体系的不断完善,政府机构对家庭农场进一步发展表示支持,为了帮助家庭农场应对天气的不确定性和市场的快速变化,增强农业经济的稳定性,美国政府机构为家庭农场提供许多支持。这些机构主要包括农场服务机构和农产品外销局,其中农场服务机构主要借助全国网络系统,推行农业政策、农场推广和信贷计划等;农产品外销局改善海外的粮食等农产品市场准入,进而提高美国农业的全球竞争力。美国政府建设农业部推广局向农场主提供技术帮助,农场主家计管理局为家庭农场提供金融信贷支持。

同样是北美农业大国,加拿大主要通过法律手段为家庭农场提供了一个井然有序的生产秩序,又通过各有关部门直接管辖的农业社会化服务组织为家庭农场提供先进的直接的服务,保障家庭农场在意外的自然风险下国内外市场的稳定。它具体体现在直接为农民提供生产、加工、销售、出口等各个环节的服务,包括信息咨询、法律咨询服务、技术运用、案例推广、新品种试植、技能和管理培训、农业经济合作、对外宣传和沟通、农业物资购买、产品运输等服务。作为国际合作社联盟成员,加拿大组织本国农户参与国际合作社的交流和合作活动。

拉美农业大国墨西哥成立了国营机构，国营企业在全国范围内设立分部，实现生产、供应、销售的统筹管理。在销售环节的服务，按合同规定的等级和价格收购产品，并实行最低保证价格政策。

以上的各个农业大国，政府都在为家庭农场的发展提供农业社会化服务支持与引导，通过直接统筹管理、国有企业经营，鼓励民间企业、农业协会的发展，政策服务、补贴等方式积极发展农业社会化服务，起到了重要作用。

（二）农业社会化服务的商业化为家庭农场发展带来动力

农业社会化服务随着农业生产由独立、自给自足的小农生产转变成分工明确、对外协作广泛的商品化生产，提高了服务效率，更加适应农业产业化需求，进而推动家庭农场的产业化发展。农业社会化服务的商业化，需要引入市场机制，了解农业社会化服务本身的供需情况，衡量农业社会化服务的水平、效率等，从而使得家庭农场能从中进行选择服务，并且在市场化的竞争条件下，更好地改善以政府主导的农业社会化服务，促使农业社会化服务不断地自我更新发展。

在欧洲农业大国的法国，中小型的家庭农场数占总农场数的 80% 以上，然而务农人数仅占到全国就业总人数的 3%，全国拥有不同类型的家庭农场数达 60 多万个。其自身主要是从事花卉、谷水、果物、蔬菜和养殖业的生产。农场将耕种、收获、供应和运销等部分转交给场外专业企业运营，使得家庭农场逐渐从自给性生产脱离出来，进而转变为商品化生产（何劲等，2014）。

在美国，政府不仅仅自身对农业科研经费投入，为了拓宽农业科研推广经费，还吸引其他资金，例如农业科研机构将研究项目转交给企业、市场，借助外界的基金会企业等增加资金投入，以及运用民间的商业科研机构开发新技术，推广新技术，进而增强农业社会化服务的质量。日本家庭农场的优势在于农业生产环节，而在生产服务环节会寻求更加有优势的工商部门，能更加简便地与市场衔接。

农业大国的荷兰主要靠荷兰合作银行作为农业贷款机构，追溯到 1886 年，荷兰就在国内建立了为农业服务的地方信贷合作社，这些信贷合作社是各地家庭农场主依靠自身力量集资筹建的地方农村合作银行。后来荷兰政府为了加强对地方农村合作银行的监督和管理，实现更大的效益，开始促使地方农业银行相互合作，并成立了两家中央合作银行，分别为 RAIFFEISEN 中央合作银行和 BOERENLEEN 中央合作银行。这两家中央合作银行于 1972 年合并成立了统一的中央合作银行；当前荷兰合作银行在荷兰有广阔的银行网络系统，包括了 550 多家独立的地方合作银行、专门的金融分公司和多家合作性的保险公司，主要业务范围是为家庭农场、合作社、农业企业提供贷款等金融服务，逐步开拓海外业务。

发展中国家农业大国泰国，通过生产、供应、销售一体化经营的现代企业——正大集团帮助国家发展农业社会化服务，即便是在发展中国家的小农经济模式占主导地位的条件下家庭农场也获得了较大成功。以上几个国家都通过商业化为农业服务组织带来了资金投入、经营等方面的帮助，促进了农业社会化服务竞争环境的改善。

农业社会化服务商业化改善了农业社会化服务的经营与管理，创新了发展方式，增强了活力。在农业大国泰国中，供销社是农业服务的重要部门，入社社员参股，但是50%以上参股经营亏损，为了让股金能得到良好的运营，采用金融资本的管理经营方式来管理供销社股金，让银行、信用社等商业机构互相参股，降低风险，提高资金利用率为机构增值，但是要从根本上走出当前农业社会化服务的困境，应该加强供销社的经营和管理，走合作化、资源整合化、整体化发展的道路，形成新型的合作经济模式。通过分析泰国农村合作社与农业推广的成功经验可以得出，如果专业协会和供销社等实现一体化经营将产生较大的优势（陈彤，1999），组建成类似于泰国的农业合作社，形成组织严密的农业社会化服务组织，为农业提供产前、产中、产后环环相扣的优惠服务，实现种苗管理、农产品收购、病虫防治等环节合法有序的生产经营。同时，健全供销合作体系的城乡一体化发展制度，形成泰国农业市场的中央市场、批发市场、零售市场三级代运、代加工为主要业务的物流服务系统，形成专业化规模经营，通过运输服务有效激活城乡市场。

(三)积极推动农业社会化服务合作社的发展

家庭农场的农业社会化服务紧靠国家的服务帮助是有限的，还有在经营和技术上的许多小问题，难以独立完成，需要借助集团的力量，通过合作的形式，规模化共同处理各类问题，因此建立合作社显得尤为必要。在荷兰，为家庭农场提供农业社会化服务的主要力量是家庭农场之间主动联合成立的合作社，合作社为家庭农场争取农业市场上的主动权，为农业价格信息获取，收购、出售渠道的建立，家庭农场诉求的表达提供更大的平台，扩大规模经济，提高农业系统的效率，其中荷兰的消费合作社就是一个专业化、集中的组织（肖卫东、杜志雄，2015）。

在特定的经济环境下，家庭农场在发展的过程当中，更加清楚地知道自身需要什么样的农业服务，在哪方面需要改进，例如，德国家庭农场一直积极寻求更加高效的农机服务，提高组织化程度，而发展农民专业合作社是实现此目标的重要途径，德国发展农业机械生产链，依靠农机合作社的方式来实现，这种做法不仅全面地提高了德国国内农业机械化水平，而且有效地提高了农业机械的使用效率，农业合作社遍布德国农村各个地区，承担着德国家庭农场社会化服务的重任，为家庭农场提供资金信贷、农产品生产、加工、销售以及咨询等服务，成为农业产业化经营的重要组织载体。日本为了促进家庭农场的发展，鼓励农民的合作、互助，通过修改《农地法》废除农地面积最高限额的规定，放宽出租土地的面积，达到农户购入和租进更多土地的效果，推动农业规模经营，同时鼓励农协发展，农户参加农协可以免交所得税和营业税等，补助其公共设施的费用。日本的综合农协有农业生产资料购买、农产品销售、农业信用指导等各种职能，专业农协由从事同一专业生产的农户组成，销售特定的农畜产品（蒲文彬，2016）。民间自发的推动力会有更好的适应性和灵活性，保证了农户自身的经济利益，也成了家庭农场发展的重要推动力。

(四)注重人才培养，加强职业培训与农业教育以及推广服务

农业在一个国家中占有不可或缺的、基础性的地位，但是有很多国家农业经济并

不景气,所带来的经济效益并不凸显。为了保障自身国家农业的发展,促进一个国家经济的稳定和健康发展,需要加大对农业的重视,注重对农业人才、高端农业的培养与教育,以及对农业推广的推动。日本政府积极开展高等农业教育,开办2—3学年制的农业大学,开展农学与农业技术等课程,培养大量农业科研和农业科技成果的推广人才,并且大力发展关于农业的中等级学校教育,帮助基层的农业劳动人员提高文化科技相关素质。除了发展正规的教育外,日本还发展社会教育,例如,许多农民协会积极主动开展农民的职业技术培训活动,对在职农民进行培训,提升技术水平,农业技术试验场和农业技术普所积极开展技术推广活动,并且深入开展生活指导教育。又如,日本的农业气象研究所在注重气象应用基础的同时,也注重气象知识普及与推广工作,坚持为农业生产提供服务(蒲文彬,2016)。

美国政府在国内开展职业技术培训教育,多地成立农学院,提供政府资金支持贫困地区开办中小学,并且让农村中学适当设立农业相关的课程,农学院为成人提供农业相关的教育。法国的职业技术培训体系,对学员实践能力非常看重并加大培训力度。如法国的学徒培训制度,要求学员们需要有超过50%的时间在所选的农业经营者或农场主农地里跟从师傅学习,切身地了解生产经营家庭农场的完整过程,定期要撰写培训的总结,形成家庭农场实践的设计方案和报告。整体上来说,法国形成较为完整的农业职业技术教育,具体形式包括普通教育、职业教育、成人教育、学徒教育等方式(张朝华,2010)。完善的农业培训制度,为农业奠定了大量的人才储备,为农业社会化服务奠定了扎实的基础,为家庭农场的生产提供更加优质的服务、知识和技术的帮助。

四、经验借鉴

针对我国目前家庭农场发展过程中农业社会化服务的现状,结合对国外家庭农场农业社会化服务发展的经验,从制度的整体性高度对不同主体进行规范,鼓励不同主体改善,加强对人才、技术的支持,提高生产效率和对农业后备人才的补充,强化政府在这过程中所需发挥的积极作用。

(一)政府加强对农业社会化服务的支持和统筹管理

在国内逐渐出现的家庭农场是农业经济发展的新方向,家庭农场的发展本质上是更大规模的生产,也是农业商品化的途径,克服了中国传统小农经济自给自足的弊端,更大规模的产量、更丰富的农产品促进了商品化程度的提高。"十三五"规划提出,我国现代农业将加入加速发展的新时期,发展家庭农场是现实的需要。目前,由于我国农业社会化服务体系建设不完善,政府应当出台鼓励性和优惠性的政策,努力提高当今家庭农场农业社会化服务的水平,建立统筹管理机构来组织管理农业社会化服务,鼓励相关民营企业或者民间组织等民间力量参与进来,加大对农业社会化服务组织的补贴。

例如,法国目前所有农产品生产都有可依靠的行业组织,从中央、大区到各省都设有行业组织的相应机构,同时在国家一级建立了合作社联盟和合作社总社。法国通过国家、总社或合作社联盟以及行业组织的"三位一体"模式,对家庭农场的生产经营实行横向与纵向组织管理的制度(朱学新,2013),有效有力地促进了农业及食品工业的发展。特别是通过合作社联盟和总社以及各类行业组织这些民间组织来管理家庭农场,并与政府的政策协调起来,形成联合交织的家庭农场管理体制,这是法国现代家庭农场发展一条很成功的经验。

我国市县一级政府有农业、畜牧、农技、热作、农机、农业综合开发等 10 个农业有关的部门,家庭农场所需的服务会出现在不同的部门当中,而这时一个统筹的机构将能为家庭农场提供更加高效的服务。

日本政府的无息贷款、延长贷款等政策,能调动农户的积极性,日本的农业科研院所为家庭农场的发展提供技术支持,并引导家庭农场逐步转向生态农业发展,政府推广机构为农业科技成果做推广、为家庭农场服务、为农民服务,是日本农业政策的传递与执行者,也是农民培训和利益的提供者。我国农业社会化服务也需要这样的技术传递者,各项优惠的政策使得家庭农场逐渐形成产业化、规模化,而在其现阶段需要政府大力的扶持。

(二)改善农业社会化组织的经营与管理

针对国内大多数农业社会化服务规模小、专业性差、官僚化严重,不能满足家庭农场需要等问题,本书认为需要加强农业社会化内部体系的建设,在政府主导下的农业社会化服务鼓励民间企业参与进来发展,鼓励市场化推动经营与管理的发展,同时在政府主导下的农业社会化服务组织内部的经营和管理要进行整改,使之更适合家庭农场生产的需求,提高农业社会化服务的效率和质量。例如,农业金融服务机构在发展中国家也能体现出来,农业大国印度的合作信贷法鼓励农业信贷合作社的成立和发展,为农民提供低利息的信贷服务。农业金融服务组织同时也要做到规避风险,要跟银行和农信社有一定程度的合作,通过参股,增加资金的合理利用率,多元主体共同抵抗农业生产过程中的风险。农业推广在家庭农场的技术升级中显得尤为重要,研究人员研究出更加适合家庭农场发展的技术、管理、理念等需要农业推广部门加以宣传。美国政府利用农学院培养农业科技人才、研究基础农业科技和推广农业技术,形成以各州农学院为主导,由各州农学院、农业试验站和推广站组成的教育、科研、推广 3 大系统相结合的农业技术体系,这为农业技术、人才和推广经营与发展提供了稳定的基础。

作为家庭农场上下游部门的供销部门,起到一个打通渠道、扩大市场的作用,这在大多数农业大国当中实行的区域统筹、整体统筹管理发展的模式,整合了资源,有的地方成立了合作社为家庭农场提供市场咨询服务、加工等,不断扩大服务,有效地降低了农业信息成本,满足了农民的需求。

(三)加大农业培训力度和农业职业教育、高等教育的建设

针对我国家庭农场农业社会化服务缺少专业性人才、服务人员专业技术不对口、专业技术更新不及时等问题,借鉴他国经验。例如,在 20 世纪 90 年代,美国州立大学

每年都要培养一大批学生成为高级农业技术人才,并且输送到政府农业管理、推广机构、科研、教育、涉农企业等部门,有部分人才直接去当农场主。美国大部分的农技推广机构和农技推广人员常常到农村开展技术培训帮助农民提升技术水平,并及时推广最新科研成果给农户。在国内,应该把农业培训事业列入家庭农场发展的纲要,政府主导农业技术学校的开办,使得农业社会化组织与农学院人才对接,除此之外,要大力发展农业中等学校教育和社会教育。如合作社和协会负责农民职业技术教育,提高基层农业劳动者的文化科技素质,鼓励农学院、农协或者合作社等组织研发适合家庭农场农业的技术,并且使之有效得以推广,才能使得农业社会化组织有技可用、用之有效。

(四)家庭农场农业社会化服务制度的完善

在家庭农场发展中,要加强农业社会化服务建设,需要规范主体政府的行为,明确落实责任主体,保障各个主体职能的实施,解决政府农业部门在农业社会化服务的责任失位、互相推诿的问题,使得政府能积极及时采取措施解决当地农业社会化的问题,同时规范农业社会化服务主体的建设,对政府型、企业型、合作社型农业社会化组织进行规范管理,防止恶性竞争、垄断等行业问题,同时通过制度建设使农业社会化主体与农业学院、农业职业学校等研发出的技术和培养出来的人才进行对接,加强农业推广,更为重要的是利用制度通过制度化保障家庭农场发展的社会化服务的持续性。比如在鼓励农业社会化服务发展的补贴,农业推广与培训上,在对农业社会化服务的组织设立及对政府部门、企业和合作社的监督上完善相关制度和政策,能为社会化服务的发展提供一片沃土。

第 八 章

结论与政策建议

第一节　本书的结论

一、家庭农场经营类型的决定

基于风险规避与交易费用节约以寻求利润最大化的农户,在进行家庭农场生产经营决策时,需要从个体、家庭、地理、地块与经济社会等特征进行综合考虑:①位于山区或丘陵地区、距离省城地理与时间距离都较远、土地经营面积较小、农业社会化服务不完善、存在农业龙头企业而缺乏生产经验的青年农户,在进行家庭农场生产经营决定的时候,倾向于选择家禽家畜养殖。②位于平原且土地经营面积较大但到达省城的时间较长、农业社会化服务较为完善、生产经验丰富但家庭资产价值相对较低的年长农户,在进行家庭农场生产经营决定时,倾向于选择粮食种植型。③虽位于山区或丘陵地区。但到省城的地理与时间距离较近、土地经营面积较大但农业社会化服务较为完善、生产经验丰富但家庭资产价值相对较低的中年农户,在进行家庭农场生产经营决定时,倾向于进行蔬果种植。

二、家庭农场劳动、土地的生产率与要素贡献率

对三类家庭农场的土地产出率的分析表明:①三种类型的家庭农场的土地产出率与整个农业的土地产出率相比,并未显示出其优势。②对于小农户来说,如果在条件符合的情况下,只考虑劳动生产率与土地产出率,小农户实现小农家庭经营向家庭农场经营的转变,第一选择当属 Type2 型家庭农场。③三类家庭农场的固定资产投入贡献率基本为负值,劳动力投入贡献率、土地投入贡献率均非常低下,而技术进步贡献率基本在 80％以上(尤以养殖型家庭农场更高),物质费用投入的贡献率也相对较高,这表明家庭农场与传统农业依靠劳动力、土地与物质费用的投入来实现农业经济增长有着显著的差异,是现代农业生产的有效形式,值得大力推广。

三、家庭农场静态效率、影响因素及其作用机制

(一)家庭农场静态效率

运用 Bootstrap-DEA 方法对家庭农场的静态效率进行估计,可以得出其效率具有以下三个特征:①粮食型与养殖型家庭农场的内部效率均高于其整体效率,而蔬果型家庭农场却是整体效率高于内部效率。②对于三类型的家庭农场的内部效率,其 TE、PTE 均不高,介于"比较无效率"与"轻微有效率"之间;而 SE 则相对较高,处于"比较有效率"与"有效率"之间,PTE 缺乏是导致 TE 低下的主因。③比较不同类型家庭农场的效率,可以发现,在 TE、PTE 方面,呈现出"养殖型>粮食型>蔬果型",而在 SE 方面,则呈现出"粮食型>蔬果型>养殖型"这一特征。

(二)家庭农场静态效率影响因素

运用截断 Bootstrap 模型对影响静态效率的因素进行回归的结果表明,家庭农场类型不同,影响因素既有相同之处,如"固定资产总额""人力资本""农业社会化服务完善程度"这三个因素,均对三类家庭农场的 TE 有着显著的正向影响,但主要区别也很突出:对于粮食型,"当地的经济发展水平"与家庭农场中是否有村干部这样的"政治身份"成员对其效率影响不大;对于养殖型,"土地规模""每单位土地租赁成本"对其效率影响不大。

(三)影响因素的作用机制

研究表明,金融资本通过变革农业种植制度、扩大固定资产投资、购买完善的农业社会化服务以实现土地经营规模的扩大,从而扩大规模效率,进一步引致技术效率的提高,而不是通过随意增加土地经营面积或对存量土地进行整理来实现对土地经营规模的扩大来实现技术效率的提高。

同时,金融资本在促进人力资本提升从而提高家庭农场效率方面,不管是哪种类型的家庭农场,都愿意通过雇佣受教育程度更高的劳动力与雇佣更为健康的劳动力这两种途径来发挥作用。不同在于,Type1 型与 Type3 型家庭农场还选择通过增加劳动力数量这一方式,而 Type2 型家庭农场选择增加对劳动力的培训强度与采用激励性奖惩制度这两种途径。

但无论是家禽养殖型还是蔬果种植型家庭农场,家庭农场类别均与信贷需求之间存在显著的正相关;但在信贷获得方面,家禽养殖型家庭农场这一类型家庭农场与信贷可获得性之间存在显著的正相关,蔬果种植型家庭农场的家庭农场类别与信贷可获得性存在正相关,但不显著。

在信贷获得能力方面,自然资本、人力资本、物质资本的影响均不显著。金融资本中,固定资产对家禽养殖型家庭农场有显著的正效应,对蔬果种植型有正效应但不显著;流动性强的资产对两类家庭农场均有显著的正效应。社会资本中,是否有公职人员对两类家庭农场均有显著的正效应,而是否能在亲朋中借到款对两类家庭农场有正

效应,但影响甚微。

在信贷获得数量方面,家禽养殖型有显著的正效应,这种效应主要来自人力资本与金融资本中的固定资产;而蔬果种植型的效应不显著,但其中的金融资本中固定资产对信贷获得量有明显提升作用。

四、家庭农场的动态效率及其收敛

对三类家庭农场2014—2019年期间的动态效率所进行的测量表明:①粮食生产型家庭农场的动态效率逐年递增,主要源于技术进步,技术效率较为缺乏,而由于纯技术效率低下导致技术效率缺乏。随着规模扩大,规模效率逐渐显现,但若超出适度规模,规模效率就开始下降。②养殖型家庭农场的动态效率既存在技术进步,也存在技术效率、纯技术效率与规模效率,但由于环境规制约束,土地投入与人力投入并没有同步递增,要素配置不均,效率均逐年下降。③蔬果型家庭农场的动态效率,各种效率均较为缺乏,在纯技术效率不断下降的同时,规模效率也一直在不断地下降。

结合绝对 β 收敛与条件 β 收敛理论,对三类家庭农场动态效率的收敛进行检验表明,蔬果型家庭农场不存在任何形式的收敛,而粮食型家庭农场与家禽家畜养殖型家庭农场存在条件 β 收敛,计量结果可以发现,人力资本存量、农村水利设施与电力设施共同显著影响两类家庭农场的条件 β 收敛,且人力资本存量的影响均大于农村水利设施与电力设施的影响。区别在于,对于粮食型家庭农场,其动态效率的条件 β 收敛还受到农村道路设施、社会化服务完善程度和生产补贴政策的显著影响,而家禽家畜养殖型家庭农场则主要还受到当地经济发展程度与农村市场化程度的影响。

第二节　政策建议

家庭农场经营是小农户从传统农业走向现代农业的有效途径,是实现产业融合与乡村振兴的有效手段。但当前,家庭农场在经营过程中,普遍存在经营主体注册动机偏差、社会化服务体系滞后、融资面临困境、人员培训严重不足、品牌意识和营销能力不强、生产导致的环境污染不容乐观、财政补贴难以落实以及基础设施不健全等焦点问题。

发达国家对家庭农场的资格认定、土地制度、融资支持与市场政策四个方面所进行的市场规制以及在农业社会化服务方面所取得的成效为中国提供了经验。在农村市场化机制逐步完善的过程中,对于中国政府而言,要在厘清政府与市场的关系的基础上寻找突破这些经营困境,从而实现家庭农场的可持续性经营。

在政府层面,要打造有利于家庭农场发展的基本制度环境,推进政府政策与制度的改革与放开,明晰土地产权,加快土地流转,创新金融扶持政策与投入结构,着力构建经营主体的培育机制,积极培养有文化、懂技术、会经营的职业农民,建立家庭农场的准入和退出机制,设立统一、规范的注册标准,注册登记严格重质与真实性核查。要优化对家庭农场发展的宏观调控机制,合理安排各个主体间的利益分配机制、风险处理机制等,保证家庭农场发展中的各个相关主体"风险共担、利益共享",实现"多方共赢"的局面。要引导与扶持社会力量参与社会化服务体系建设,由社区、政府、社会多方力量共同组建社会化服务系统。

在市场层面,要充分发挥市场机制的作用,鼓励更为多元的投资主体、社会力量参与农业基础设施的建设投资,以提升农业基础设施的投资力度及投资效率,并将商业化、市场化的新型管理机制引入家庭农场基础设施的管理中,促进基础设施的良性运营。

一、在微观层面

利用个人禀赋与比较优势,选择适合本区域经营的家庭农场类型。为此,要加大交通基础设施建设投资力度,改善边远地区的交通条件;通过政策优惠与适当补贴,吸引农业龙头企业到边远山区与丘陵地区开展"农业龙头企业+家庭农场"模式生产与经营,带动山区经济发展;对于传统粮区与平原地区,要加大对农业社会化服务组织的培育与发展,在政策许可范围内引导农户进行土地流转,充分利用已有丰富的生产经验,发展粮食型家庭农场,确保国家粮食安全。

同时,建议各类型的家庭农场经营主体充分考虑地理区位、当地经济发展水平、单位土地的租赁成本与人力资本所带来的生产与交易风险,合理选择与经营适合的家庭农场类型,以实现效率与利润的最大化。

对于粮食型与蔬果型家庭农场,在确保土地承包权流出农户利益的基础上,在微观上,各地基层政府应进行充分调研,对单位土地流转价格设置合理的价位区间进行适当干预,防止单位土地租赁成本过高;而在宏观上,地方政府要坚决执行中央的"房子是用来住的"这一根本,改变用房地产来发展地方经济这一传统的陋习,从而斩断建设用地价格上涨带动农地流转价格上升这一利益链条。此外,在限制单位土地租赁成本价格的条件下,粮食型与蔬果型家庭农场需要有效处理好经营规模与固定资产投资的关系,有研究认为,对于具有投资不足现象的农场,土地经营规模越大,越能有效抑制投资不足,而对于具有过度投资现象的农场,土地规模越大,过度投资程度越严重(王丽霞,2018)。而2017年《中国统计年鉴》有关数据却显示,从2009年至2016年,农业新增固定资产增加了13.63倍,达到7643.46亿元,但农业单位固定资产投资产出比由4.955下降至2.562;涉农贷款增加了2.6倍,达到28.2万亿元,而贷款产出比由0.315下降至0.226。

对于养殖型家庭农场,从微观上来说,建议当地政府出台相关扶持、奖励政策,在资金上给予具有较大发展潜力的家庭农场一定的资金扶持,或者给予发展较好,具有示范带动作用的家庭农场适度的资金奖励,并给予家庭农场创办者相应的免税或减税政策。各地方政府应通过制度设计,激励农村信用社、村镇银行开展灵活的对养殖型家庭农场的贷款担保制度,提供优惠利率或是免息贷款等。同时,对于规模较少的养殖型家庭农场,基层政府应充分发挥中介优势,通过股份合作或"家庭农场+农业合作社"模式,提升其固定资产规模,做大做强优势产业。而从宏观方面来看,着力点在于提升当地的经济发展水平,而这对于当地政府来说,则需要从长远考虑,从细处着手,营造良好的营商环境,着力打造新经济。

二、在中观层面

加大对家庭农场购买农业生产用技术装备和农机的补贴力度,提高家庭农场的农业机械化水平,或通过政府引导,完善当地农业社会化服务,鼓励生产过程中的分工与合作。

一方面,通过政策鼓励家庭农场主在进行家庭农场生产时,大力选育高产、优质、多抗新品种,增加间套混作,提高复种指数。另一方面,在提高土壤肥力的同时,大力采用测土配方施肥技术,保持土壤的营养均衡;加强对家庭农场经营上引导的同时,加大对农田水利的建设,推动肥料技术产业的升级,强化家庭农场有机肥的投入和利用。

加强对新型职业农民的培训、培育,组织与引导农场之间开展相互交流、财政对家庭农场的支持重点,可以考虑向提高农户技术水平、经营与管理能力、风险应对能力方面转移,以期增强农户的人力资本。

对于涉农的金融机构,建议优化信贷供给侧结构,创新信贷供给方式,针对不同家庭农场的经营特征进行"差别授信";简化"两权抵押"的办理程序,建立"两权抵押"价格评估机构,降低家庭农场贷款的交易成本;同时开展农机具等资产的抵押贷款,拓展家庭农场的融资渠道;加大对家庭农场主的培训力度,增强培训效果,促进新型职业农民的培养,提高家庭农场主的人力资本,使其更加便捷地获得信贷资金;加强对金融信贷市场的监管,防止以公职人员、村干部为首的"乡村精英"利用自身权力、地位攫取信贷资金;加大对符合国家政策精神、具有较好发展前景的家庭农场的补贴力度,严格补贴发放程序与标准。

三、在宏观层面

启动家庭农场培育计划,建立健全支持家庭农场发展的政策体系,重点可以考虑:①在传统农区,加大对农业职业教育与培训的投入、劳动力的生产技术水平、劳动熟练程度、劳动态度与精神面貌以提高家庭农场人力资本与劳动产出率水平。②由政府组织,在准确了解农户培训需求的基础上,邀请农业院校与行业组织专家对农户农业技术采用、农产品加工、包装与储藏、家庭农场管理等进行系统的培训,培养职业农民。③当前,农村电网设施普遍陈旧,大多数变压器严重老化,性能低下,从而导致农业生产用电能耗高且电能质量偏低,电压不稳定。一部分电线杆严重腐蚀、破损,不能确保安全作业的同时,还加大了农户的用电成本。因此,地方政府在新一轮农村电网改造升级和水电增效扩容的过程中,应通过各种方式筹集资金,改善农村电网。同时,对农田水利设施进行摸排、修缮与整固,打通村道的最后一公里,加强家庭农场、农民专业合作社等新型农村经济组织之间的投入合作,确保机耕路的通畅。④构建新型农业社会化服务体系。要在形成包括公益性、准公益性、营利性等服务主体相互补充、相互协调、竞争有序的体系的同时,通过全方位、多样化、灵活化的方式完善服务内容,加强服务质量监管。以资源整合、协同响应、价值共创、共生共享为原则,在加强农业供给侧改革、提高农业服务供给质量和效率、推动农业服务转型升级的新形势新要求下,以协同响应为取向,构建"以龙头企业为集成商、合作社等中介服务组织为功能商、规模农户为客户"的农业社会化服务供应链(彭建仿,2017),以其为各类型家庭农场提供个性化、全程化、综合化的农业社会化服务。⑤由于土地家庭承包与分散经营,统一市场与农产品市场长期被严重分割以及农业弱质地位引起的竞争不平等,导致农产品市场体系不完善,市场机制不健全,市场基础设施落后,要素市场发育缓慢,外向化程度低,市场价格低迷,商品率不高(习近平,2001),农户难以进入市场。因此,需健全农村市场体系,完善农村市场运行机制,规范市场关系,构建竞争有序的市场秩序。同时,进一步开放农村金融市场准入制度,提高农村金融市场竞争力度,以农村市场化改革为基础,促进农村信用体系建设,营造农村金融发展的良好信用环境。同时,对农村市场需实行有效、有度的宏观调控。

参考文献

[1]Adesina A A,Djato K K.Farm size,relative efficiency and agrarian policy in cote d'ivoire:profit function analysis of rice farms[J].Agricultural Economics,1996 (14):93-102.

[2]Banerjee T,Roy M,Ghosh C.Does political identity matter in rural borrowing? evidence from a field survey[J].Journal of South Asian Development,2010,5 (5):137-163.

[3]Barrett C B,Bellemare M F,Hou J Y.Reconsidering conventional explanations of the inverse productivity-size relationship[J].World Development,2010,38(1):88-97.

[4]Barslund M,Tarp F.Formal and informal rural credit in four provinces of Vietnam[J].The Journal of Development Studies,2008,44(4):485-503.

[5]Bojnec S,Latruffe L.Farm size and efficiency:the case of Slovenia[R].2007.

[6] Calogero C，Savastano S，Zezza A . Fact or artefact: the impact of measurement errors on the farm size productivity relationship[J].Journal of Development Economics,2013(103):254-261.

[7]Chen Y S,Shen C H ,Lin C Y .The benefits of political connection:evidence from individual bank-loan contra-cts [J]. Journal of Financial Services Research, 2014,45(3):287-305.

[8]Ciaian P,Kancs A.The capitalization of area payments into farmland rents: micro evidence from the new EU member states[J].Canadian Journal of Agricultural Economics/Revue Canadienne Diagroeconomie,2012,60(4):517-540.

[9]Cornia G A.Farm size,land yields and the agricultural production function:an analysis for fifteen developing countries[J].World Development,1985,13(4):513-534.

[10]Jean-Jacques D,Effenberger A.Agriculture and development:a brief review of the literature[J].Economic Systems, 2012,36(6):175-205.

[11]Egyir I SRural.Women and microfinance in ghana: challenges and prospects [C]// Aaae Third Conference/aeasa Conference.African Association of Agricultural Economists (AAAE) & Agricultural Economics Association of South Africa (AEA-SA),2010.

[12]Fafchamps M,Shilpi F.The spatial division of labour in Nepal[J]. Journal of Development Studies,2003,39(6):23-66.

[13] Fan S、Chan-Kang C. Is small beautiful? Farm size, productivity, and poverty in Asian agriculture[J].Agricultural Economics,2005,32(s1):135-146.

［14］Farrell M J.The measurement of productive efficiency［J］.Journal of the Royal Statistical Society.Series A（General）,1957,120(3):253-290.

［15］Featherstone A M,Abdulla A A K.Dept and input misallocate-on of agricultural supply and marketing cooperatives［J］.Applied Economics,1995,27(9):871-878.

［16］Feder G.The relation between farm size and farm productivity:the role of family labor supervision and credit constraints［J］.Journal of Development Economics,1985(18):297-313.

［17］Foster A D,Rosenzweig M R.Are Indian farms too small? Mechanization,agency costs,and farm efficiency［J］.Unpublished Manuscript,Brown University and Yale University,2011.

［18］Flaten O,Lien G,Koesling M,et al.Comparing risk perceptions and risk management in organic and conventional dairy farming:empirical results from Norway［J］.Livestock Production Science,2003,95(1):11-25.

［19］Guirkinger C,Boucher S R.Credit constraints and productivity in Peruvian agriculture［J］.Agricultural Economics,2008,39(3):295-308.

［20］Hall B F,Leveen E P.Farm size and economic efficiency:the case of california［J］.American Journal of Agricultural Economics,1978,60(4):589-600.

［21］Hansson H.Are larger farms more efficient? A farm level study of the relation-ships between efficiency and size on specialized dairy farms in Sweden［J］.Agricultural and Food Science,2008,17(4):325-337.

［22］Helfand S M,Levine E S.Farm size and the determinants of productive efficiency in the Brazilian Center-West［J］.Agricultural Economics,2004,31(2/3):241-249.

［23］Heltberg R.Rural market imperfections and the farm size-produ-ctivity relationship:Evidence from Pakistan［J］.World Development,2004,26(10):1807-1826.

［24］Holden S T,Fisher M.Can area measurement error explain the inverse farm size productivity relationship? ［J］.Clts Working Papers,2013.

［25］Hoque A.Farm size and economic-allocative efficiency in Bangladesh agriculture［J］.Applied Economics,1988,20(10):1353-1368.

［26］Infante L,Piazza M.Political connections and preferential lending at local level:some evidence from the Italian credit market［J］.Journal of Corporate Finance,2014,29(12):246-262.

［27］Jensen M C,Meckling W H.Theory of the firm:managerial behavior,agency costs and ownership structure［J］.Journal of Financial Economics,1976,3(4):305-360.

［28］Jia X,Heidhues F,Zeller M.Credit rationing of rural households in China［J］.Agricultural Finance Review,2010,70(1):37-54.

［29］Fairweather J R.Understanding how farmers choose between organic and conven-tional production:results from New Zealand and policy implications［J］.Agriculture and

Human Values,1999,16(1):51-63.

[30]Johnston R J. Neibourhood effect[C]// Gregory D,Johnston R J,Pratt G,Watts M,eds.The Dictionary of Human Geography.Chichester:Wiley-Blackwell,2009.

[31]Leslie J V C.Risk rationing and the demand for agricultural credit:a comparative investigation of Mexico and China[J].Agricultural finance review,2014,74(2):248-270.

[32]Kneip A,Simar L,Wilson P W . Asymptotics and consistent bootstraps for DEA estimators in nonparametric frontier models[J]. Econometric Theory, 2008, 24 (6):1663-1697.

[33]Kumbhakar S C,Bailey B D.A study of economic efficiency of utah dairy farmers:a system approach[J].The Review of Economics and Statistics,1989,71(4): 595-604.

[34]Larson D F, Otsuka K, Matsumoto T, et al.Should african rural development strategies depend on smallholder farms? an exploration of the inverse-productivity hypothe-sis[J]. Agricultural Economics,2014,45(3):355-367.

[35]MacDonald J M,McBride W D,O'Donoghue E,et al.Profits,costs,and the changing structure of dairy farming[J].USDA-ERS Economic Research Report,2007 (47).

[36]Calus M ,Huylenbroeck G.The persistence of family farming:a review of explanatory socio-economic and historical factors[J].Journal of Comparative Family Studies,2010,41(5):639-660.

[37]Srijit M .Agrarian scenario in post-reform India: a story of distress,despair and death[J].Orissa Economic Journal,2007,39(1/2):53-84.

[38]Mugera A W, Langemeier M R .Does farm size and specialization matter for pro-ductive efficiency? results from kansas[J].Journal of Agricultural and Applied Economics, 2011,43(4):524-527.

[39]Mushinski D W.An analysis of offer functions of banks and credit unions in Guatemala[J]. The Journal of Development Studies,1999, 36(2):88-112.

[40]Nurkse R.Problems of capital formation in underdeveloped countries[J]. Punjab University Economist,1966,2(4):1-23.

[41]Demir P,Aksu E D.Economic analysis of commercial goose breeding by small family farms[J].World's Poultry Science Journal, 2012,68(1):5-10.

[42]Rawson R A.Data envelopment analysis of technical efficiency in the UK in-surance industry[J].Nottingham University Thesis Series,2001:96-108.

[43]Schmitt G.Unvolkommene arbeitsmarkte,opportunitatskoste der familien-arbeit and betriebsgrosse[J].Berichteiiber Landwirtschaft,1997,75(1):60-65.

[44]Seckler D,Young R.Economic and poicy implication of the 160-arce limita-tion in federal reclamation law[J]. American Journal of Agricultural Economics, 1978,60(4),575-588.

［45］Sen A K.An aspect of Indian agriculture［J］.Economic Weekly，1962,14(4/6):243-246.

［46］Léopold S,Wilson P W.A general methodology for bootstrapping in nonparametric frontier models［J］. Journal of Applied Statistics,2000,27(6):779-802.

［47］Stiglitz J E,Weiss A.Credit rationing in markets with imperfect information［J］.American Economic Review,1981,71(3):393-410.

［48］Stiglitz J E. Economic organization， information and development［J］. Massachusetts Institute of Technology,1988,88(5):281-296.

［49］ Tomas Baležentis, Irena Kriščiukaitienė, Alvydas Baležentis. A nonparametric analysis of the determinants of family farm efficiency dynamics in Lithuania［J］.Agricultural Economics,2014,45(5):589-599.

［50］Tomas Baležentis,Irena Kriščiukaitienė.Family farm efficiency across farming types in lithuania and its managerial implications-data envelopment analysis［J］. Management Theory and Studies for Rural Business and Infrastructure,2013,30(1).

［51］Townsend R F,Kirsten J,Vink N .Farm Size，productivity and returns to scale in agriculture revisited：a case study of wine producers in South Africa［J］.Agricultural Economics,1998:175-180.

［52］Turver C G.Policy rationing in rural credit markets［J］.Agricultural Finance Review,2013,73(2):209-232.

［53］Von Thunen J H.Isolated state：an English edition of Der Isolierte Staat［M］.Oxford:Pergamon Press,1966.

［54］Williamson O E.Markets and hierarchies：analysis and anti-trust implications［M］.New York:Free Press,1975.

［55］Williamson O E.The economic institutions of capitalism［M］.New York：Free Press,1985.

［56］Wilson P W.FEAR:A software package for frontier efficiency analysis with R［J］.Socia-Economic Planning Science,2008, 42(4):247-254.

［57］Wu Z,Liu M,Davıs J.Land consolidation and productivity in chinese household crop production［J］.China Economic Review,2005,16(1):28-49.

［58］Zeller M.Models of rural financial institutions［C］.Paving the Way Forward Conference,2003.

［59］鲍文,张恒.中国家庭农场发展的障碍及其路径选择［J］.甘肃社会科学,2015(5):204-207.

［60］白钦先.农户信贷有效供给的理论探讨［J］.广东金融学院学报,2005(1):3-10.

［61］边志良.美国家庭农场融资体系发展及启示［J］.金融时报,2013(12):1-3.

［62］蔡瑞林,陈万明.粮食生产型家庭农场的规模经营:江苏例证［J］.改革,2015(6):81-90.

[63]蔡键.我国家庭农场形成机制与运行效率考察[J].商业研究,2014(5):88-93.

[64]蔡立旺.农户决策影响因素的实证研究[J].江西农业大学学报,2009(2):136-137.

[65]蔡丽君.实现农村产业兴旺的对策研究[J].农业经济,2018(9):22-23.

[66]蔡颖萍,周克.农户发展家庭农场的意愿及其影响因素:基于浙江省德清县300余户的截面数据[J].农村经济,2015(12):25-29.

[67]蔡颖萍,岳佳,杜志雄.家庭农场畜禽粪污处理方式及其影响因素分析:基于全国养殖型与种养结合型家庭农场监测数据[J].生态经济,2020,36(01):178-185.

[68]曹铁毅,王雪琪,邹伟.家庭农场测土配方施肥行为分析:基于人力资本和社会资本禀赋[J].干旱区资源与环境,2020,34(5):117-123.

[69]曹东勃.农业适度规模经营的理论渊源与政策变迁[J].农村经济,2014(7):13-18.

[70]陈楠,王晓笛.家庭农场发展环境因素及优化对策[J].经济纵横,2017(2):99-103.

[71]陈骐.完善专业合作社社会化服务,促进家庭农场发展[J].现代管理科学,2017(1):39-41.

[72]陈定洋.家庭农场培育问题研究:基于安徽郎溪家庭农场调研分析[J].理论与改革,2015(5):87-91.

[73]陈菲菲,张崇尚,罗玉峰,等.农户种植经验对技术效率的影响分析:来自我国4省玉米种植户的微观证据[J].农业技术经济,2016(5):12-21.

[74]陈风波,陈传波,丁士军.中国南方农户的干旱风险及其处理策略[J].中国农村经济,2005(6):61-67.

[75]陈建成,刘进宝,方少勇.30年来中国农业经济政策及其效果分析[J].中国人口资源与环境,2008(5):1-6.

[76]陈金兰,等.山东省家庭农场投入产出效率分析:基于三阶段DEA模型[J].广东农业科学,2019,46(2):164-172.

[77]陈清明.新型农业生产经营主体生产效率比较:基于重庆调查数据的分析[J].调研世界,2014(4):38-42.

[78]陈军民,翟印礼.家庭农场生成的动因、约束及破解思路:交易成本视角[J].农村经济,2015(8):15-20.

[79]陈秧分,王国刚,孙炜琳.乡村振兴战略中的农业地位与农业发展[J].农业经济问题,2018(1):20-26.

[80]陈雨露.中国农村金融论纲[M].北京:中国金融出版社,2010.

[81]陈艳艳,黄义忠.哀牢山区土地适度规模经营实证研究:以新平县漠沙镇蔬菜种植为例[J].山东农业大学学报(社会科学版),2019(1):79-84.

[82]陈军民.制度结构与家庭农场的运行效率及效益[J].华南农业大学学报(社会科学版),2017,16(5):1-14.

[83]陈军民.制度结构理论视域下家庭农场发展的环境耦合[J].农村经济,2015

（4）：14-19.

[84]陈楠,王晓笛.家庭农场发展环境因素及优化对策[J].经济纵横,2017(2)：99-103.

[85]曹兴权.走出家庭农场法律地位界定的困境[J].中共浙江省委党校学报,2015,31(1)：119-125.

[86]蔡颖萍,杜志雄.家庭农场生产行为的生态自觉性及其影响因素分析:基于全国家庭农场监测数据的实证检验[J].中国农村经济,2016(12)：33-45.

[87]蔡瑞林,陈万明.粮食生产型家庭农场的规模经营:江苏例证[J].改革,2015(6)：81-90.

[88]陈丹,唐茂华.家庭农场发展的国际经验及其借鉴[J].湖北社会科学,2015(4)：78-82.

[89]戴青兰.农地流转中地方政府缺位和越位问题研究[J].经济纵横,2010(12)：23-26.

[90]党国英.家庭农场应避免急于求成[N].人民日报,2013-02-19(5).

[91]邓道才,唐凯旋,王长军.家庭农场借贷需求和借贷行为的影响因素研究:基于安徽省168户家庭农场的调研数据[J].宁夏社会科学,2016(4)：96-104.

[92]丁德章.我国农业生产家庭承包经营的回顾与展望:纪念党的十一届三中全会召开二十周年[J].农业发展与金融,1998(12)：4-6.

[93]丁士军,陈传波.农户风险处理策略分析[J].农业现代化研究,2001(6)：346-349.

[94]董晓霞,等.地理区位、交通基础设施与种植业结构调整研究[J].管理世界,2009(9)：59-63,79.

[95]杜红梅,王明春,胡梅梅.不同规模生猪养殖绿色全要素生产率的时空差异:基于非径向、非角度SBM生产率指数模型[J].湖南农业大学学报(社会科学版),2019,20(2)：16-023.

[96]杜君楠,郑少锋.农业基础设施建设水平与农业经济发展的协整关系分析[J].西北农林科技大学学报(社会科学版),2012(4)：37-40.

[97]杜玉品.完善我国家庭农场市场规制法律制度的思考[D].山东:山东大学,2014.

[98]杜志雄,肖卫东.家庭农场发展的实际状态与政策支持:观照国际经验[J].改革,2014(6)：39-51.

[99]杜志雄.家庭农场发展与中国农业生产经营体系建构[J].中国发展观察,2018(Z1)：43-46.

[100]杜志雄,刘文霞.家庭农场的经营和服务双重主体地位研究:农机服务视角[J].理论探讨,2017(2)：78-83.

[101]邓军蓉.粮食类家庭农场发展状况调查[J].经济纵横,2015(10)：96-100.

[102]俄罗斯联邦环境保护法和土地法典[M].马骧聪,译.北京:中国法制出版社,2003.

[103]范宝学.财政惠农补贴政策效应评价及改进对策[J].财政研究,2011(4):18-21.

[104]方康云.俄罗斯的家庭农场[J].世界农业,2001(12):23-25.

[105]范怀超.西部丘陵地区实施土地适度规模经营的对策思考:以四川南充市发展家庭农场为例[J].西南民族大学学报(人文社科版),2016,37(1):156-161.

[106]冯开文,原正军,王小雪.改革初期新疆国营农场的家庭农场制度:基于文献和口述史料的再思考[J].西北农林科技大学学报(社会科学版),2015,15(2):146-152.

[107]冯乐坤,张晓彤.村民小组存废之解析[J].海峡法学,2014(3):57-65.

[108]冯小.农民专业合作社制度异化的乡土逻辑:以"合作社包装下乡资本"为例[J].中国农村观察,2012(2):2-8,17,92.

[109]高海.美国家庭农场的认定、组织制度及其启示[J].农村经营管理,2017(1):21-23.

[110]高海.美国家庭农场的认定、组织制度及其启示[J].农业经济问题,2016(9):103-109.

[111]高强,孔祥智.我国农业社会化服务体系演进轨迹与政策匹配:1978～2013年[J].改革,2013(4):5-18.

[112]高强,刘同山,孔祥智.家庭农场的制度解析:特征、发生机制与效应[J].经济学家,2013(6):48-56.

[113]高强,周振,孔祥智.家庭农场的实践界定、资格条件与登记管理:基于政策分析的视角[J].农业经济问题,2014(9):11-18.

[114]高杨,李佩.粮食类家庭农场成长的影响因素[J].华南农业大学学报(社会科学版),2017,16(3):1-11.

[115]高化民.农业合作化运动始末[M].北京:中国青年出版社,1999.

[116]高帅,王征兵.粮食全要素生产率增长及收敛分析:以陕西省 32 个产粮大县为例[J].中国科技论坛,2012(10):138-143.

[117]高杨,张笑,陆姣,等.家庭农场绿色防控技术采纳行为研究[J].资源科学,2017,39(5):934-944.

[118]高玉强,贺伊琦.我国粮食主产区粮食直补效率研究[J].中南财经政法大学学报,2010(4):118-123.

[119]高雪萍,檀竹平.基于 DEA-Tobit 模型粮食主产区家庭农场经营效率及其影响因素分析[J].农林经济管理学报,2015(6):577-584.

[120]耿刘利,黎娜,陈藏欣.乡村振兴战略视角下新时代我国农村产业融合的思考[J].宜春学院学报,2019,41(1):47-53.

[121]郭国荣,李冀."九五"期间我国重要农产品流通体制改革思路探讨[J].商业经济与管理,1996(1):14-17.

[122]郭红东.中国农民专业合作社发展[M].浙江:浙江大学出版社,2010.

[123]高海.美国家庭农场的认定、组织制度及其启示[J].农业经济问题,2016,37(9):103-109,112.

[124]郭磊.美国家庭农场信贷供给体系发展研究[J].世界农业,2015(5):139-142.

[125]郭熙保,冯玲玲.家庭农场规模的决定因素分析:理论与实证[J].中国农村经济,2015(5):82-95.

[126]郭熙保.三化同步与家庭农场为主体的农业规模化经营[J].社会科学研究,2013(3):14-19.

[127]郭熙保.市民化过程中土地退出问题与制度改革的新思路[J].经济理论与经济管理,2014(10):14-22.

[128]郜亮亮,杜志雄,谭洪业.家庭农场的用工行为及其特征:基于全国监测数据[J].改革,2020(4):148-158.

[129]郭熙保,吴方.家庭农场经营规模、信贷获得与固定资产投资[J].经济纵横,2020(7):2,92-105.

[130]郭熙保,冯玲玲.家庭农场:当今农业发展最有效的组织形式——基于东南亚国家土地制度变迁的视角[J].江汉论坛,2015(6):5-11.

[131]郭亮,刘洋.农业商品化与家庭农场的功能定位:兼与不同新型农业经营主体的比较[J].西北农林科技大学学报(社会科学版),2015,15(4):87-91,128.

[132]龚建文.完善家庭农场金融支持[J].中国金融,2015(4):103.

[133]韩长赋.论稳定农村土地承包关系[J].中国农村经济,1998(1):1-4.

[134]韩朝华.个体农户和农业规模化经营:家庭农场理论评述[J].经济研究,2017,52(7):184-199.

[135]高海.论我国家庭农场的立法构造:基于地方规范性文件的样本分析[J].现代经济探讨,2015(8):64-68.

[136]高军峰.家庭农场组织化经营主体生成的制度场域[J].求实,2016(3):90-96.

[137]何劲,Yiridoe E K,祁春节.加拿大家庭农场制度环境建设经验及启示[J].经济纵横,2017(5):118-122.

[138]何郑涛,彭珏.家庭农场契约合作模式的选择机理研究:基于交易成本、利益分配机制、风险偏好及环境相容的解释[J].农村经济,2015(6):14-20.

[140]何劲,熊学萍,宋金田.国外家庭农场模式比较与我国发展路径选择[J].经济纵横,2014(8):103-106.

[141]何劲,熊学萍.家庭农场绩效评价:制度安排抑或环境相容[J].改革,2014(8):100-107.

[142]何秀荣.公司农场:中国农业微观组织的未来选择[J].中国农村经济,2009(11):4-16.

[143]侯国庆,马骥.农户规模化养殖影响因素的差异分析:基于时间变化与规模结构视角[J].哈尔滨工业大学学报(社会科学版),2016,18(5),126-132.

[144]何劲,Yiridoe E K,祁春节.加拿大家庭农场制度环境建设经验及启示[J].经济纵横,2017(5):118-122.

[145]胡光志,陈雪.以家庭农场发展我国生态农业的法律对策探讨[J].中国软科学,2015(0、2):13-21.

[146]贺雪峰.关于实施乡村振兴战略的几个问题[J].南京农业大学学报(社会科学版),2018,18(3):19-26,152.

[147]胡志丹,王奎武,柏鑫,等.社会技术对农业技术创新与扩散的影响分析[J].科技进步与对策,2011(8):55-59.

[148]黄季焜,王金霞.线性规划方法中存在的加总偏误问题:以农户生产决策模型为例[J].农业技术经济,2007(5):127-129.

[149]黄宗智.中国的隐性农业革命[M].北京:法律出版社,2010.

[150]黄祖辉,俞宁.新型农业经营主体:现状、约束与发展思路:以浙江省为例的分析[J].中国农村经济,2010(10):16-26.

[151]江维国,李立清.互联网金融下我国新型农业经营主体的融资模式创新[J].财经科学,2015(8):1-12.

[152]姜长云.推进产业兴旺是实施乡村振兴战略的首要任务[J].学术界,2018(7):5-14.

[153]姜长云.推进农村一二三产业融合发展的路径和着力点[J].中州学刊,2016(5):43-49.

[154]姬超,马华.行进与深化:乡村转型背景下的家庭农场实践:基于舞钢市家庭农场发展的考察[J].税务与经济,2015(3):15-21.

[155]柯凤华,杨强.产业兴旺推进乡村振兴战略实现的路径研究:以鲁家村为例[J].农村金融研究,2019(1):56-60.

[156]孔令成,郑少锋.家庭农场的经营效率及适度规模:基于松江模式的 DEA 模型分析[J].西北农林科技大学学报(社会科学版),2016,16(5):107-118.

[157]贾娟琪,等.粮食价格支持政策提高了我国粮食全要素生产率吗?:以小麦最低收购价政策为例[J].农村经济,2019(1):67-72.

[158]焦晋鹏,宋晓洪.粮食全要素生产率影响因素的实证分析[J].统计与决策,2015(11):126-129.

[159]姜涛.家庭农场在新型农业经营体系中的作用解析[J].中州学刊,2017(1):33-38.

[160]姬超.现代农业场域中的中国家庭农场及其组织优势:基于河南省 Y 市家庭农场的田野调查[J].经济与管理,2016,30(3):71-77.

[161]蒋永甫,张小英.农地流转主体的交易成本:基于种养大户、家庭农场、合作社及龙头企业的比较[J].学术论坛,2016,39(2):43-48.

[162]孔令成,郑少锋.家庭农场的经营效率及适度规模:基于松江模式的 DEA 模型分析[J].西北农林科技大学学报(社会科学版),2016(5):107-118.

[163]孔祥利,夏金梅.乡村振兴战略与农村三产融合发展的价值逻辑关联及协同路径选择[J].西北大学学报(哲学社会科学版),2019,49(2):10-18.

[164]孔祥智,楼栋,何安华.建立新型农业社会化服务体系:必要性、模式选择和

对策建议[J].教学与研究,2012(1):39-46.

[165]孔祥智,徐珍源,史冰清.当前我国农业社会化服务体系的现状、问题和对策研究[J].江汉论坛,2009(5):13-18.

[166]孔祥智.产业兴旺是乡村振兴的基础[J].农村金融研究,2018(2):9-13.

[167]孔祥智,张琛,周振.设施蔬菜生产技术效率变化特征及其收敛性分析:以设施番茄为例[J].农村经济,2016(7):9-15.

[168]兰勇,周孟亮,易朝辉.我国家庭农场金融支持研究[J].农业技术经济,2015(6):48-56.

[169]郎玫,张泰恒.改革开放30年中国行政体制演化的理论与实践研究:一个基于政府、市场、社会的分析框架[J].经济体制改革,2008(5):14-18.

[170]郎秀云.家庭农场:国际经验与启示:以法国、日本发展家庭农场为例[J].毛泽东邓小平理论研究,2013(10):36-41,91.

[171]雷俊忠,陈文宽,谭静.农业产业化经营中的政府角色与作用[J].农业经济问题,2003(7):41-44.

[172]雷俊忠,陈文宽,谭静.政府与市场双轮驱动下的家庭农场发展路径选择:基于上海松江、浙江宁波的调查数据分析[J].上海经济问题,2016(3):120-129.

[173]李俏,王建华.农业社会化服务中的政府角色:转型与优化[J].贵州社会科学,2013(1):109-113.

[174]李冉,沈贵银,金书秦.畜禽养殖污染防治的环境政策工具选择及运用[J].农村经济,2015(6):95-100.

[175]李静.粮食生产型家庭农场适度规模研究[D].合肥:安徽大学,2016.

[176]李莹,陶元磊.散户参与家庭农场的稳定性分析:基于随机演化博弈视角[J].技术经济与管理研究,2015(4):20-24.

[177]李更生.农户农地经营决策行为研究[D].贵州:贵州大学,2007.

[178]李善民.家庭农场金融服务困境及其优化路径:以广西151户家庭农场为例[J].南方金融,2014(5):62-66.

[179]李厚廷.家庭农场的制度基因及发展逻辑[J].农林经济管理学报,2015,14(4):339-344.

[180]李小典.美国家庭农场衰落对中国家庭农场发展的启示[J].人民论坛,2014(23):241-243.

[181]李俏,付雅雯,蔡永民.多功能农业视角下的家庭农场发展研判[J].贵州社会科学,2015(10):160-164.

[182]李小建,罗庆,杨慧敏.专业村类型形成及影响因素研究[J].经济地理,2013(7):1-8.

[183]李小建,周雄飞,郑纯辉.地理因素对农区经济发展差异影响的小尺度分析:以河南省为例[J].地理学报,2008,63(2):147-153.

[184]李玉双,邓彬.我国乡村产业发展面临的困境与对策[J].湖湘论坛,2018,31(6):59-165.

[185]李星星,曾福生.农户发展家庭农场意愿影响因素的实证分析[J].南通大学学报(社会科学版),2016,32(2):107-113.

[186]刘欣.家庭农场经营模式下参与主体目标取向及社会效益分析[J].农村经济,2016(10):18-24.

[187]李星星,曾福生.家庭农场综合评价指标体系设计:以湖南为例[J].湖南科技大学学报(社会科学版),2015,18(6):79-85.

[188]来晓东,杜志雄,郜亮亮.加入合作社对粮食类家庭农场收入影响的实证分析:基于全国 644 家粮食类家庭农场面板数据[J].南京农业大学学报(社会科学版),2021,21(1):143-154.

[189]刘同山,孔祥智.加入合作社能够提升家庭农场绩效吗?:基于全国 1505 个种植业家庭农场的计量分析[J].学习与探索,2019(12):98-106.

[190]刘灵辉.农地自由流转下家庭农场土地适度规模化研究[J].西北农林科技大学学报(社会科学版),2015,15(2):153-160.

[191]李继刚.中国家庭农场发展创新路径[J].理论月刊,2017(8):129-133.

[192]李继刚."农户＋家庭农场"的农业经营模式创新:农户家庭经营农业体系的建构[J].天津师范大学学报(社会科学版),2017(3):75-80.

[194]刘灵辉,郑耀群.家庭农场土地适度规模集中的实现机制研究[J].中州学刊,2016(6):37-43.

[195]刘婧,王征兵,张洁.家庭农场的个体差异、要素投入与规模经济研究:基于山西省 109 家果蔬类家庭农场的实证分析[J].西部论坛,2017,27(3):14-24.

[196]兰勇,何佳灿,易朝辉.家庭农场土地经营权稳定机制比较[J].农村经济,2017(7):32-38.

[197]吕惠明,朱宇轩.基于量表问卷分析的家庭农场发展模式研究:以浙江省宁波市为例[J].农业经济问题,2015,36(4):19-26.

[198]兰勇,谢先雄,易朝辉.中国式家庭农场发展:战略意图、实际偏差与矫正路径:对中部地区某县的调查分析[J].江西社会科学,2015,35(1):205-210.

[199]兰勇,周孟亮,易朝辉.我国家庭农场金融支持研究[J].农业技术经济,2015(6):48-56.

[200]闵桂林,温锐.论家庭农场发展与美丽乡村建设互动[J].重庆社会科学,2017(8):36-41.

[201]梁月,杨立社.家庭农场信贷需求影响因素实证分析:基于许昌市 230 个样本的调查[J].广东农业科学,2014(20):197-200.

[202]梁剑宏,刘清泉.我国生猪生产规模报酬与全要素生产率[J].农业技术经济,2014(8):44-52.

[203]梁靖婧,樊帆.乡村振兴战略背景下产业兴旺问题分析[J].湖北农机化,2019(3):24-25.

[204]林曦.俄罗斯农业改革措施与现行管理体制[J].中国科技论坛,2009(12):114-118.

[205]林翊.社会福利视阈下我国家庭农场运作模式创新设计研究[J].福建师范大学学报(哲学社会科学版),2015(3):1-9,167.

[206]林乐芬,俞泷曦.家庭农场对农地经营权抵押贷款潜在需求及影响因素研究:基于江苏191个非试点村的调查[J].南京农业大学学报(社会科学版),2016,16(1):71-81,164.

[207]林乐芬,法宁.新型农业经营主体融资难的深层原因及化解路径[J].南京社会科学,2015(7):150-156.

[208]林乐兴.家庭联产承包责任制与农业现代化[J].黑龙江教育学院学报,2003(2):158-160.

[209]林雪梅.家庭农场经营的组织困境与制度消解[J].管理世界,2014(2):176-177.

[210]林毅夫.制度、技术与中国农业发展[M].上海:上海人民出版社,2008.

[211]蔺全录,包惠玲,王馨雅.美国、德国和日本发展家庭农场的经验及对中国的启示[J].世界农业,2016(11):156-162.

[212]刘欣.家庭农场经营模式下参与主体目标取向及社会效益分析[J].农村经济,2016(10):18-24.

[213]刘德娟,等.福建省水稻生产效率及其影响因素分析:基于家庭农场与小农户的微观视角[J].江苏农业科学,2018,46(24):422-426.

[214]刘焕菊.论农业家庭承包经营[J].天津农学院学报,2000(1):25-28,33.

[215]刘建水.国外现代家庭农场研究[J].当代农村财经,2016(10):58-61.

[216]刘俊奇,周杨.新型农业经营主体的信贷需求及影响因素研究:基于辽宁样本的考察[J].广西大学学报(哲学社会科学版),2017(3):75-78.

[217]刘莉君.农村土地流转与适度规模经营研究[J].求索,2010(3):72-73.

[218]刘灵辉,李明玉,任焦阳.家庭农场退出诱发的专用性资产问题研究[J].中国土地科学,2020,34(7):79-87.

[219]刘灵辉.家庭农场土地流转合同期满续约过程中的利益博弈[J].西北农林科技大学学报(社会科学版),2020,20(2):79-87.

[220]刘敏,陈永富.基于DEA-Tobit模型的浙江省家庭农场经营效率及其影响因素分析[J].湖北经济学院学报(人文社会科学版),2018(5):47-49.

[221]刘佩.国外家庭农场的发展以及对我国的启示[J].经营管理者,2015(13):120-121.

[222]刘西川,杨奇明,陈立辉.农户信贷市场的正规部门与非正规部门:替代还是互补?[J].经济研究,2014(11):145-158.

[223]刘向华.我国家庭农场发展的困境与农业社会化服务体系建设[J].毛泽东邓小平理论研究,2013(10):31-35.

[224]陆世宏.人民公社体制的调整为何徘徊不前?:毛泽东与"三级所有,队为基础"的确立[J].桂海论丛,1999(5):44-46.

[225]罗必良,李玉勤.农业经营制度:制度底线、性质辨识与创新空间:基于"农村

家庭经营制度研讨会"的思考[J].农业经济问题,2014(1):8-18.

[226]骆乐,史建民.日本农业协同组合对我国家庭农场发展的启发[J].中国农业信息,2015(4):32-34.

[227]吕挺,纪月清,易中懿.水稻生产中的地块规模经济[J].农业技术经济,2014(2):68-74.

[228]蒙秀锋.农户选择农作物新品种的决策因素研究[J].农业技术经济,2005(1):24-25.

[229]马治国,李鑫.家庭农场立法构造研究[J].广东社会科学,2020(4):226-233.

[230]孟莉娟.美国、日本、韩国家庭农场发展经验与启示[J].世界农业,2015(12):184-188.

[231]孟雪,李宾.多目标决策分析模型及其应用研究[J].现代管理科学,2013,11(7):42-44.

[232]倪荣远.发挥农民在乡村振兴中的主体作用[N].学习时报,2019-01-23(7).

[233]农业部农村经济体制与经营管理司,中国社会科学院农村发展研究所.中国家庭农场发展报告(2015)[M].北京:中国社会科学出版社,2015:22-28.

[234]农业部新闻办公室.农业部关于促进家庭农场发展的指导意见[EB/OL].[2014-02-06].http://www.moa.gov.cn/sjzz/jgs/cfc/zcfg/bmgz/201505/t20150507_4583485.htm.

[235]农业农村部国际合作司.2018年我国农产品进出口情况[EB/OL].[2019-02-01].http://www.moa.gov.cn/ztzl/nybrl/rlxx/201902/t20190201_6171079.htm

[236]潘红,张日新.网络信贷为家庭农场融资点明新思路[J].人民论坛,2016(25):103-105.

[237]潘纬.家庭农场的制度优势与组织边界:基于交易费用的分析视角[J].当代经济管理,2015,37(10):38-42.

[238]蒲文彬.日本家庭农场扶持政策及其对我国的启示[J].贵州师范大学学报(社会科学版),2016(5):91-100.

[239]彭建仿.农业社会化服务供应链的形成与演进[J],华南农业大学学报(社会科学版),2017(4):45-52.

[240]祁春节,蔡荣.我国农产品流通体制演进回顾及思考[J].经济纵横,2008(10):45-48.

[241]钱龙,蔡荣,汪紫钰,等.雇工成本对家庭农场规模扩张的影响[J].中国人口·资源与环境,2019,29(12):87-94.

[242]屈学书.我国家庭农场发展的动因分析[J].农业技术经济,2016(6):106-112.

[243]乔国栋.中国东北地区特色农业发展研究[D].北京:中央民族大学,2012.

[244]屈学书.我国家庭农场发展问题研究[D].山西:山西财经大学,2014.

[245]饶江红,闵桂林.家庭农场生存与发展的几大限制与破解[J].江西社会科学,2017,37(7):59-66.

[246]戎爱萍.财政政策支持家庭农场发展:角色定位、成长需要与领域选择[J].经济问题,2020(10):91-98.

[247]尚艳琼.苏北农村流转土地承包大户持续发展的困境及对策[J].杨凌职业技术学院学报,2011(4):29-31.

[248]苏昕,刘昊龙.中国特色家庭农场的时代特征辨析[J].经济社会体制比较,2017(2):105-113.

[249]邵平,荣兆梓.家庭农场财政补贴政策的效用研究:以上海松江模式为例[J].上海经济研究,2015(9):112-119.

[250]沈琼.现代农业大国发展家庭农场的经验[J].世界农业,2014(6):10-15.

[251]盛逖.我国粮食补贴绩效评价及对策研究[J].中南财经政法大学学报,2013(5):136-141.

[252]省农村土地确权办.中共中央办公厅国务院办公厅印发《关于完善农村土地所有权承包权经营权分置办法的意见》[J].中国农民合作社,2016(21):34-35.

[253]宋磊,李俊丽.农户信贷需求与农村金融市场非均衡态势的实证分析:基于泰安市农户信贷供求现状的调查[J].农业经济问题,2006(7):55-61.

[254]搜狐新闻网.中央"一号文件"首提发展家庭农场[EB/OL].[2013-02-14].http://business.sohu.com/20130214/n366073514.shtml.

[255]孙志红,王亚青.农产品期货、龙头企业发展与农业产业化[J].中南大学学报(社会科学版),2016(1):98-105.

[256]孙中华.大力培育新型农业经营主体 夯实建设现代农业的微观基础[J].农村经营管理,2012(1):1.

[257]尚旭东,朱守银.家庭农场和专业农户大规模农地的"非家庭经营":行为逻辑、经营成效与政策偏离[J].中国农村经济,2015(12):4-13,30.

[258]施国庆,伊庆山.现代家庭农场的准确认识、实施困境及对策[J].西北农林科技大学学报(社会科学版),2015,15(2):135-139.

[259]四川省社会科学院课题组.农业转型背景下家庭农场的分析与判断:基于四川省35个家庭农场的问卷调查[J].农村经济,2015(12):3-8.

[260]唐平,王亚,洪刚.四川绵阳家庭农场调查2:新型城镇化格局下的角色互换[EB/OL].[2014-10-23].http://www.myagri.gov.cn/ZhengWu/GuoNeiXinWen/JuJiaoMianYang/2014/10/23/92984.shtml.

[261]唐烈英,施润.新型农业经营体系下家庭农场融资权的法律保障论[J].河北法学,2017,35(4):26-37.

[262]田伟,谢丹,肖融.国外家庭农场支持政策研究[J].世界农业,2016(9):86-93.

[263]汪涛.品牌意义和品牌关系[J].商业经济与管理,2010(10):48-51.

[264]汪发元.中外新型农业经营主体发展现状比较及政策建议[J].农业经济问题,2014(10):26-32.

[265]汪艳涛,高强,金炜博.农村金融支持影响家庭农场培育的机理与实效[J].

财经论丛,2015(9):34-41.

[266]王敏.充分体现国际惯例的我国农业技术推广法[J].经济管理,1994(1):45-49.

[267]王欧,杨进.农业补贴对中国农户粮食生产的影响[J].中国农村经济,2014(5):20-28.

[268]王卓.农村小额信贷利率及其需求弹性[J].中国农村经济,2007(6):62-70.

[269]王春光.关于乡村振兴中农民主体性问题的思考[J].社会发展研究,2018,5(1):31-40.

[270]王春来.发展家庭农场的3个关键问题探讨[J].农业经济问题,2014,35(1):43-48.

[271]王建华,李俏.我国家庭农场发育的动力与困境及其可持续发展机制构建[J].农业现代化研究,2013(5):552-555.

[272]王乐君,寇广增.促进农村一二三产业融合发展的若干思考[J].农业经济问题,2017,38(6):3,82-88.

[273]王丽霞.经营规模与家庭农场投资效率:抑制还是提升?[J].南京农业大学学报(社会科学版),2018,18(5):98-108.

[274]王亮,王希.试论改革开放前我国农业发展道路的探索历程[J].黑龙江教育学院学报,2010(1):4-6.

[275]王敏琴,等.基于全要素生产率视角的家庭农场创新驱动研究:来自无锡228户家庭农场的经验数据[J].农村经济,2017(5):32-38.

[276]王文龙.中国农业经营主体培育政策反思及其调整建议[J].经济学家,2017(1):55-61.

[277]王孝莹,朱红祥."互联网+"背景下加快家庭农场发展的策略[J].经济纵横,2016(9):88-91.

[278]位春苗.发达国家家庭农场发展经验及借鉴[J].人民论坛,2014(34):245-247.

[279]吴江,张艳丽.家庭联产承包责任制研究30年回顾[J].经济理论与经济管理,2008(11):43-47.

[280]吴方.基于SFA的家庭农场技术效率测度与影响因素分析[J].华中农业大学学报(社会科学版),2020(6):48-56,162-163.

[281]王新志,杜志雄.家庭农场更有效率吗?:基于理论与实证的比较分析[J].东岳论丛,2020,41(7):172-181.

[282]吴夏梦,何忠伟,刘芳,等.国外家庭农场经营管理模式研究与借鉴[J].世界农业,2014(9):128-133.

[283]武琪.农业部关于促进家庭农场发展的指导意见[J].农机质量与监督,2014(3):6-7.

[284]万江红,安永军.农地资源供给与家庭农场的发生:基于孔明村的个案分析[J].华中科技大学学报(社会科学版),2017,31(2):104-110.

[285]万江红,苏运勋.村庄视角下家庭农场的嵌入性分析:基于山东省张村的考察[J].华中农业大学学报(社会科学版),2016(6):64-69,144.

[286]万江红,管珊.无雇佣化的商品化:家庭农场的发展机制分析:基于皖南平镇粮食家庭农场的调研[J].中国农业大学学报(社会科学版),2015,32(4):110-117.

[287]王敏琴,王建华,赵利梅.基于全要素生产率视角的家庭农场创新驱动研究:来自无锡228户家庭农场的经验数据[J].农村经济,2017(5):32-38.

[288]王丽霞,常伟.我国家庭农场的全要素生产率及其差异[J].华南农业大学学报(社会科学版),2017,16(6):20-31.

[289]王征兵.中国特色家庭农场发展研究[J].理论探索,2017(3):26-31.

[290]王振,齐顾波,李凡.我国家庭农场的缘起与发展[J].西北农林科技大学学报(社会科学版),2017,17(2):87-95.

[291]王建华,杨晨晨,徐玲玲.家庭农场发展的外部驱动、现实困境与路径选择:基于苏南363个家庭农场的现实考察[J].农村经济,2016(3):21-26.

[292]吴业苗.家庭农场:居村农民转变身份的依托:基于安徽庐江县的考察[J].江苏社会科学,2017(4):28-37.

[293]王勇,张伟,罗向明.基于农业保险保单抵押的家庭农场融资机制创新研究[J].保险研究,2016(2):107-119.

[294]王新志.自有还是雇佣农机服务:家庭农场的两难抉择解析——基于新兴古典经济学的视角[J].理论学刊,2015(2):56-62.

[295]王治,程星.论职业农民主导下的家庭农场创业[J].江汉论坛,2015(4):21-24.

[296]王孝莹,朱红祥."互联网+"背景下加快家庭农场发展的策略[J].经济纵横,2016(9):88-91.

[297]王肖芳.我国家庭农场的发展困境与对策研究[J].中州学刊,2015(9):51-54.

[298]汪艳涛,高强,金炜博.农村金融支持影响家庭农场培育的机理与实效:基于金融支持来源视角的实证检验[J].财经论丛,2015(9):34-41.

[299]肖斌,付小红.关于发展家庭农场的若干思考[J].当代经济研究,2013(10):41-47.

[300]肖鹏.日本家庭农场法律制度研究[J].亚太经济,2014(6):64-68.

[301]肖卫东,杜志雄.家庭农场发展的荷兰样本:经营特征与制度实践[J].中国农村经济,2015(2):83-96.

[302]小钟.2016中央"一号文件"要点[EB/OL].[2016-02-03].http://news.xin-huanet.com/legal/2016-02/03/c_128696686.htm.

[303]肖娥芳.农户家庭农场经营风险认知状况及其影响因素研究[J].商业研究,2017(3):175-182.

[304]肖化柱,周清明.家庭农场扶持制度的国外经验与借鉴[J].湖南农业大学学报(社会科学版),2017,18(2):82-87.

[305]徐柏园.半个世纪来我国农产品流通体制变迁[J].北京社会科学,2000(1):127-133.

[306]徐会苹.德国家庭农场发展对中国发展家庭农场的启示[J].河南师范大学学报(哲学社会科学版),2013(4):70-73.

[307]徐会苹.加快粮食主产区家庭农场发展的政府行为取向[J].中州学刊,2013(6):41-45.

[308]徐学荣,王林萍,谢联辉.农户植保行为及其影响因素的分析方法[J].乡镇经济,2005(12):50-53.

[309]徐璋勇,杨贺.农户信贷行为倾向及其影响因素分析:基于西部11省(区)1664户农户的调查[J].中国软科学,2014(3):45-56.

[310]许庆,尹荣梁,章辉.规模经济、规模报酬与农业适度规模经营[J].经济研究,2011(3):59-71.

[311]习近平.中国农村市场化建设研究[M].北京:人民出版社,2001.

[312]薛冰.合作收益、公众参与与社会和谐:基于公共管理演进的视角[J].西安交通大学学报(社会科学版),2007(4):55-59.

[313]薛国琴,项辛怡.发达国家农产品定价机制的特点及启示[J].经济纵横,2015(7):126-128.

[314]肖鹏.家庭农场的民事主体地位研究[J].中国农业大学学报(社会科学版),2016,33(2):95-101.

[315]肖化柱,周清明,文春晖,等.家庭农场制度联动创新模式[J].系统工程,2016,34(11):81-86.

[316]薛亮,杨永坤.家庭农场发展实践及其对策探讨[J].农业经济问题,2015,36(2):4-8,110.

[317]刘佳男,石英,侯满平.我国家庭农场的研究综述[J].东南大学学报(哲学社会科学版),2015,17(S2):58-60.

[318]阳光乔.2016扶持资金项目合集[EB/OL].[2015-12-10].http://www.cnnclm.com/butie/1267.html.

[319]徐子风,杨忠伟,王震.多元发展诉求耦合下的农村城镇化路径:基于家庭农场发展实践的探讨[J].现代城市研究,2015(10):70-75.

[320]尹春洋,等.西北地区肉牛生产技术效率及影响因素分析:基于农户微观层面[J].中国畜牧杂志,2016,52(22):57-63.

[321]杨彩艳,等.农业社会化服务有利于农业生产效率的提高吗?:基于三阶段DEA模型的实证分析[J].中国农业大学学报,2018(11):232-244.

[322]姚文.家庭资源禀赋、创业能力与环境友好型技术采用意愿:基于家庭农场视角[J].经济经纬,2016,33(1):36-41.

[323]杨承霖.中国农场效率的实证研究:以内蒙古呼和浩特市土默特左旗牧区为例[J].世界农业,2013(8):122-126.

[324]杨成林.中国式家庭农场:内涵、意义及变革依据[J].政治经济学评论,

2015,6(2):66-80.

[325]杨建利,周茂同.我国发展家庭农场的障碍及对策[J].经济纵横,2014(2):49-53.

[326]杨秋林."三农"问题的宏观调控机制研究[J].江西社会科学,2010(3):242-246.

[327]杨汝岱,陈斌开,朱诗娥.基于社会网络视角的农户民间借贷需求行为研究[J].经济研究,2011(11):116-129.

[328]杨伟民,胡定寰.怎样做好家庭农场[M].北京:中国农业科学技术出版社,2014.

[329]姚瑞卿,姜太碧.农户行为与"邻里效应"的影响机制[J].农村经济,2015(4):40-44.

[330]叶长卫,李雪松.浅谈杜能农业区位论对我国农业发展的作用与启示[J].华中农业大学学报(社会科学版),2002(4):1-4.

[331]殷华.大户承包与农村土地承包经营权的性质认定及实体处理[J].人民司法,2010(24):78-81.

[332]虞金生.三级所有,队为基础的反思[J].绍兴师专学报(社会科学版),1988(1):109-111.

[333]郁建兴,高翔.农业农村发展中的政府与市场、社会:一个分析框架[J].中国社会科学,2009(6):89-103.

[334]叶翔凤.财政支持家庭农场发展的对策建议:基于湖北、重庆、贵州的调查[J].理论月刊,2015(9):5-10.

[335]于战平,陈宏毅.农场、农场制与中国家庭农场发展[J].江西财经大学学报,2016(1):90-98.

[336]袁吕岱,操家齐.政府与市场双轮驱动下的家庭农场发展路径选择:基于上海松江、浙江宁波的调查数据分析[J].上海经济研究,2016(3):120-129.

[337]袁赛男.家庭农场:我国农业现代化进路选择:基于家庭农场与传统小农户、雇工制农场的比较[J].长白学刊,2013(4):92-97.

[338]杨峰.我国农地承包经营权流转制度的完善:以山西省家庭农场建设为例[J].中国特色社会主义研究,2015(4):52-56.

[339]岳正华,杨建利.我国发展家庭农场的现状和问题及政策建议[J].农业现代化研究,2013,34(4):420-424.

[340]曾福生,蔡保忠.以产业兴旺促湖南乡村振兴战略的实现[J].农业现代化研究,2018,39(2):179-184.

[341]曾玉荣,许文兴.家庭农场发展的内生需求与制度供给:以福建为例[J].福建论坛(人文社会科学版),2015(10):182-187.

[342]曾智.村民小组对农村社会的整合[D].武汉:华中师范大学,2012.

[343]周娟,姜权权.家庭农场的土地流转特征及其优势:基于湖北黄陂某村的个案研究[J].华中科技大学学报(社会科学版),2015,29(2):132-140.

[344]詹慧龙,刘虹,唐冲.我国农业基础设施建设及服务需求研究[J].农村经济, 2015(12):116-121.

[345]郑微微,胡浩,周力.基于碳排放约束的生猪养殖业生产效率研究[J].南京农业大学学报(社会科学版),2013,13(2):60-67.

[346]左永彦、冯兰刚.中国规模生猪养殖全要素生产率的时空分异及收敛性:基于环境约束的视角[J].经济地理,2017,37(7):166-174,215.

[347]曾福生,李星星.扶持政策对家庭农场经营绩效的影响:基于 SEM 的实证研究[J].农业经济问题,2016,37(12):15-22,110.

[348]章德宾.不同蔬菜种植规模农户农业生产效率研究:主产区 2009—2016 年的调查[J].农业技术经济,2018(7):41-50.

[349]卓乐,曾福生.农村基础设施对粮食全要素生产率的影响[J].农业技术经济,2018(11):92-101.

[350]张成.我国水产养殖业技术效率和全要素生产率研究[J].农业技术经济, 2014(6):38-45.

[351]张杰.解读中国农贷制度[J].金融研究,2004(2):1-8.

[352]张朝华,黄扬.家庭农场发展中存在的 8 个问题研究:基于广东清远、湖北仙桃和湖南武冈的调查[J].经济纵横,2017(7):85-90.

[353]张朝华.发达国家农业科技服务的主要经验及其对中国的借鉴[J].科技进步与对策,2010(8):100-103.

[354]张朝华.农户农业基础设施需求及其影响因素:来自广东的证据[J].经济问题,2010(12):84-87.

[355]张朝华.制度变迁视角下我国农业科技政策发展及展望[J].科技进步与对策,2013(10):119-123.

[356]韩朝华.个体农户和农业规模化经营:家庭农场理论述评[J].经济研究, 2017(7):184-198.

[357]张朝华.资源禀赋、经营类别与家庭农场信贷获得[J].财贸研究,2018(1): 76-85.

[358]张朝华,黄扬.家庭农场发展中若干关键问题的调查研究[J].经济纵横, 2017(7):81-87.

[359]张德元,宫天辰.家庭农场与合作社耦合中的粮食生产技术效率[J].华南农业大学学报(社会科学版),2018(4):64-74.

[360]张红宇,褚燕庆,王斯烈.工商资本如何发挥对现代农业的引领作用:联想佳沃集团发展蓝莓、猕猴桃产业情况的调查与分析[J].农村经营管理,2014(11):24-29.

[361]张红宇,杨凯波.我国家庭农场的功能定位与发展方向[J].农业经济问题, 2017,38(10):4-10.

[362]赵晓飞,田野,潘泽江.民族地区家庭农场发展现状考察与发展战略研究:以湖北武陵山片区为例[J].湖北民族学院学报(哲学社会科学版),2016,34(1):17-22.

[363]张进选.家庭经营制:农业生产制度长期的必然选择[J].农业经济问题,

2003(5):46-51.

[364]张俊峰.发展家庭农场应研究的若干问题[J].中国经贸导刊,2013(7):36-38.

[365]张乐柱,金剑峰,胡浩民."公司＋家庭农场"的现代农业生产经营模式:基于温氏集团案例研究[J].学术研究,2012(10):94-97,128.

[366]张林秀.农户经济学基本理论概述[J].农业技术经济,1996(3):24-30.

[367]张龙耀.中国农村信贷市场失灵与创新路径研究:基于信息不对称的视角[D].南京:南京农业大学,2010.

[368]张新文,高啸.农业经营主体的类型比较、效益分析与进路选择[J].现代经济探讨,2019(3):101-107.

[369]张颖慧,聂强.贫困地区小额信贷的运行绩效[J].西北农林科技大学学报(社会科学版),2016(1):89-97.

[370]张跃进.俄罗斯农地制度变革及其绩效[J].经济社会体制比较,2008(6):107-111.

[371]张照新,赵海.新型农业经营主体的困境摆脱及其体制机制创新[J].改革,2013(2):78-87.

[372]张德元,潘纬.家庭农场信贷配给与治理路径:基于安徽省424户家庭农场的实证分析[J].农村经济,2015(03):59-63.

[373]赵金国,岳书铭.粮食类家庭农场:规模效率实现及其界定[J].东岳论丛,2017(4):128-134.

[374]赵晓飞,李崇光.农产品流通渠道变革:演进规律、动力机制与发展趋势[J].管理世界,2012(3):81-85.

[375]郑志来.互联网金融对我国商业银行的影响路径:基于"互联网＋"对零售业的影响视角[J].财经科学,2015(5):4-43.

[376]中共中央国务院关于实施乡村振兴战略的意见[N].人民日报,2018-02-05(1).

[377]中国农村网.2016年农业补贴支持政策大全:2016年国家落实发展新理念加快农业现代化促进农民持续增收政策措施[EB/OL].[2016-05-12].http://www.crnews.net/294/26031_20160512103216.html.

[378]周兢.家庭联产承包责任制的问题及其对中国社会发展的影响[J].甘肃社会科学,2005(2):85-87,90.

[379]周宏,等.农村劳动力老龄化与水稻生产效率缺失:基于社会化服务的视角[J].中国人口科学,2014(3):53-65,127.

[380]周义邦.新中国成立以来农业生产组织方式的变迁:集体行动的视角[J].湖北经济学院学报(人文社会科学版),2012(9):40-41.

[381]周忠丽,夏英.国外"家庭农场"发展探析[J].广东农业科学,2014(5):22-25.

[382]朱宁,马骥.风险条件下农户种植制度选择与调整:以北京市蔬菜种植户为例[J].中国农业大学学报,2013,18(4):216-223.

[383]周炜.多元化经营背景下家庭农场水稻生产效率——基于全国农村固定观

察点的实证研究[J].南京农业大学学报(社会科学版),2017(5):132-137,155-156.

[384]朱喜,李子奈.我国农村正式金融机构对农户的信贷配给:一个联立离散选择模型的实证分析[J].数量经济技术经济研究,2006(3):37-49.

[385]朱博文.国外家庭农场发展的经验与启示[J].新疆农垦经济,2005(2):69-72.

[386]朱博文.美法日家庭农场发展的经验与启示[J].长江大学学报(自然科学版),2005(5):87-91.

[387]朱启臻,胡鹏辉,许汉泽.论家庭农场:优势、条件与规模[J].农业经济问题,2014(7):11-17.

[388]朱启臻.关于乡村产业兴旺问题的探讨[J].行政管理改革,2018(8):39-44.

[389]朱启臻.乡村振兴背景下的乡村产业:产业兴旺的一种社会学解释[J].中国农业大学学报(社会科学版),2018,35(3):89-95.

[390]朱希刚.中国农村改革20年:回顾与展望[J].农业经济问题,1998(9):2-7.

[391]朱红根,宋成校.互联网使用对家庭农场劳动力资源配置的影响[J].农业技术经济,2020(8):40-53.

[392]朱红根,宋成校,康兰媛,等.家庭农场经营代际传递有利于提高农场绩效吗?:基于种植业家庭农场实证分析[J].江苏大学学报(社会科学版),2021,23(1):44-60.

[393]朱学新.法国家庭农场的发展经验及其对我国的启示[J].农村经济,2013(11):122-126.

[394]佐牧.法国的家庭农场[J].财会通讯,1984(S5):28.

[395]邹心平.论家庭农场在新型农业经营体系中的主体地位[J].求实,2017(2):84-96.

[396]张红宇,杨凯波.我国家庭农场的功能定位与发展方向[J].农业经济问题,2017,38(10):4-10.

[397]张帅梁.家庭农场的法律属性及市场准入问题研究[J].中州学刊,2015(4):62-66.

[398]张娟.家庭农场登记的比较分析:来自江苏的调查[J].兰州大学学报(社会科学版),2015,43(3):110-115.

[399]赵佳,姜长云.家庭农场的资源配置、运行绩效分析与政策建议:基于与普通农户比较[J].农村经济,2015(3):18-21.

[400]赵金国,岳书铭.粮食类家庭农场:规模效率实现及其适度规模界定[J].东岳论丛,2017,38(4):128-134.

[401]赵佳,姜长云.兼业小农抑或家庭农场:中国农业家庭经营组织变迁的路径选择[J].农业经济问题,2015,36(3):11-18,110.

[402]张云英,符少辉,杨洋.发达国家家庭农场科技服务模式与经验借鉴[J].湖南农业大学学报(社会科学版),2017,18(6):82-86.

[403]张明月,薛兴利.基于ISM模型的家庭农场发展的约束机理解析[J].农村经

济,2016(7):16-21.

[404]祝华军,田志宏,楼江.粮食生产型家庭农场:临界经营规模与发展愿景分析[J].中国农业大学学报(社会科学版),2016,33(6):65-73.

[405]赵鲲,赵海,杨凯波.上海市松江区发展家庭农场的实践与启示[J].农业经济问题,2015,36(2):9-13,110.

[406]邹秀清,郭敏,周凡,等.发展家庭农场对农户流转土地意愿的影响:来自江西省新余市的经验证据[J].资源科学,2017,39(8):1469-1476.

[407]邹心平.家庭农场发展中的政府"亲善型"干预探析[J].求实,2015(5):90-96.

[408]赵美玲,袁云.改革开放以来家庭农场的历史演变与发展导向[J].理论学刊,2015(8):86-92.

[409]张琛,黄博,孔祥智.家庭农场综合发展水平评价与分析:以全国种植类家庭农场为例[J].江淮论坛,2017(3):54-60.

[410]张林,冉光和.经营型农户向家庭农场转化的意愿及影响因素研究:基于川渝地区876户农户的调查[J].财贸研究,2016,27(4):42-51.

[411]张宗毅,杜志雄.土地流转一定会导致"非粮化"吗?:基于全国1740个种植业家庭农场监测数据的实证分析[J].经济学动态,2015(9):63-69.

[412]张学艳.家庭农场外部结构表现及优化分析[J].江西财经大学学报,2016(4):85-92.

[413]张滢."家庭农场+合作社"的农业产业化经营新模式:制度特性、发生机制和效益分析[J].农村经济,2015(6):3-7.

[414]张文洲.机制与途径创新:湖北家庭农场发展策略研究[J].湖北社会科学,2017(10):52-57.

[415]张茜,徐勇,郭恒,等.家庭农场发展的影响因素及对策:基于SWOT模型的实证研究[J].西北农林科技大学学报(社会科学版),2015,15(2):140-145.

[416]张明月,薛兴利.家庭农场的环境相容、功能约束及破解路径:新制度经济学视角[J].经济与管理评论,2017,33(2):26-31.

[417]张悦,刘义勇.家庭农场的生产效率与风险分析[J].农业经济问题,2016,37(5):16-21,110.

[418]郑涛,路征,林毅,等.我国家庭农场金融需求的影响因素分析:基于3市424个家庭农场的入户调查[J].四川师范大学学报(社会科学版),2017,44(3):62-69.

[419]张焕勇,周志鹏,浦徐进.农产品供应链视角下的家庭农场销售渠道模式选择[J].商业研究,2016(10):130-137.

[420]张英豪.家庭农场"适度规模经营"主体资格要件之判定:以宜昌市民族地区为例[J].贵州民族研究,2016,37(5):150-153.